차이나는
클라스

마음의 과학 편 | 커뮤니케이션·심리 분석·뇌 과학

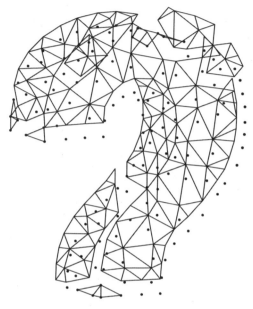

차이나는 클라스

JTBC 〈차이나는 클라스〉 제작팀 지음

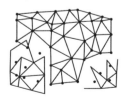

중앙books

당신의 마음속으로 '차클'이
한 발자국 더 다가가겠습니다

봄 같지 않은 봄을 다시금 맞이한 심정은 착잡하기만 합니다. "그래도 내년엔 나아지겠지?!" 지난 한 해를 근근이 버티게 했던 기대와 약속은 결국 희망 고문이 되고 말았습니다. 당장의 어려움보다 도대체 이 상황이 언제 끝날지 모른다는 불확실성이 우리를 더 지치게 만듭니다. 너나 없이 몸의 건강을 잃어버리기 전에 마음의 건강이 먼저 무너져 내리는 즈음입니다.

'코로나 블루(Corona Blue)'. 팬데믹이 몰고 온 일상의 변화로 인한 마음의 병증을 두루 일컫는 말입니다. 뭐니 뭐니 해도 '사회적 거리 두기(Social Distancing)' 탓이 큽니다. 사람 없이 살 수 없는 게 사람인데, 사람더러 사람을 멀리하라니 이보다 잔인한 처사가 없습니다. 아마도 코로나-19로 죽은 이보다 외로워서 죽은 이가 더 많을 거란 얘기가 그저 과장 같지만은 않습니다.

사회적 거리는 좁히되 서로의 안전을 꾀하는 '물리적 거리 두기(Physical Distancing)'를 했어야 한다는 소리가 뒤늦게야 나옵니다. 한낱 말장난이 아닙니다. 덮어놓고 다른 사람과 거리를 두라고 하니 소외된 이웃을 찾아 돕는 발길과 손길마저 뚝 끊기지 않았습니까. 해가 바뀌고도 기약 없이 길어지는 팬데믹의 시간, 이제라도 안전을 해치지 않으면서 사람을 챙기고 마음도 살피는 절묘한 해법을 찾아야 하겠습니다.

〈차이나는 클라스-질문 있습니다(이하 '차클'로 줄임)〉가 때맞춰 '마음의 과학'을 주제로 한 책을 펴내는 이유입니다. 사실 차클은 그동안 사람의 마음에 꾸준히 관심을 기울여 왔습니다. 화성 상공에까지 헬기를 띄워 속속들이 탐사하는 시대라지만 여전히 우리의 정신은 상당 부분 미지의 영역으로 남아 있기 때문입니다. 수천만 킬로미터 떨어진 별나라보다 알기 어려운 게 바로 사람 속내입니다. 다만 마음의 건강이 몸의 건강을 좌우한다는 점은 분명한 듯합니다. 코로나-19가 불러온 외로움이 면역력을 떨어뜨리고 갖가지 질병을 일으킨다는 사실만 봐도 그렇습니다.

차클이 여섯 번째로 펴내는 이번 책엔 보이지 않는 우리의 마음이 과연 어떻게 작동하는지 알기 쉽게 풀이해줄 전문가 여덟 분의 강연을 모아봤습니다. 1부에선 '감정과 이성을 지배하는 일상의 심리학'이라는 소주제 아래 먼저 서은국 연세대 교수가 행복의 다양한 얼굴을 알려줍니다. "행복이란 즐거움을 주는 경험의 총합" "행복의 스위치를 켜기 위한 필수품은 바로 사람"…서 교수가 제시하는 행복의 비결입니다. 이어서 송인한 연세대 교수는 팬데믹 시대에 더 심각한 사회 문제로 떠오른 자살을 새로운 관점에서 조명합니다. 사람끼리 서로 연결되고 공감하는 것이 자살을 예방하는 첫걸음이란 주장입니다.

타인의 부탁과 요구를 좀체 거절하지 못하는 심리에 대한 김호 박사의 분석도 주목할 만합니다. "좋으면 좋다고, 싫으면 싫다며 솔직하게 사는 삶이 무엇보다 중요하다"고 김 박사는 강조합니다. 이종혁 광운대 교수의 경우 갈수록 기승을 부리는 선전과 선동에 쉽사리 속아넘어가지 않는 법을 가르쳐줍니다. 어떻게 하면 상대의 의도를 읽어내고 스스로 주도적인 의사 결정을 할 수 있는지를 깨닫는 데 도움이 되는 내용입니다.

이어지는 2부의 소주제는 '내밀한 정신 세계에 대한 탐구'입니다. 우선 김석 건국대 교수가 프로이트가 밝혀낸 무의식의 세계로 우리를 이끄는 안내자가 되어줍니다. 진정한 자아를 발견하기 위해선 스스로 억압해온 어두운 내면과 마주하는 용기가 필요하다는 걸 강조합니다. 또한 신경인류학자인 박한선 연구원은 우울과 불안 같은 인간의 부정적인 감정들이 진화의 과정에서 살아남은 이유를 알려줌으로써 정신 장애에 대한 편견을 깨뜨립니다.

이어서 김태경 우석대 교수가 심리 분석이 범죄의 진실을 파헤치는

데 얼마나 유용한 도구인지를 설파하고, 한창수 고려대 교수는 고령화 시대의 숙명이라 할 치매라는 질병에 대해 소상히 일러줍니다.

부디 이 책에 담긴 귀한 이야기들이 여러분의 마음 건강을 지키는 데 도움이 되길 소망합니다. 마지막으로 잘 알려진 영어 속담 하나 소개하면서 이 글을 마칠까 합니다. "Every cloud has a silver lining." 고난에도 유익한 면이 있기 마련이란 뜻입니다. 코로나-19로 인해 이전에 당연시했던 사람의 소중함을, 함께 하는 행복을 새삼 깨달았다면 지금 이 시간이 아주 헛된 것만은 아니란 생각이 듭니다. 다시 한번 모두의 건강과 안녕을 기원합니다.

2021년 초여름
신예리 JTBC 보도제작국장

Contents

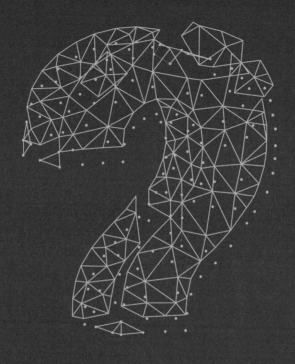

Part 1

감정과 이성을 지배하는
일상의 심리학

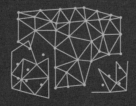

차이나는
클라스

행복의 스위치를 켜세요

•

서은국

세계에서 가장 활발하게 인용되는 행복심리학자 중 한 명이자 '세계 100인의 행복
학자'로 선정됐다. 연세대학교 사회복지학과 졸업, 미국 일리노이대학교 어배너샴
페인 캠퍼스 심리학 박사, 캘리포니아대학교 어바인 캠퍼스 종신교수.

생각과 태도를 바꾼다고 행복해질까

"행복의 핵심은 좋은 느낌, 즉 쾌(快, pleasure)가 곁들어진 경험들의 합이에요. 우리의 기억 속에서 행복을 유발하는 것들이나 또 미래에 대한 기대 같은 것들의 핵심 내용물은 모두 이 쾌라고 하는 경험을 말해요. 간명하게 말하자면 행복은 어떤 대상에 대해 우리 뇌에서 '저것은 좋다'는 정보가 켜지는 상태를 말해요."

• • •

차클 행복이라는 주제로 30년을 연구하셨다고 들었습니다. 행복을 연구하시게 된 특별한 계기가 있을까요?

서 작은 사건이 인생을 좌우하게 되기도 하죠. 저도 그랬습니다. 학교 다닐 때 논문을 하나 접했어요. 리포트를 위해 잠깐 본 것인데, 그 논문의 제목은 '주관적 안녕감(subjective well-being)'이었고, 바로 이 주관성이 행복 경험의 핵심이라는 내용이었습니다. 그 내용에 공감했고, 결국 그 논문을 쓰셨던 교수님 밑에서 공부를 하고 박사 학위를 받게 됐죠.

차클 행복을 주제로 다루는 교수님의 강의가 인기를 끈다고 들었습니다. 인기의 비결이 뭐라고 생각하세요?

서	행복의 비법을 기대하며 들어오는 학생들이 있습니다. 저는 첫 수업 때 단언합니다. 한 학기 내내 강의를 들어도 결코 더 행복해지지 않을 거라고요. 행복은 친숙한 주제이지만, 우리의 직관과 과학적 연구 결과들이 상당히 차이가 있다는 점에서 더 흥미롭습니다.
차클	행복에 대한 새로운 접근이 흥미롭네요. 그렇다면 교수님께서는 스스로 행복하다고 생각하시나요?
서	많이 듣는 질문인데요. 저는 스스로 행복한 편이라고 생각합니다. 그런데 각자가 행복해질 수 있는 한계, 즉 천장 값 같은 범위가 있습니다. 가령 시력 같은 신체 능력은 선천적으로 타고나죠. 제아무리 시력에 좋은 운동을 한다고 해도 모든 사람의 시력이 2.0이 될 수 있는 건 아니잖아요. 마찬가지로 행복도 어떤 영역 내에서 올라갔다 내려갔다 해요. 제 수업을 들어도 더 행복해지지 않을 거라고 얘기한 것도 그런 맥락이에요. 다만 각자에게 주어진 영역 안에서 무엇을 할 때 행복의 가장 윗단계까지 이를 수 있는지를 알려줄 수는 있겠죠.
차클	각자가 느낄 수 있는 행복의 최대치가 정해져 있다고요? 행복도 타고난다는 뜻으로 받아들이면 되나요?
서	그렇죠. 행복이 정해져 있다고 해도 틀린 말이 아닙니다. 그 얘길 더 하기 전에 먼저 심리학에서 말하는 행복의 개념을 정리해보도록 하죠. 심리학자들은 행복을 조금 거창하게 주관적 안녕감이라 부릅니다. 누구나 행복이라고 하면 머리에 떠올리는 것들이 있죠. 하지만 누군가에게는 행복인 것이 다른 사람에게는 행복이 아닐 수 있습니다. 그래서 과학적으로는 행복을 표현하기가 힘들어요. 누군가의 말이 다른 사람의 말보다 더 타당하다고 말할 객관적 근거가 없으니까요.

차클   행복이 주관적이란 얘기엔 공감이 갑니다. 그런데 행복이 처음부터 그렇게 정의된 건 아니었겠죠?

서   네. 원래 행복이라는 개념에 큰 영향력을 미쳤던 사람들은 고대 철학자들입니다. 특히 아리스토텔레스는 행복의 개념을 얘기할 때 빼놓을 수 없는 사람입니다. 그는 "행복은 인생의 목적이다"라는 말을 했어요.

차클   '행복은 인생의 목적'이란 말을 아리스토텔레스가 처음 한 거군요. 요즘 사람들에게도 익숙한 개념인 듯해요.

서   네. 하지만 엄밀히 따져보면 아리스토텔레스가 정의한 행복의 개념은 오늘날 우리가 생각하는 행복과는 다른 차원이에요.

차클   아리스토텔레스가 말한 행복은 구체적으로 어떤 건가요?

서   아리스토텔레스는 금수저 중의 금수저였어요. 아버지는 마케도니아 왕실의 주치의였고, 그의 스승은 플라톤이었죠. 또 알렉산더 대왕이 그의 제자였습니다. 초엘리트주의적 환경에서의 생활이 그의 생각이나 관점에도 영향을 많이 주었습니다. 이런 환경에 처한 아리스토텔레스에게 행복이란 일상의 사사로운 즐거움, 예를 들어 친구들을 만나서 즐겁게 놀 때의 기쁨은 아니었어요. 그는 사실 행복보다는 가치로운 삶에 대해 이야기했던 것이에요.

차클   행복과 가치로운 삶은 언뜻 거리가 좀 있는 것처럼 느껴지는데요?

서   많은 현대 심리학자들이 아리스토텔레스가 말한 가치로운 삶이라는 개념을 행복과 연결시키는 바람에 대부분의 사람들을 혼란스럽게 만듭니다. 두 개념의 혼합은 행복의 본질을 이해하는 데에도 굉장히 방해가 되고 있죠.

차클   그럼 행복을 어떻게 정의하는 게 맞을까요?

그리스어
'eu' = good, 좋은
그리스어
'daimon' = spirit, 영혼
행복(eudaimonia)은
우리가 자신을 위해 이성적으로 결정한 목표를
오랜 기간에 걸쳐 추구해 가는 과정에서 얻어진다

➡ '가치 있는 삶'

서   사람들에게 행복을 무엇이라고 생각하는지를 물어보면 흔히 외형적
인 것들을 많이 떠올립니다. 집이나 자동차, 승진이나 결혼처럼 자신
이 소유하거나 누리는 생활적인 측면에 대한 이야기를 많이 해요. 이
렇게 사람들마다 대답이 다르기 때문에 행복을 한마디로 정의하기는
굉장히 어렵다고 생각합니다.

차클   그런 다양한 대답들 속에서 공통점을 찾아보면 어떨까요?

서   하지만 좋은 집이나 승진, 결혼은 그 자체로는 행복이 아니에요. 행복
의 핵심인 무언가를 켜는 스위치들이긴 합니다. 다시 말해 이런 외형
적인 것들이 유발하는 경험이 있어요. 승진을 하고 좋은 집으로 이사
를 갔을 때 우리는 좋은 느낌을 경험하죠. 행복의 핵심은 바로 그러한
좋은 느낌, 즉 쾌(快, pleasure)가 곁들여진 경험들의 합이에요. 우리의 기
억 속에서 행복을 유발하는 것들이나 또 미래에 대한 기대 같은 것들
의 핵심 내용물은 모두 이 쾌라고 하는 경험을 말해요. 제가 드리고자
하는 이야기의 핵심이기도 합니다. 간명하게 말하자면 행복은 어떤 대

상에 대해 우리 뇌에서 '저것은 좋다'는 쾌라는 정보가 켜지는 상태를 말해요.

차클 행복을 켜는 스위치라니 흥미롭네요.

서 우선 행복은 생각이 아닌 경험이라는 점을 강조하고 싶습니다. 예컨대 제 발 위로 어떤 물건이 떨어지는 상황을 가정해보죠. 굉장히 아플 거라고 생각할 수 있겠지만 정말 아픈 건 아니잖아요. 실제로 물건이 떨어져서 발가락이 찢어지고 피가 났을 때 느끼는 고통은 조금 전에 상상했던 것과 동급일까요? 그런 것처럼 상상과 경험은 질적으로 다릅니다.

차클 맞아요. 생각과 실제 경험은 많이 다르죠.

서 그런데 일상에서 우리가 접하는 조언들을 보면 대부분 생각과 태도를 바꾸라는 식입니다. 특히 자기계발서로 분류되는 책들엔 그런 조언들이 넘쳐납니다. '긍정적으로 생각하라', '마음을 바꿔라'라는 말들을 쉽게 볼 수 있어요. 그런 조언들을 통해 인간이 긍정적으로 생각할 수 있게 되는 것도 좋다고 생각해요. 다만 생각을 바꾸는 것만으로 문제가 해결되지 않습니다. 가령 진짜 벽돌이 발 위로 떨어져서 피가 나는 상황이라고 생각해보세요. 그런 상황에서 '태도를 바꿔라'라는 조언이 먹힐까요? 발이 아파 죽겠다고 말하는 사람에게 '아프지 않다고 생각하라'라고 할 수는 없는 일이겠죠. 안타깝지만 현재 우리가 많이 접하는 행복 담론들에 담긴 근원적인 메시지들이 이와 같아요.

차클 그렇네요. 큰 불행을 겪은 사람에게 죽지 않아서 다행이라거나 이만하길 다행이라고 말해도 별 위안이 되진 않죠.

서 맞습니다. 그런 조언들의 공통점은 행복의 정곡인 경험을 바꾸라는 게 아닙니다. 그 대신 생각을 변화시키라고 말하죠. '아프지 않다고 생각하라', '춥다고 생각하지 말라'고 조언하지만 그런다고 안 아프고 안 추운 게 아니잖아요. 행복과 관련된 메시지도 상당수가 이런 식이죠.

차클 행복에 대한 자기계발서를 아무리 봐도 행복해지지 않았던 데는 이유가 있었군요?

서 네. 그런 메시지를 담은 책들을 천 권, 만 권 읽어도 더 행복해지지 않는 이유는 행복의 본질과는 어긋나는 이야기를 하고 있기 때문이에요. 내 발 위에 물건이 떨어졌을 때 '아프지 않다고 생각하라'가 아니라 그런 고통이라는 경험을 왜, 언제, 어떻게 느끼는지에 초점을 둬야 행복을 이해할 수 있어요. 이렇게 경험에 초점을 둬야 함에도 관념적인 부분에 더 주목했던 이유는 앞서 언급했듯 행복이라는 개념의 뿌리를 철학에서 찾았기 때문입니다. 특히 이성주의적인 생각을 많이 했던 아리스토텔레스 같은 철학자들의 영향을 많이 받아서 그렇습니다.

차클 그럼 이성을 중시하는 사람들은 진정한 행복을 느낄 수 없다는 말인가요?

서 행복을 느낄 수 없는 것은 아니지만, 많은 현대인이 과도하게 합리적인 것을 숭배하기 때문에 가끔은 행복을 느낄 수 있는 기회를 놓치기도 해요. 실험을 통해 살펴보도록 하죠. 시카고대학교의 심리학자인 크리스토퍼 시(Christopher K. Hsee) 교수는 사람들에게 초콜릿을 나눠주는 실험을 했습니다. 하나는 평범한 하트 모양의 작은 초콜릿, 다른 하나는 바퀴벌레 모양의 큰 초콜릿이었어요. 자, 여러분이라면 하트 모양의 초콜릿과 바퀴벌레 모양의 초콜릿 중 어떤 것을 먹을 때 더 좋다는 느낌이 들 것 같으세요?

차클   아무래도 하트 모양을 먹을 때 기분이 좋겠죠.

서   그렇죠. 대부분 하트 모양을 보고 즐거운 기분을 느끼는 사람이 많아
         요. 그럼 두 번째 단계로 넘어가보도록 하죠. 이 실험에 참여한 기념으
         로 초콜릿을 가져갈 수 있다고 한다면 둘 중 어떤 초콜릿을 가져가고
         싶으세요?

차클   기념 삼아 가져가라고 한다면 특이한 모양인 데다가 크기가 큰 바퀴
         벌레 초콜릿을 택하지 않을까요?

서   네. 그것이 바로 이 실험에서 확인하고자 했던 점이었어요. 방금 여러
         분은 인간의 합리주의가 행복에 반하는 선택을 하게 만드는 과정을
         체험한 겁니다.

차클   바퀴벌레 초콜릿을 선택하는 것이 행복에 반하는 선택이라고요?

서   네. 한마디로 인간은 자신에게 똑똑한 척하기 위해 순수한 즐거움을
         주는 옵션을 포기하는 경우가 있습니다. 시 교수는 일반인의 합리주의
         라는 현상에 주목했어요. 즉, 자신의 선택을 정당화하기 위해 감정적

경험보다 이성적 이유에 더 주목하는 것이죠. 인간은 자기 자신뿐만 아니라 다른 사람에게도 늘 자신이 합리적이고 똑똑한 결정을 내리고 있다는 인상을 주길 원해요. 초콜릿을 선택하는 문제에서도 마찬가지예요. 하트 모양의 작은 초콜릿이 맛있고 좋은 느낌을 주었어도 집에 가져갈 용도로는 좀 더 현명한 판단을 내렸다는 느낌을 갖길 원하는 거죠. 그래서 큰 초콜릿을 가져가야 더 많은 양의 초콜릿을 먹을 수 있다는 식으로 합리화를 해요. 다시 말해 내게 즐거움을 주는 옵션을 버리고 더 똑똑해 보이는 옵션을 선택하는 거예요.

차클 왜 이토록 남들에게 똑똑하게 보이길 원하는 걸까요?

서 인간이 사회적인 존재이기 때문에 그렇습니다. 합리적인 선택을 통해 남들에게 인정받고 싶은 욕구를 충족시키려는 것이죠. 정도의 차이는 있지만 다른 사람에게 인정받기 위해 대가를 치르는 선택을 합니다. 예를 들어 고등학교를 마치고 대학에 들어가기 위해 수학능력시험을 본다고 치죠. 그런데 생각보다 점수가 잘 나오면 아무래도 상향 지원을 하게 되는 경향이 있어요. 자신의 꿈은 천문학자가 되는 것이었는데, 의대를 들어가도 될 만큼 시험 점수를 잘 받게 되면 자신의 꿈을 포기하고 의대를 가는 식이죠. 바퀴벌레 모양의 큰 초콜릿을 선택하는 것과 비슷한 거예요.

차클 자신의 선택이 합리적이라는 것을 증명하기 위해 인생을 바꾸는 선택까지 한다는 말이군요.

서 네. 때로는 그렇죠. 자기가 좋아하는 별과 우주를 공부하는 것이 평생 즐거움을 줄 수 있는 선택일 텐데, 갑자기 의대를 갈 수 있는 옵션이 생기니까 그쪽을 선택하는 겁니다. 그 선택이 더 그럴듯하고 다른 사람들에게도 똑똑하게 보일 수 있는 선택이니까요. 하지만 궁극적으로는 자신의 행복을 갉아먹는 결과를 낳을 수도 있어요.

차클 자신의 적성과 안 맞는 선택을 하게 되면 평생 후회하거나 즐겁지 않을 텐데요. 결국 합리적인 척하려다 비합리적인 선택을 하는 꼴이 되지 않을까요?

서 맞습니다. 의대에 가서 평생 적성에 맞지 않는 일을 하면서 행복하지 않은 삶을 살게 될 가능성도 있죠. 이렇게 합리성을 지나치게 숭배하는 사람들일수록 즐거운 경험의 빈도를 덜 갖게 될 수 있어요.

차클 사람이 다양한 경험을 하게 되면 그런 오판을 할 가능성이 줄어들지 않을까요?

서 문제는 우리가 경험의 위력을 과소평가한다는 것입니다. 바퀴벌레와 관련된 또 다른 연구를 통해 살펴보도록 하죠. 폴 로진(Paul Rozin)이라는 미국의 유명한 심리학자가 "왜 인간은 바퀴벌레를 못 먹을까?"라는 질문을 던졌어요. 여러분도 자신에게 한번 물어보세요. 어떤 답이 나올까요?

차클 비위생적이고 세균이 많을 것 같아요. 무엇보다 생김새 때문에 식욕이 생기지 않을 것 같고요.

서 대체로 그런 반응입니다. 그런데 로진 교수는 바퀴벌레를 먹지 않으려는 논리적 이유를 제거한다면 선택이 어떻게 달라질지 살펴보고자 했어요. 만약 비위생적이고 세균이 많아서 못 먹는 것이 이유라면, 깨끗한 바퀴벌레라면 어떨까요?

차클 세균을 제거한 위생적인 바퀴벌레라…. 그래도 여전히 꺼림칙한데요. 실험에 참여한 사람들은 먹는다고 했나요?

서	가령 정성스럽게 유기농으로 키운 바퀴벌레를 최고급 올리브오일에 튀겨서 멋진 한 상을 차려놓고는 사람들에게 제공하면 어떨까요? 여전히 사람들은 바퀴벌레를 먹지 못해요. 즉, 위생이 문제의 본질이 아니었던 것이죠. 우리가 바퀴벌레를 먹지 못하는 본질적 이유는 자신이 통제할 수 없는 역겨움 때문이었던 거예요. 아무리 머릿속으로는 깨끗하다는 걸 알아도 바퀴벌레를 보고 역겨움을 느끼는 건 원초적인 경험의 힘이 합리적 설명을 압도해버리기 때문입니다. 그럼에도 불구하고 우리는 늘 매사에 보다 합리적인 설명을 찾고 만듭니다.
차클	사람들이 의식적으로 진짜 이유에 눈을 감는 것은 아니겠죠?
서	우리가 왜 특정 행동을 하고 선택을 했는지를 생각할 때 본질적인 이유를 모르는 경우가 많아요. 그래서 무의식적으로 가장 그럴듯한 이야기를 만들어내곤 하죠. 이러한 행위가 누굴 속이려는 목적은 아닙니다. 단지 나 자신을 설득하고 이해시키기 위해서 일종의 이야기를 만들어내는 겁니다.
차클	그건 무의식적으로 자신을 속이는 것 아닌가요?
서	네. 그렇다고 볼 수 있죠. 이번엔 우리의 경험이 무의식적인 행동으로 이어진다는 것을 확인하는 재미난 실험을 살펴보도록 하죠. 먼저 피실험자들을 모아 신제품 비스킷의 맛을 조사하는 실험을 한다고 일러줬어요. 이때 두 조건으로 그룹을 나눴습니다. A그룹은 레몬 향이 약간 나는 방에서 시식을 하고, B그룹은 라일락 향이 약간 나는 방에서 시식을 하도록 했어요.
차클	실험의 진짜 목적은 무엇이었나요?
서	사실 이 실험에 쓰인 비스킷은 부스러기가 많이 나오는 제품이었습니

다. 과자의 맛이나 식감을 조사하는 것이 아니라 똑같은 비스킷을 먹으면서 어떤 그룹에서 부스러기를 흘리지 않고 깨끗이 먹는지를 관찰하는 것이 연구의 진짜 목적이었어요. 연구진들이 계획한 실험의 가설은 '라일락 향이 나는 방보다 레몬 향이 나는 방에서 부스러기를 덜 남길 것이다'였습니다. 그리고 실험 결과 실제로 레몬 향이 나는 방에서 과자를 먹은 그룹이 부스러기를 덜 흘렸습니다.

차클   신기한데요. 왜 그런 결과가 나온 것이죠?

서   여러분이 한번 이유를 생각해보세요. 일상생활에서 레몬 향을 주로 언제 맡을 수 있나요? 청소용품, 즉 뭔가를 청결하게 만드는 용도의 제품에서 레몬 향이 많이 나죠. 그러니까 실험에 참여한 피실험자들도 무의식적으로 레몬 향을 맡고는 청결과 연관된 행동이 활성화된 거예요.

차클   레몬 향이 무의식을 자극해 과자 부스러기를 남기지 않는 행동으로 이어졌다니 놀랍네요. 당시 실험 참가자들은 자신들이 그런 행동을 한 이유를 납득했나요?

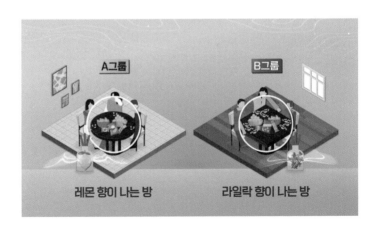

서 중요한 지적입니다. 실험이 끝나고서 실험 참가자들에게 실험의 가설을 알려줬어요. 제품의 맛을 테스트하는 것이 아니라 레몬 향이 과자를 깨끗하게 먹는 데 얼마나 영향을 주는지를 살펴본 실험이라고 말해줬죠. 그런데 모두가 말도 안 되는 소리라고 부정했어요. 레몬 향 때문에 무의식적으로 그런 행동을 했음에도 불구하고 스스로 그런 행동을 한 본질적인 이유를 모르기 때문에 말도 안 되는 얘기라고 받아들인 겁니다.

차클 행복에 관한 이야기를 나누다가 인간의 무의식까지 들여다보게 됐네요. 둘 사이에도 연관성이 있는 것이겠죠?

서 네. 그렇죠. 행복의 원료가 되는 수많은 경험들이 상당 부분 무의식 수준에 담겨져 있으니까요. 더 구체적으로 얘기하면 인간의 본능적 경험 중에서 행복과 밀접하게 관련돼 있는 것은 감정이에요. 따라서 감정이라고 하는 것이 왜 존재하고 어떻게 작동하는지를 이해하지 않고서는 행복의 본질을 파악하기가 어렵습니다.

행복은 어떻게 작동할까

"감정은 뇌에서 켜는 교통신호등 같은 거예요. 파란불일 때는 움직이고, 빨간불일 때는 정지하거나 물러서는 것과 유사해요. 인간은 굉장히 복잡하고 수많은 감정을 느끼는 것 같지만 결국 A 아니면 B라는 바구니에 반드시 담기게 됩니다. 바로 쾌 혹은 불쾌라는 바구니예요."

• • •

차클 행복이 경험의 합이라고 말씀해주셨는데요. 그럼 일상생활에서 많은 즐거운 경험을 하면 많은 행복을 느낄 수도 있는 건가요?

서 좋은 지적입니다. 일상생활에서 우린 많은 쾌(快)를 느껴요. 그런데 행복의 기준을 너무 거창하게 올려놓아버리는 바람에 잘 느끼질 못하죠. 그래서 엄청난 쾌를 경험하지 않으면 그냥 흘려버리고 행복이 아니라고 생각합니다.

차클 쾌라는 경험은 어떻게 만들어지나요?

서 쾌는 우리의 손끝이 아니라 뇌에서 만들어져요. 그럼 뇌는 무엇을 위해서 쾌를 만드는 것일까요? 이것을 이해하지 않으면 행복의 본질에 다가가기 어렵습니다.

차클 행복을 이해하기 위해 뇌의 작동 원리를 알아야 한다는 말씀이군요. 인류가 그걸 깨닫게 된 계기가 있을까요?

서 심리학이라는 학문의 패러다임을 현재 뒤흔들고 있는 변화가 있었습니다. 바로 생물학적인 관점, 진화론의 등장이에요. 찰스 다윈은 모든 생명체는 생존과 번식을 위해 최적화됐다고 말했습니다. 그 얘기는 곧 행복 역시 생존과 번식을 위한 도구라는 것이죠. 행복을 인생의 목적이 아닌 생존 도구로 바라보는 새로운 시각이 등장하고 있습니다.

차클 흥미롭네요. 좀 더 자세히 설명해주세요.

서 다윈이 주장한 "모든 생명체의 공통적인 목표는 생존과 재생산이다"라는 말을 곱씹어볼 필요가 있습니다. 즉, 모든 생명체가 현재 갖고 있는 특성은 우연히 갖게 된 것이 아니고, 특정 기능을 하기 때문이라는 게 다윈의 핵심 주장이에요. 즉, 우리 신체는 모두 나름의 이유를 갖고 있기 때문에 현재의 모습을 갖추게 됐다는 겁니다. 손가락이 다섯 개인 것도 여섯 개나 네 개보다 유용했기 때문이란 거죠. 마찬가지로 인간의 마음에서 작동하는 감정이나 정신적인 특성들도 어떤 기능을 하기 위해서 만들어졌다는 얘깁니다. 고대 철학자들은 '행복은 인생의 목적'이라고 말했지만, 행복감 같은 정서적 경험은 과학적, 진화적 관점에서 볼 때 생존과 재생산을 위한 도구에 불과하다는 겁니다.

차클 인간을 포함한 생명체의 신체와 정신이 모두 생존과 재생산을 목적으로 진화해왔다는 걸 다윈은 어떻게 밝혀냈나요?

서 1859년에 《종의 기원》이라는 책을 발표하고 다윈이 진화론을 완성하기까지는 몇십 년이 더 걸렸어요. 몇 가지 현상을 완벽하게 설명하지 못했는데, 대표적인 것이 공작새였습니다. 다윈은 생명체라면 생존에 유리한 특성을 가지고 있어야 한다고 주장했었죠. 그런데 피식자인 공작새의 긴 꼬리는 그의 주장에 반하는 것이었어요. 꽁지깃이 포식자의 눈에 너무 잘 들어오는 데다 도망가기도 어렵게 만드니까요. 생존을 위한 도구라는 설명에 도저히 부합하지 않았습니다. 그런 불리한 특성을 지닌 공작새가 여전히 살아남아 있다는 것이 다윈에게도 의문이었죠. 그러다 다윈에게 '유레카'의 순간이 옵니다. 생존의 위협을 무릅쓰고 공작새가 화려한 꼬리를 갖고 있는 이유는 그것이 바로 유전자를 재생산하는 데에 필요한 도구라는 것이죠.

차클 유전자의 재생산에 도움이 된다는 말은 이성을 유혹해 짝짓기를 하는 데 유리하다는 말씀이죠?

서 맞습니다. 공작새의 꽁지깃에 있는 눈처럼 생긴 무늬가 얼마나 많은지가 핵심이에요. 인기가 많은 공작들은 대략 140개 정도의 눈 모양 무늬가 있고, 인기가 떨어지는 공작은 대략 110개 정도를 가지고 있다고 해요. 생물학자들이 꽁지깃은 그대로 둔 채 눈 모양의 무늬만 무작위로 20개를 잘라보니 실제로 짝짓기 빈도가 절반 정도로 떨어졌다고 해요. 꽁지깃의 무늬가 유전자 재생산을 활성화하는 도구라는 점이 증명된 것이죠. 사람의 감정 또한 공작새의 꽁지깃처럼 생물학적 과제 해결을 위한 도구 역할을 한다는 게 다윈의 주장입니다.

차클 행복은 목적이 아닌 도구란 말을 이해하는 데 도움이 되는 예시네요.

서 네. 모든 생명체의 공통적인 최종 목표는 생존과 번식이에요. 행복은 목적이 아닌 생존 도구에 불과한 것이죠.

차클 다윈의 얘기를 듣고 난 뒤에도 오랜 세월 철학자들이 '행복은 목적'이라고 설파해서인지 그 생각을 바꾸기가 쉽지 않네요.

서	사실 '나 오늘 왜 살지?'라는 질문에 '생존을 위해서'라고 답할 사람은 없어요. 하지만 시간을 한번 과거로 돌려볼까요? 여러분과 저는 호모 사피엔스죠. 호모 사피엔스가 지구상에 등장한 때는 대략 600만 년 전인데요. 우리가 지금 누리는 것들, 예를 들어 신문을 읽고 자동차를 운전하고 강의를 하는 등의 문명 생활을 영위한 건 불과 얼마 전의 일이에요. 호모 사피엔스가 지구상에서 살아온 600만 년을 1년으로 압축한다면, 12월 31일 밤 10시 9분 정도까지 인간이라는 생명체에게 있어서 가장 중요한 일은 어떻게든 먹을 것을 구해 살아남고 자신의 자식을 남기는 것이었어요. 결국 우리 뇌는 지난 600만 년 동안 생존, 번식, 사냥, 양육과 관련된 노하우들을 저장한 생존 지침서라고 볼 수 있어요.
차클	그 말은 우리의 뇌가 생존을 위해 세팅돼 있다는 말인가요?
서	그렇죠. 우리의 뇌는 수능시험을 보려고 만들어진 뇌가 아니에요. 원래 뇌의 용도가 공부를 위한 것이 아니기 때문에 공부하는 걸 너무 싫어하는 거예요.
차클	그럼 감정은 왜 필요한가요?
서	비유하자면 우리의 뇌는 세포로 이루어진 슈퍼컴퓨터예요. 슈퍼컴퓨터가 잘 작동하기 위해서는 윈도 같은 소프트웨어들이 필요하겠죠. 그런 소프트웨어 중에 가장 대표적인 것이 감정이라고 보시면 돼요.
차클	생존을 위해 감정이라는 도구가 필요하다면 식물이나 동물에게도 감정이 있어야 하는 것 아닌가요?
서	식물에게는 감정이 없어요. 감정은 고등한 동물들, 조금이라도 지능이 있는 동물들만 갖고 있어요. 동물과 식물이 모두 생명체이지만 움직이

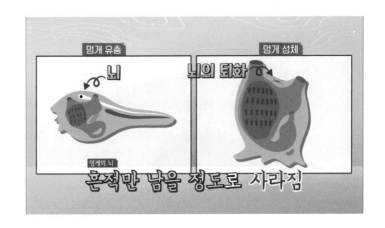

느냐, 움직이지 않느냐 라는 큰 차이가 있죠. 동물은 도망가야 할 때 도망가고 먹이를 쫓아가야 할 때 쫓아가야 생존할 수 있어요. 반면에 늘 제자리에 있는 선인장과 해바라기들은 움직임에 대한 판단을 할 필요도 없고 움직임이 생존을 좌우하지 않아요. 다시 말해 뇌에서 만드는 감정은 움직임과 관련된 판단을 내려야 되는 생명체에게 필요한 거예요.

차클 식물을 키우는 사람들은 식물도 감정을 느낀다고 하던데 사실이 아닌 건가요?

서 굉장히 흥미로운 생물을 예로 들어 설명할게요. 바로 멍게인데요. 멍게가 새끼일 때는 올챙이처럼 물속을 헤엄쳐 다니고 사냥도 하면서 생존을 해요. 그런데 어느 정도 성장을 해서 자신의 몸을 고정하기 좋은 돌이 나타나면 그곳에 정착을 해서 죽을 때까지 더 이상 움직이지 않습니다. 재미있는 건 멍게가 유충일 때는 뇌가 꽤 크게 존재한다는 사실이에요. 앞서 제가 뇌의 작동 용도는 움직임에 대한 판단이라고 했었죠. 멍게가 성체가 된 뒤 이처럼 돌에 정착해 더 이상 움직이지 않게 되면 움직임에 대한 판단이 필요 없어지지 않겠어요? 그래서 멍게는 자기 뇌를 먹어치웁니다. 결국 뇌의 흔적만 남아 있게 되죠. 움직임이 더 이상 필요 없어지면 뇌도 필요 없다는 걸 보여주는 좋은 사례예요.

차클 정말 신기하네요. 그럼 감정은 어떻게 작동하는지 좀 더 알려주시죠.

서 아주 쉽게 말씀드리면 감정은 뇌에서 켜는 교통신호등 같은 거예요. 파란불일 때는 움직이고, 빨간불일 때는 정지하거나 물러서는 것과 유사해요. 인간은 굉장히 복잡하고 수많은 감정을 느끼는 것 같지만 결국 A 아니면 B라는 바구니에 반드시 담기게 됩니다. 바로 쾌 혹은 불쾌라는 바구니예요.

차클 쾌나 불쾌가 아닌 감정도 있지 않나요?

서 우리가 감정이라고 여기는 건 대부분 쾌 혹은 불쾌예요. 쾌는 파란불과 같은 역할을 하면서 생존에 필요한 자원을 추구하도록 이끌죠. 마치 자동차에 진행 신호를 주는 파란불처럼 작동해요. 반면 '우울하다', '싫다', '짜증난다', '불행하다' 같은 감정은 모두 불쾌예요. 이러한 불쾌의 감정은 위협으로부터 우리를 보호하는 역할을 합니다. 빨간불은 멈추라는 의미잖아요. 우리가 불쾌의 감정을 느끼는 순간, 가령 절벽 가까이 갈 때를 떠올려보세요. 바로 빨간불이 켜지죠. "가지 마"라고요. 만약에 우리 뇌의 전구가 고장 나서 절벽 가까이 갔는데 빨간불이 안 켜지면 어떻게 될까요. 이처럼 오작동을 일으키는 전구를 가지고 있었던 호모 사피엔스는 생존 확률이 떨어졌습니다. 결국 그런 오작동 없이 살아남은 호모 사피엔스들은 계속해서 무섭고 두려운 것들을 보면 감정적으로 격하게 반응함으로써 삶을 이어나가는 것이죠. 이처럼 감정의 신호등은 생존을 위해 절대적으로 중요한 소프트웨어이자 수호신이에요.

차클 다른 동물들도 쾌나 불쾌의 감정을 통해 자신의 행동을 제어하나요?

서 서핑을 하는 개가 예시가 될 수 있어요. 어떤 개가 서핑보드에 올라 파도를 타는 동영상을 본 적이 있는데요. 도대체 어떻게 개가 서핑을 하게 만들 수 있었을까요? 개는 서핑을 해야겠다는 야망 같은 것을 가진 적이 없겠죠. 하지만 개도 쾌를 경험하고자 하는 욕구가 강렬하기 때문에 이런 놀라운 묘기가 탄생할 수 있어요. 예를 들어 주인이 개를 바닷가로 유인하기 위해 먹이를 줬다고 생각해보죠. 개는 먹이를 먹으며 쾌를 느꼈을 겁니다. 다음 날 주인이 좀 더 깊은 물까지 개를 유인해서 먹이를 주면 개는 또다시 쾌를 느끼게 되겠죠. 그렇게 반복하다가 결국 서핑보드에 올라 파도를 타고 나서도 먹이를 먹게 되면, 결국 개는 서핑보드까지 타게 되는 겁니다.

차클 쾌의 경험이 많아질수록 어떤 행동에 나서기가 쉬워지겠군요.

서 그렇죠. 마치 〈헨젤과 그레텔〉이라는 동화에서 주인공들이 길에 과자를 뿌리듯이 주인이 쾌를 군데군데 심어놓고 유인해서 개가 서핑보드를 타게 만드는 것이죠. 인간이 이뤄낸 대부분의 성취도 원리는 똑같다고 볼 수 있어요. 원시사회에서 사냥을 하게 된 것도 마찬가지죠. 3일 동안 공복을 느끼다가 사냥을 해서 고기를 먹었을 때 느낀 쾌의 감정이 또다시 사냥을 하게 만드는 원동력입니다. 공복에 토끼 고기를 구워서 배 속에 넣는다면 말로 형용할 수 없는 찌릿찌릿한 쾌를 느낄 수밖에 없죠. 며칠 후 또 배가 고파지면 당연히 토끼 고기가 생각이 날 겁니다. 즉, 토끼 고기가 유발하는 쾌가 생각나죠. 엄밀히 말하면 토끼 사냥을 나가는 게 아니라 토끼에 묻어 있는 쾌 사냥을 나가는 거예요.

차클   말씀을 듣고 보니 쾌가 인간의 삶을 지배하는 것 같아요.

서   생물학적인 근본 과제를 해결하는 데 있어서 절대로 없어서는 안 되는 것이 쾌의 경험이지만, 인간이 그 이상의 위대한 일들을 하도록 만드는 것도 바로 쾌의 힘이에요. 인류가 화성에 탐사선을 보내는 이유가 뭘까요. 마찬가지로 그런 활동들의 핵심은 엄청난 업적을 이뤘을 때 경험하는 쾌에 대한 과학자들의 기대가 아닐까요. 즉, 숭고하고 위대한 인간의 업적들을 이루게 하는 동력의 핵심에는 쾌가 늘 있다는 것이죠.

행복의 조건은 무엇인가

"외향성이 높은 사람은 자극이 80개 정도 있어야 좋다고 느낀다
면, 내향적인 사람은 60개 정도면 충분해요. 이 적정 역치를 넘
어서면 약간 피곤함을 느끼게 돼요. 다만 일상에서 이만큼의 자
극을 받기 어렵기 때문에 추가로 채우려는 노력을 하게 되는데,
얼마의 자극을 더 찾느냐가 외향성과 내향성의 핵심 차이예요."

• • •

차클　행복하려면 불쾌보다는 쾌의 기분을 많이 느끼도록 하는 게 중요할
　　　　것 같아요.

서　　네. 앞서 설명한 것을 한마디로 이야기하자면, 나의 머릿속에 '좋다'라
　　　　는 전구를 자주 켜줘야 행복하다는 말입니다. 그런데 이 전구가 누구
　　　　는 자주 켜지고 누구는 덜 켜지는 건 왜 그런 걸까요?

차클　'좋다'는 것에 대한 기대치가 낮은 사람은 스위치가 자주 켜지지 않을
　　　　까요?

서　　확률적으론 그렇긴 합니다. 그런데 그게 이유의 전부는 될 수 없어요.
　　　　행복을 결정짓는 요인은 하나가 아니라 수천 개일 수 있거든요.

차클　돈이 많아서 누릴 수 있는 것이 늘어나면 행복해지지 않을까요?

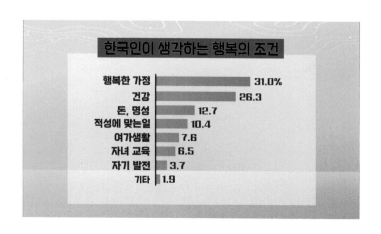

서 돈도 행복의 절대 조건이 될 순 없어요. 예컨대 아프리카의 빈국에서 사는 사람이라면 행복을 느끼는 데 돈이 필요하겠죠. 돈이 있어야 기본적인 의식주를 해결할 수 있으니까요. 하지만 우리처럼 경제적으로 부유한 수준을 이룬 국가에서 돈은 더 이상 행복을 주는 쿠폰이 아니에요. 돈과 행복의 관련성이 점점 약해진다는 얘기죠.

차클 대부분의 사람들은 돈만 많이 있다면 더 행복해질 거라고 생각하는데 의외의 결과네요.

서 실제로 대부분의 국가에서 평균 소득이 올라가는 것과 함께 행복감이 상승하는지를 조사해봤더니 그렇지 않다는 결과가 나왔습니다. 비타민에 비유를 해봐도 좋을 것 같아요. 비타민이 결핍되면 몸에 문제가 생기죠. 하지만 적정한 양을 넘어선 비타민은 섭취해도 몸에 흡수되지 못하고 그냥 배출돼버려요. 돈도 비타민과 매한가지 역할을 하죠.

차클 행복을 느끼게 하는 조건들이 계속 달라지는 이유는 무엇인가요?

서 인간이 새로움을 경험하며 느끼는 쾌는 시간이 지나면 없어지게 돼

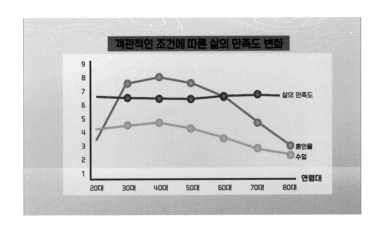

있어요. 모든 것에 적응을 하기 때문에 그렇습니다. 첫 번째 스테이크 조각을 먹었을 때의 행복감을 두 번째 조각을 먹었을 때의 행복감이 따라갈 수 없죠. 이처럼 어떤 종류의 쾌든 적응을 하기 마련인데 사람들은 그걸 충분히 고려하지 못하는 경향이 있어요.

차클 예를 들면 결혼 이후의 삶 같은 것인가요?

서 네. 좋은 지적입니다. 실제로 독일의 성인 중 약 2만 명의 삶을 추적해 인생에서 경험하는 큰 사건들이 행복에 어느 정도 영향을 미치는지를 살펴본 연구가 있어요. 보통 사람들은 결혼을 하면 영원히 행복해질 거라고 생각하는데 사실 아주 드문 일이죠. 결혼이 행복감을 올려주는 기간은 대략 결혼을 1년 정도 앞뒀을 때 정도예요. 그러다가 결혼을 하고 나서부터 조금씩 떨어지죠. 그러다가 원점으로 돌아가고요.

차클 행복감이 계속 떨어지는 게 아니라 원점으로 돌아가긴 하네요. 왜 그런 걸까요?

서 부정적인 사건을 경험했을 때에도 인간의 감정이나 행복감이 바닥을

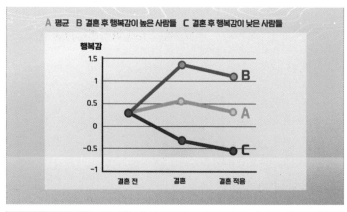

A 평균 B 결혼 후 행복감이 높은 사람들 C 결혼 후 행복감이 낮은 사람들

행복감

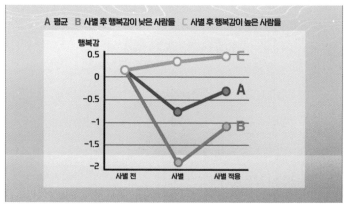

A 평균 B 사별 후 행복감이 낮은 사람들 C 사별 후 행복감이 높은 사람들

행복감

치고 그 자리에 그대로 머무는 게 아니라 다시 올라가잖아요. 그래야
만 우리가 살 수 있으니까요. 반대로 즐거움 역시 우리가 음미한 다음
에는 원점으로 리셋이 돼야 해요. 만약 점심에 어떤 음식을 먹었는데,
너무 맛있었다고 가정해보죠. 그런 즐거움이 저녁이나 다음 날까지 꺼
지지 않고 남아 있다면 어떻게 될까요? 아마 굶어죽을 거예요. 사람이
다음 끼니를 먹기 위해선 앞서 느꼈던 즐거움이 사라지고 리셋이 돼

야 해요. 점심을 먹고서 경험한 쾌를 꺼야만 또다시 점심에 경험한 쾌를 떠올리며 저녁 먹을 생각을 할 수 있는 겁니다. 다른 예를 들어볼까요? 만약 회사에서 과장으로 승진을 해서 너무 좋은데, 그 좋은 느낌이 영원히 지속된다면 어떻게 될까요? 만년 과장에 만족하고 말겠죠. 과장이 된 다음에 한 일주일 있다가 과장도 별것 아닌 것처럼 여겨져야 다음에 부장이 되겠다는 동기 부여가 되겠죠. 아무튼 행복의 객관적인 요인들이 행복을 영원히 약속하지 못하는 중요한 이유 중 하나는 얼마 안 가 시들해진다는 것입니다.

차클 행복을 느끼는 조건이 달라지는 또 다른 요인이 있나요?

서 인생에서 어떤 사건을 경험했을 때 나타나는 정서적 반응이 사람에 따라 굉장히 다르다는 점이죠. 결혼 전후의 행복감을 비교해보면 분명하게 알 수 있어요. 평균적으로 보면 행복감이 결혼 이후 조금 올라갔다가 내려가는 양상이죠. 하지만 결혼 후 행복감이 여전히 결혼 전보다 높은 사람들도 있어요. 반면, 결혼 날짜가 잡힌 날부터 지속적으로 행복이 감소하는 사람들도 있어요. 놀랍게도 전체 인구 가운데 3명 중 1명이 결혼 후 행복감이 낮아지는 행복 감소 패턴을 보여요. 사별에 대한 행복 반응 또한 사람에 따라 매우 다를 수 있어요.

차클 적응과 개인차 외에 또 다른 요인도 있나요?

서 하나 더 꼽자면 인생 자체가 복잡하다는 것입니다. 존 스타인벡의 《진주》라는 단편 소설을 살펴보면서 이야기하면 좋을 듯합니다.

"멕시코의 바닷가에 사는 가난한 어부 키노와 그의 부인 주애너. 어느 날 두 사람의 아들인 코요티토가 전갈에 물리는 사고를 당하지만 돈이 없어 치료를 하지 못하게 된다.

그러다 엄청나게 큰 진주를 발견하게 된 키노. 키노는 진주를 팔아 아이를 치료하고 가난한 생활에서 벗어나고자 하지만 이 소식을 들은 이웃들은 키노의 진주를 호시탐탐 노리기 시작한다. 사람들과의 갈등에 결국 마을을 도망치기로 한 키노의 가족. 키노는 뒤를 쫓아오는 마을 사람들을 향해 총을 겨누지만, 그만 아들 코요티토가 그 총에 맞고 죽게 된다. 진주가 자신에게 찾아온 행복이 아니라 화의 근원임을 알게 된 키노. 그는 결국 바다에 진주를 버리는 선택을 하게 된다."

_존 스타인벡,《진주》

차클　행복과 불행이 한순간에 뒤바뀌는 안타까운 이야기네요.

서　네. 그렇죠. 진주를 낚는 순간에는 아들에게 약도 사줄 수 있고 영원히 행복해질 것 같잖아요. 하지만 소설은 그때부터가 시작입니다. 무조건 해피엔딩일 것 같지만 인생이 그렇게 단순하지 않다는 것을 잘 보여주는 작품이죠. 오늘날 이 소설 속 진주와 같은 역할을 하는 게 바로 로또입니다. 로또에 당첨되면 세상 문제가 모두 해결될 것 같지만 그렇지 않은 경우를 주변에서 많이 보게 됩니다. 수많은 조사를 통해서도 로또에 당첨되면 더 불행해지지는 않아도 평균적으로 더 행복해지지도 않는다는 사실이 증명되고 있어요.

차클　맞아요. 로또에 당첨돼 행복해졌다는 이야기를 들은 적이 없는 것 같아요. 도대체 왜 그런 걸까요?

서　이렇게 비유를 해보죠. 시냇물 위로 잔잔하게 흘러가고 있는 나뭇잎을 우리의 인생이라고 생각해봅시다. 그런데 50억 원이라는 돈벼락이 떨어질 때 이 잎 위로 깃털처럼 살포시 내려앉는 게 아니겠죠. 흡사 짱돌처럼 떨어질 거예요. 인생이라는 잎은 이때 산산조각 나고 말겠죠. 이

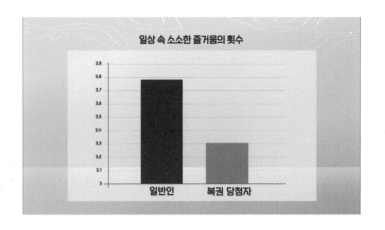

처럼 로또라는 예상치 못한 큰 행운이 생기면 좋은 일도 있지만 생각하지도 못했던 일, 예컨대 가족들과 싸우기도 하고 사업을 크게 늘렸다가 망하기도 하는 등의 수많은 일들이 벌어지게 돼요. 종국에는 본전도 찾지 못하는 경우가 생기는 거죠.

차클 준비 없이 찾아온 행운이 불행한 결말을 낳게 되는 거군요.

서 실제로 로또에 당첨된 사람들과 로또에 당첨된 적 없는 사람들에게 "일상의 소소함에서 얼마나 많은 즐거움을 느낍니까?"라는 질문을 던진 연구가 있습니다. 그런데 로또에 당첨된 사람들은 일상의 일들을 훨씬 시시하게 느끼는 것으로 조사됐어요. 평소 같으면 친구들과 일상적으로 즐겁게 하던 일들에도 로또를 맞은 뒤로는 흥미를 잃는다고 해요.

차클 안타깝네요. 돈이 많아지는 대신 소소한 행복을 잃어버리는 거잖아요. 사실 한 번의 큰 행복감보다는 일상적인 행복감을 자주 느끼는 게 더 좋은데 말이죠.

서 1991년도에 제가 행복에 관한 연구를 시작했을 때 지도 교수였던 에

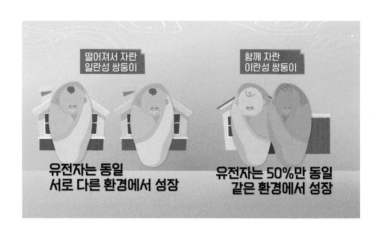

드 디너(Ed Diener) 교수가 썼던 논문의 제목이 바로 그 대답입니다. '행복은 긍정적 경험의 강도가 아니라 빈도'라는 겁니다. 행복의 강도에 집중하면 행복은 로또 같은 한 방이라고 생각하게 돼요. 하지만 대부분의 크고 좋은 사건은 10년을 고생해야 겨우 일어날까 말까 하죠. 그런데 이 과정에서 잔잔하고 소소하게 겪는 쾌를 경험하지 못한다면 행복과는 거리가 멀어집니다. 승진을 하고 로또에 당첨되는 경험은 빈번하게 일어나기 어렵고 아예 일어나지 않는 경우도 많으니 행복의 조건이라고 할 수 없죠.

차클 차라리 여가나 취미를 통해서 일상에서 즐거움을 자주 느끼는 게 행복해지는 방법일 것 같아요.

서 아주 중요한 지적입니다. 마음속으로 애를 써서 즐거워지려고 하기보다는 자연스럽게 그냥 마주하기만 하면 자동적으로 즐거워지는 것들을 일상의 시간이나 여가 시간에 자주 접하면 좋겠죠.

차클 행복을 결정하는 또 다른 요인이 있나요?

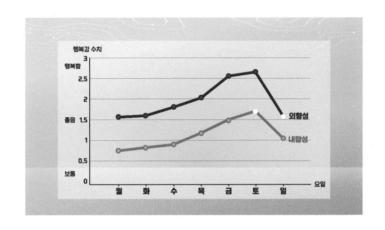

서   행복의 개인차를 결정짓는 유일한 원인은 아니지만 수많은 요인 중에
        서 가장 큰 영향을 주는 것은 놀랍게도 유전이에요.

차클   행복도 유전이 된다고요? 과학적으로 증명이 된 사실인가요?

서   네. 쌍둥이 연구가 결정적이었습니다. 각각 다른 환경에서 자란 일란
        성(유전자 100퍼센트 일치) 쌍둥이와 같은 환경에서 자란 이란성(유전자 50퍼
        센트 일치) 쌍둥이의 행복감을 조사해봤는데요. 환경이 다른 곳에서 자
        란 일란성 쌍둥이들의 행복감이 같은 환경의 이란성 쌍둥이보다 훨씬
        유사하게 나타납니다. 행복뿐만 아니라 체중, 지능, 성격, 공간사고력
        등 수많은 특성에서도 유사한 결과가 나옵니다. 그만큼 유전의 힘이
        강하다는 거죠.

차클   좀 허무하네요. 그럼 유전이 행복을 전적으로 결정한다는 건가요?

서   그건 아닙니다. 유전과 환경이 종합적으로 영향을 미치죠. 다만 행복
        을 느끼기에 유리하거나 불리한 성격적 특성은 유전자의 영향이 상당
        히 큽니다.

차클   행복을 느끼기에 유리한 성격적 특성이 뭔가요?

서   대표적인 것이 외향성이에요.

차클   외향적인 사람이 행복을 잘 느낀다고요? 그럼 내향적인 사람들은 행
      복을 덜 느낀다는 것인가요?

서   오해하지 마세요. 성격과 상관없이 대부분의 사람은 불행보다는 행복
      감을 더 많이 느낍니다. 다만 행복과 관련된 연구에서 밝혀진 결과 중
      외향적인 사람일수록 상대적으로 평균적인 행복감이 좀 더 높다는 것
      은 확고한 사실이에요.

차클   그럼 내향적인 사람은 외향적인 사람보다 더 행복할 순 없는 건가요?

서   사실 외향성과 내향성은 같은 말이에요. 외향성이 낮은 사람을 편의상
      내향적이라고 부르는 것뿐입니다. 평균적으로 외향적인 사람의 기분
      이 일주일간 어떻게 변화하는지 살펴보면 대체로 월요일에는 즐겁지
      않다가 주말로 가면서 점점 상승 곡선을 탑니다. 다시 일요일이 되면
      급격하게 떨어지죠. 내향적인 사람들도 패턴은 똑같습니다. 다만 외향
      적인 사람의 행복감이 가장 낮은 월요일 수치와 내향적인 사람의 행
      복감이 가장 높은 토요일의 수치가 비슷하게 나타나요. 전체적으로 두
      유형이 느끼는 행복감 사이에 격차가 유지되는 것이죠.

차클   내향적인 사람들은 왠지 억울할 것 같아요. 그런데 왜 외향적인 사람
      들이 상대적으로 행복감을 더 느끼는 건가요?

서   첫 번째는 자극 추구 성향, 두 번째는 활동성 때문입니다. 그리고 세 번
      째가 가장 중요한데 바로 높은 사회성이에요.

차클   그렇겠네요. 유전된 성격적 특성은 변하기 어려우니 내향적인 사람이
      외향적으로 바뀔 순 없겠죠?

서   예를 들어 설명해보죠. 일반인과 타이거 우즈의 골프 실력을 비교해볼
까요? 타이거 우즈가 일반인보다 골프를 훨씬 잘 치겠죠. 이런 실력 차
이의 상당 부분은 유전으로 결정된 선천적 골프 능력에서 큰 영향을
받습니다. 그렇지만 누구든 연습을 하면 연습을 하지 않을 때보다는
실력이 나아지겠죠. 즉, 일반인과 우즈 사이에는 선천적 능력 차이가
있지만, 연습은 그 개인의 능력 범위에서 변화를 만들 수 있어요.

차클   그 얘긴 외향적이든 내향적이든 후천적 노력을 통해 이전보다 더 행
복해질 수 있다는 말씀이죠?

서   네. 사실 어떤 유전자든 인간을 행복하고 덜 행복하게 만드는 것에는
관심이 없어요. 앞서 얘기했듯 생존과 재생산이 자연의 유일한 주제예
요. 만약 자연의 관점에서 인간이 계속 행복한 것이 목적이라면 진화
의 과정에서 인간이 점점 외향적인 존재가 됐어야 해요. 그런데 여전
히 내향적인 사람도 존재한다는 것은 외향성이든 내향성이든 각각의
존재 이유가 있다는 뜻이죠. 다시 말해 성격을 포함한 인간의 모든 특
성에는 장단점이 있다는 거예요.

차클   외향적인 성격이 오히려 단점이 되는 경우도 있을까요?

서   물론이죠. 앞서 외향적인 사람은 자극을 추구한다고 했었죠. 외향적이
고 자극 추구형이었던 영국의 탐험가 모리스 윌슨(Maurice Wilson)이라
는 사람과 관련된 일화를 말씀드릴게요. 그의 꿈은 에베레스트산의 정
상을 밟는 것이었다고 해요. 그런데 문제는 등산 경험이 전혀 없었다
는 것이죠. 그래서 그가 생각해낸 방안이 바로 경비행기를 타고 에베
레스트산 정상 근처에서 추락한 뒤 나머지 거리를 오르겠다는 것이었
어요. 실제로 1934년에 자신의 계획을 실행에 옮겼지만 정상에 이르

지 못한 채 죽고 말았다고 합니다. 행복이라는 관점에서 보면 외향성이 유리하다고 했지만 모리스 윌슨처럼 외향성이 높을수록 생기는 문제들도 상당히 많아요.

차클 그런데 앞서 사회성이 행복을 좌우하는 결정적 요인이라고 하셨는데 내향적인 사람들은 아무래도 외향적인 사람들보다 사람 만나길 꺼리는 문제가 있지 않나요?

서 내향적이든 외향적이든 혼자 있을 때 불행한 것은 아닙니다. 같은 활동을 해도 혼자보다는 누군가와 함께 할 때 즐거움이 더 크다는 것이 핵심입니다. 그러면 과연 내향적인 사람도 그럴까라는 질문이 생길 수 있는데, 여기에 대한 최근 연구들을 주목할 필요가 있어요. 흥미롭게도 사람과 함께 할 때 상승되는 행복 정도가 오히려 내향적인 사람일수록 더 크다고 해요. 즉, 누구나 혼자 있을 때보다는 사람과 함께 할 때 더 행복해요.

차클 내향적인 사람은 다른 사람들과 함께 있는 빈도가 낮다 보니 외려 큰 행복을 느끼는 게 아닐까요?

서 외향성의 빼놓을 수 없는 특성 중 하나가 자극 추구라 했었죠. 그 자극이라는 게 상대적이에요. 외향성이 높은 사람은 자극이 80개 정도 있어야 좋다고 느낀다면, 내향적인 사람은 60개 정도면 충분해요. 이 적정 역치를 넘어서면 약간 피곤함을 느끼게 돼요. 다만 일상에서 이만큼의 자극을 받기 어렵기 때문에 추가로 채우려는 노력을 하게 되는데, 얼마의 자극을 더 찾느냐가 외향성과 내향성의 핵심 차이예요.

차클 어떤 노력이 필요할까요?

서 일상에서의 자극 중 최고의 자극은 다른 사람이에요. 사람을 만나서 대화를 나누고 교감하는 것이 제일 좋은 자극이죠. 외향적인 사람들은 자극을 채우기 위해서 사람을 계속 찾아다닙니다. 그러니까 외향적인 친구들이 자신을 찾을 때 굳이 고마워할 필요가 없어요. 우스갯소리로 어떤 면에선 그들의 자극물로 이용당하는 거예요. 결론적으로 내향적이든 외향적이든 중요한 것은, 사람이란 자극이 어느 정도 있어야 되고 그 자극이 클수록 행복감이 높아진다는 사실입니다. 행복의 가장 중요한 요소는 결국 '사람'이라는 것이죠.

차클 결국 사람이 행복을 좌우하는 거네요.

서 네. 하지만 무조건 많은 사람과 지낸다고 해서 계속 행복해진다는 의미가 아니라 각자에게 적당한 선까지 사람이란 자극이 필요하다는 말입니다. 아무튼 사람에게 다른 사람이 얼마나 중요한지 알고 싶다면 이런 상상을 해보세요. 내일 아침에 일어났는데 지구에 혼자 남겨지는 상황을요.

차클 며칠 동안은 재미있게 지낼 수 있어도 그다음엔 너무 외로워서 다른 사람이 살아 있지 않은지 찾아나설 것 같아요.

서 말씀하신 것처럼 모든 게 의미가 없어질 겁니다. 이런 점을 입증하는 실험이 미국의 심리학자 로이 바우마이스터(Roy F. Baumeister)에 의해 진행된 적이 있습니다. 우선 피험자들을 모아놓고 성격과 관련된 여러 가지 설문조사를 했습니다. 그런 다음 설문조사를 바탕으로 노후의 삶이 어떻게 될지를 예측해준다고 말했어요. 피험자들은 자신의 설문조사를 바탕으로 진짜 피드백을 받는다고 생각하지만, 사실은 그렇지 않았어요. 피드백은 두 가지로 미리 정해져 있었습니다. 하나는 '혼자' 조건. 즉, "나이가 들면 들수록 혼자가 되고 혼자서 외롭게 죽을 것 같다"

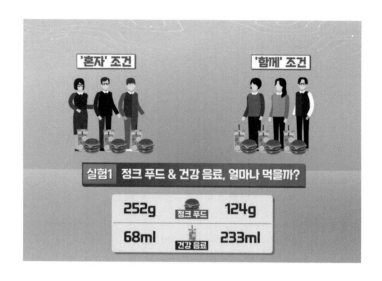

는 피드백이었어요. 다른 하나는 '함께' 조건. 즉, "나이가 들수록 주변에 늘 사람이 있고 보살펴주는 사람이 많다"는 피드백이었죠. 이런 피드백을 받았을 때 과연 사람들이 어떻게 반응하는지 살펴보는 것이 이 실험의 진짜 목적이었습니다.

차클   흥미롭네요. 어떤 결과가 나왔나요?

서   각각 '혼자' 조건과 '함께' 조건의 피드백을 받은 두 그룹의 사람들이 정크 푸드 혹은 건강 음료를 얼마나 더 먹는지를 살펴봤습니다. 그랬더니 '혼자' 조건인 사람들이 실험실에서 정크 푸드를 두 배 가까이 먹습니다. 반면 '함께' 조건인 사람들은 몸에는 좋지만 맛이 안 좋은 건강 음료를 억지로라도 더 먹는 경향을 보였죠. 인간의 수많은 일상 행위의 근원적 이유가 결국 다른 사람 때문이라는 것이죠. 다른 사람에게 가치 있는 사람으로 보이기 위해 건강도 챙기지만, 어차피 '혼자' 죽는

다는 그림이 연상되면 그런 노력조차 하기 싫어지는 거예요.

차클 신기하네요. 두 그룹 간에 또 다른 차이도 나타났나요?

서 네. 40초 간격으로 종을 친 뒤 몇 초의 시간이 경과했는지를 맞혀보는 실험을 해봤는데 확연한 차이가 있었습니다. '함께' 조건에 속한 사람은 꽤 정확하게 맞혔지만, '혼자' 조건에 속한 사람은 20초 이상의 오차를 보였습니다. 즉, 혼자라는 생각은 사람에게 총체적 '멘붕'을 가져

옵니다.

차클   사회성이 그런 점에까지 영향을 미치는군요.

서   그뿐만 아니에요. 테이블 위에 연필을 20개 꽂아뒀다가 실수인 척 연필통을 떨어뜨리고는 피험자들이 몇 개를 주워 담는지를 살펴보기도 했어요. '혼자' 조건인 사람들과 '함께' 조건인 사람들 사이에 차이가 상당했습니다. '함께' 조건인 사람은 평균 11개 정도를 주워서 담아주고, '혼자' 조건인 사람은 2개를 주워서 담아줬다고 해요. 결국 인간의 이타적인 행위도 사회성과 관련이 있다는 것을 보여주는 사례죠.

왜 인간관계가 중요한가

"사람에 대한 신뢰가 적어질수록 다른 무엇으로 그걸 채우려고
하죠. 대표적인 게 돈이에요. 사람에 대한 신뢰도가 낮아지는
사회일수록 물질주의적인 성향이 높아지고, 물질주의적인 성향
이 높아질수록 사회와 타인에 대한 신뢰도가 더 낮아지는 악순
환이 벌어집니다."

• • •

차클 행복을 위한 조건으로 다른 사람과의 관계를 강조하셨는데요. 왜 인간
에게 관계가 그렇게 중요하게 된 것일까요?

서 호모 사피엔스인 인류는 현재 지구를 정복한 정복자처럼 살고 있지만,
사실 오랜 시간 동안 먹이사슬의 중간 정도에 위치한 존재였습니다.
특별히 빠르지도 않고 힘이 세지도 않았죠. 자신들보다 작은 토끼나
잡아먹고 포식자인 사자가 나타나면 도망가기 바빴어요. 그러던 중에
대반전이 일어나면서 먹이사슬의 최정상으로 급부상을 했습니다.

차클 어떤 대반전이 일어났나요?

서 호모 사피엔스들이 집단생활을 하기 시작한 것이죠. 한 20~30명 되
는 무리를 지어 수십만 년을 살았어요. 이처럼 무리를 지어 살기 시작

하자 무리에서 떨어져나가는 게 가장 큰 생명의 위협이 됐습니다. 무리에서 이탈하면 유전자를 남길 배우자도 만날 수가 없었고요. 그렇게 무리에서 떨어져나간 외톨이들의 유전자는 지금 어쩌면 저 어딘가에 화석이 돼 묻혀 있을지 몰라요. 반대로 집단생활을 하면서 살아남은 사회성 좋은 호모 사피엔스의 후손이 바로 저와 여러분입니다.

차클　인간이 외로움을 두려워하는 게 생존을 위한 선택이네요.

서　맞습니다. 우리가 일상에서 가장 불편해하는, 심지어 두려움마저 주는 느낌이 바로 고독과 외로움이죠. 고독과 외로움을 느낀다는 것은 사회적 연결망에서 자신이 끊어져 가고 있다는 것을 뇌가 느낀다는 말이에요. 사회적으로 고립되는 게 죽음을 의미하기 때문에 뇌가 경계 신호를 주는 거죠.

차클　그 말씀을 들으니 최근 사회 문제로 대두된 고독사가 떠오르네요.

서　미국은 사망 요인 1위가 사회적 고립이라고 해요. 사회적 관계가 적은 사람들은 심장질환, 뇌졸중 등 질병에 걸릴 확률도 약 30퍼센트 높게 나온다고 합니다.

차클　사회적 고립이 정말 심각한 문제네요.

서　그렇죠? 이와 관련된 일화를 하나 소개할게요. 뉴욕에 사는 30대 후반의 제프라는 남성이 여자친구랑 헤어지고 나서 극도의 외로움을 이겨내기 위해 작은 프로젝트를 시작했어요. 뉴욕 맨해튼 시내를 걸어다니면서 전봇대마다 "누구든 무슨 얘기를 해도 좋으니 나한테 전화 좀 해줘. 외로운 제프"라고 적은 전단지를 뉴욕 곳곳에 붙여둔 거예요. 그런데 무려 7만 명이 넘는 사람이 전화를 했다고 해요. 미국뿐만 아니라 전 세계에서 전화가 왔는데 그중에는 한국에서 온 전화도 있었다고 해요. 그런데 그 많은 사람이 제프에게 한 말은 모두 똑같았습니다. 바로 "나도 외로워"예요.

차클 정말 많은 사람이 외로움을 느끼고 있다는 말이군요. 행복을 위한 자극제가 사람이라는 말이 실감됩니다.

서 맞습니다. 행복의 전구가 켜지는 이유는 생존에 필요한 것을 찾기 위해서라고 했었죠. 이 전구가 수만 년간 늘 찾고 있는 행복 필수품이 바로 사람인 것이죠. 외향적인 사람들이 행복한 가장 큰 이유가 바로 이 사람이라는 자극을 일상에 늘 가까이 두기 때문이에요.

차클 〈어바웃 어 보이〉라는 영화가 생각나네요. 원래는 간섭을 싫어하고 누구와 함께 있는 것보다 혼자 있는 걸 좋다고 생각하는 주인공이 있는데요. 우여곡절 끝에 결국 생각이 달라져요. 처음엔 "인간은 모두 섬"이라던 주인공이 영화 말미엔 "인간은 모두 섬이지만 바다 밑으로는 다 연결돼 있다"고 말합니다.

서 네. 간혹 주변에 혼자 있는 게 편하다고 말하는 분들이 있어요. 아마도 그런 분들 중 대다수는 혼자 있는 것 자체가 좋다기보다 다른 사람과 함께 있는 동안 굉장히 힘든 일을 많이 겪어서 차선책으로 혼자 있는 게 낫다고 생각하는 걸 거예요.

차클 혼밥을 하는 사람들이 많아진 것도 비슷한 이유일까요?

서 그렇죠. 혼밥이라는 것도 어떤 면에서는 휴식이라는 의미와도 같은 것이죠. 혼밥 자체가 좋아서 혼밥을 하는 사람은 극히 드물다고 생각해요. 친구들이 함께 밥을 먹자고 하는데, 오늘은 혼밥을 하는 날이라며 굳이 혼자서 밥을 먹는 사람은 거의 없다고 생각해요. 불편한 사람과 함께 먹는 것보다는 차라리 혼밥이 낫다고 여기는 거겠죠.

| 차클 | 사람들이 혼밥을 하는 사진을 SNS에 올리는 걸 보면 혼자 있으면서도 결국 관계를 맺고 싶어 하는 것 같아요. |
| 서 | 그럼요. |

"인간의 뇌는 무엇을 하기 위해 설계되었을까? 인간관계를 잘하기 위해서다. 인간은 뼛속까지 사회적이다."

_마이클 가자니가, 뇌과학자이자 심리학자

차클	인간이 서로에게 행복을 주는 존재라는 말에 공감이 되기는 하는데 역설적으로 사람 때문에 생기는 스트레스도 상당하잖아요. 특히 한국은 사람 스트레스가 유독 심한 사회인 것 같은데요.
서	사람이 무조건 행복감을 올려주는 것은 아닙니다. 인간에게 제일 피곤한 자극도 사람일 수 있어요. 제일 무서운 자극도 사람이죠. 국가나 사회별 행복감도 사람과 직결돼요.
차클	국가나 사회별 행복감이오?
서	네. 지금까지는 개인의 인생에 있어서 행복이라는 경험을 만드는 데 사람이 굉장히 중요하다고 했었죠. 그런데 국가 간, 문화 간 행복 차이를 이해할 때도 반드시 사람이라는 이슈를 생각해야 해요. 다른 나라와 비교해 한국의 행복지수가 그리 높지 않다는 얘기 다들 들어보셨죠?
차클	네. 우리보다 소득이 낮은 국가의 행복지수가 더 높게 나오기도 하더라고요.
서	네. 사실 우리나라가 절대적으로 불행한 건 아니에요. 다만 경제적인 소득 대비 행복감이 낮다는 말입니다. 그런데 우리와 비슷하게 잘 사

는 국가들 중에 행복하지 않은 나라들이 몇몇 있어요. 대표적인 곳들이 일본, 홍콩, 싱가포르 같은 나라들이에요.

차클 어떤 공통점이 있나요?

서 가장 두드러진 특징 중 하나가 강한 집단주의적 유교 사회라는 것이에요. 집단주의에 나쁜 점만 있는 건 아니에요. 성격과 마찬가지로 문화도 장단점이 있어요. 집단주의의 장점은 위기에 빨리 대처할 수 있다는 것이죠. 지시가 내려지면 일사불란하게 움직일 수 있어요. 반면 집단주의의 단점은 행복과 관련이 있습니다. 일사불란한 집단행동을 하려면 평소에 개인의 자유도가 굉장히 낮을 수밖에 없어요.

차클 듣고 보니 그렇네요. 내 뜻대로 살고 싶은데 자꾸 내 삶에 간섭하는 경우가 많죠.

서 네. 맞습니다. 국가의 행복을 논할 때는 기본적으로 잘살고 사회적 복지가 잘 갖춰져 있는 것을 떠올리죠. 하지만 그러한 조건들이 갖춰진 국가에서 행복감을 결정짓는 기준은 사람들과의 경험의 질이에요. 누군가를 만났을 때 상대방이 믿을 만하다는 생각보다는 조심해야겠다고 느껴진다거나 스트레스를 받는 사회라면 제아무리 국민소득이 100만 달러가 넘어도 행복감은 낮을 수밖에 없어요.

차클 그럼 사람들과의 만남에서 스트레스를 받지 않는 국가가 행복감이 높다는 건가요?

서 네. 정확히 북유럽 국가들의 특성이 그래요. 길거리에서 아무나 붙잡고 도움을 요청했을 때 도움 받을 수 있는지를 묻는 설문조사에서 덴마크 사람들은 97퍼센트가 그렇다고 대답해요. 안타깝게도 OECD 국가 중에서 그렇다고 대답하는 비율이 제일 낮은 나라가 한국이고요.

	2021 세계 행복보고서			
		유엔 산하 '지속가능발전해법네트워크' (SDSN)		
1위	핀란드 7,889점	25위	이탈리아	6,488점
2위	아이슬란드 7,575점	40위	일본	6,118점
3위	덴마크 7,515점	46위	멕시코	5,964점
4위	스위스 7,508점	48위	태국	5,885점
5위	네덜란드 7,504점	50위	한국	5,793점
6위	스웨덴 7,314점	52위	중국	5,771점
14위	미국 7,028점	66위	홍콩	5,295점
19위	대만 6,751점	79위	잠비아	4,838점

차클 사회에 대한 신뢰도가 높을수록 스스로도 좋은 시민이 되고 싶고 좋은 관계를 더 맺고 싶은 것 같아요.

서 사람에 대한 신뢰가 적어질수록 다른 무엇으로 그걸 채우려고 하죠. 대표적인 게 돈이에요. 사람에 대한 신뢰도가 낮아지는 사회일수록 물질주의적인 성향이 높아지고, 물질주의적인 성향이 높아질수록 사회와 타인에 대한 신뢰도가 더 낮아지는 악순환이 벌어집니다. 실제로 제가 몇 년 전에 덴마크에 갔었는데 굉장히 낯선 풍경을 목격했어요. 유아들을 태운 유모차가 시내 곳곳에 그냥 세워져 있는 것이었어요. 부모들은 카페나 음식점에서 음식을 먹으며 시간을 보내고 있었죠. 그들의 표정을 보면 아이들을 길거리에 놔둬도 아무 일도 벌어지지 않을 거라는 태평한 얼굴이었어요. 사회 전반적으로 타인과 사회에 대한 신뢰도가 정말 어마어마한 거죠.

차클 정말 우리와는 다른 사회라는 것이 느껴지네요. 우리가 서로 믿고 행복한 삶을 살기 위해서 어떤 노력을 해야 할까요?

서   행복은 좋다는 느낌의 전구가 자주 켜지는 것입니다. 우리 일상에서 이 스위치가 켜질 확률이 제일 높은 상황은 뭘까요. 간단합니다. 좋은 사람이랑 밥을 먹는 거예요. 별것 아닌 것 같지만 굉장히 중요한 행위예요. 여기서 키워드는 좋은 사람이죠. 거창하지 않아도 일상의 시간을 무엇을 하면서 보내는지를 스스로 돌아보세요. 행복은 무엇이 되는 것이 아니라 일상의 경험의 차이에서 시작됩니다. 최근의 연구들을 보면 우리가 살아가면서 초점을 둬야 하는 것은 물질적 부가 아니라 사회적 부예요. 내가 사회적으로 얼마나 풍요로운 인생을 살고 있느냐가 중요하다는 말입니다. 한국처럼 물질적으로 풍요로운 사회일수록 행복을 좌우하는 것은 돈이 아니라 사회적인 부라는 것을 기억해주세요. 이것이 제가 전해드리고 싶은 가장 중요한 메시지입니다.

자살도 예방이 되나요?

·

송인한

자살이 개인의 문제가 아니라 사회 전체의 문제라는 것을 널리 알리는 데 앞장서 온 사회복지학자. 정신보건·보건의료복지 분야를 전공하였으며 연세대 사회복지대학원 교수로 재직 중이다. 리셋코리아 보건복지분과장, 국무총리 직속 자살예방정책위원, 미국 하버드대 보건정책학 객원과학자, 리투아니아 빌뉴스의대 객원교수로 활동하고 있다.

누가 자살을 하는가

"2020년 통계청에서 발표한 자료에 따르면 2019년 한 해 동안
1만 3799명이 자살로 사망했다고 합니다. 하루 평균 38명, 한
시간에 1.6명 정도가 자살로 사망하는 겁니다. 우리가 이야기를
나누는 동안에도 우리나라 어디선가 한두 명이 자살로 사망하
고 있다는 말이지요."

• • •

차클 사회복지학의 여러 분야 중에서 특별히 자살을 주제로 선택한 이유가
있나요?

송 기본적으로 사회복지학은 사회의 문제를 이해하고 어떻게 해결할 것
인지를 다루는 학문입니다. 저는 건강 불평등에서부터 사회 통합의 주
제까지 건강과 사회복지에 대한 다양한 연구를 하고 있지요. 그중 하
나로 자살은 우리 사회가 살 만한 세상인가를 함축하며 사회의 많은
문제를 상징적으로 보여주는 주제입니다. 특히 개인적으로 어릴 때부
터 죽음에 대해 관심이 많았어요. 어린 시절, 사람이 죽어 관에 들어가
는 장면을 본 뒤로 혼란스러운 감정을 느낀 경험도 하나의 계기가 됐
습니다. 과연 인생이란 게 사람이 살아가고 있는 과정인지, 죽어가고

있는 과정인지에 관한 본질적인 질문을 머릿속으로 떠올리기도 했죠.

차클 어린 시절에 죽음을 목격한 것이 큰 영향을 미쳤군요. 가까운 사람이 었나요?

송 중·고등학교 시절 한 친구가 자살을 했습니다. 그 순간을 떠올려보면 당시에 친구를 도와주지 못했다는 죄책감과 무기력감이 컸던 것 같아요. 이후 대학에 들어간 뒤 1학년 때 사회문제론이라는 수업을 듣게 됐는데, 조별 프로젝트 중에 자살을 주제로 한 과제가 있었어요. 마침 제게도 자살과 관련된 경험이 있어서 좀 더 자세히 공부하고 싶다는 마음이 들었습니다. 그러던 중에 자살이 생각보다 굉장히 심각한 사회적 문제라는 것을 알게 됐죠.

차클 그래서 더욱 자살에 관심을 갖게 되신 것이군요.

송 네. 물론 자살 외에 다른 주제들도 연구하고 있습니다. 하지만 자살에 관해서는 현재 우리 사회가 직면한 매우 심각한 문제이기에 일종의 사명감을 갖고 계속 연구하고 있죠. 자살이라는 문제가 굉장히 무겁고 부담이 될 수 있는 주제인 것은 사실입니다. 하지만 두렵고 마주하기 힘들다고 해서 피할 수는 없죠. 아무리 어렵더라도 공론화하고 문제를 직시하는 것이 해결의 시작이 아닐까 하는 생각을 갖고 연구하고 있습니다.

차클 말씀하시는 주제도 '자살도 예방이 되나요?'인데요. 자살을 예방할 수 있는 병으로 보시는 건가요?

송 네. 자살은 개인의 병인 동시에 사회의 병이기도 합니다. 사회적으로 치료하고 예방하는 것이 가능해요.

차클 그런데 자살에 이르는 사람들을 보면 정말 다양한 이유 때문에 극단적 선택을 하잖아요. 과연 일일이 막는 게 가능할까요?

송 누군가 자살로 세상을 떠나고 나면 돌이킬 수가 없잖아요. 그러니 미리 막는 것이 유일한 해법입니다. 위기에 처한 개인의 자살을 막는 것뿐만 아니라 사회적으로 막아야 합니다. 자살의 예방을 위해 저는 세 가지를 강조하고 싶습니다. 첫 번째, 자살이 얼마나 심각한지에 대한 현황을 알아야 되고요. 두 번째, 자살의 원인이 무엇인지를 알아야 합니다. 마지막으로 원인에 따른 예방 방법을 찾아야겠죠.

차클 그럼 현황부터 먼저 알아볼까요? 우리나라의 자살률이 어느 정도나 되나요?

송 2020년 통계청에서 발표한 자료에 따르면 2019년 한 해 동안 1만 3799명이 자살로 사망했다고 합니다. 하루 평균 38명, 한 시간에 1.6명 정도가 자살로 사망하는 겁니다. 우리가 이야기를 나누는 동안에도 우리나라 어디선가 한두 명이 자살로 사망하고 있다는 말이지요.

차클 정말 심각한 통계네요.

송 네. 하지만 더 놀라운 것은 방금 말씀드린 수치가 그나마 예전보다는 줄어든 데이터라는 겁니다. 2011년에는 1만 6000명 가까이 되는 사람이 스스로 목숨을 끊었어요.

차클 OECD 국가 중 대한민국이 자살률 1위라는 통계 자료를 본 적이 있는데 맞나요?

송 네. 맞아요. 아시다시피 우리나라는 출산율이 세계 최저입니다. 아이를 낳아서 기르기도 가장 힘들고, 살아가기도 가장 힘든 나라인지도 모르겠습니다. 대한민국이 OECD 국가 내 자살률 1위를 기록한 건 2003년부터 시작되었습니다. 그런데 최근 우리나라가 자살률 1위에

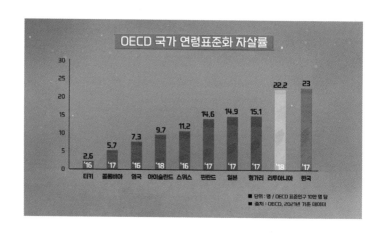

서 벗어났던 적이 있었거든요. 실은 저는 그 이전에도 자살률 1위에서 벗어날 수 있는 방법은 둘 중 하나일 거라고 예측을 했었습니다. 하나는 우리나라가 OECD에서 탈퇴를 했거나, 아니면 우리보다 자살률이 더 높은 나라가 새롭게 OECD에 가입했을 거라고요. 자조적으로 들리겠지만 자살을 막는 사회의 근본적 변화가 없는 한 쉽게 바뀌지 않을 거라는 생각 때문이었지요.

차클 둘 중 어느 쪽 예측이 들어맞았었나요?

송 후자입니다. 2018년 7월에 리투아니아가 OECD에 새롭게 가입하면서 2017년 기준 인구 10만 명당 자살률이 24.4명으로 우리나라보다 높았던 적이 있었습니다. 그런데 바로 그 다음 해에 리투아니아의 자살률이 22.2명으로 낮아지면서 다시 한국이 1위가 되었어요.

차클 쓸쓸한 얘기네요. 그런데 리투아니아는 왜 그렇게 자살률이 높나요?

송 한 가지 이유만으로는 말할 수 없는 많은 이유가 있습니다. 자살은 단순히 어떤 문제 한 가지 때문에 벌어지지 않고 여러 가지 문화와 이유들이 복합적으로 작용한 결과입니다. 리투아니아의 경우 소비에트 연방이 붕괴되고 독립을 하면서 급속한 변화를 겪게 됩니다. 소비에트 연방 체제의 보건의료 시스템이 공백기를 거친 탓에 구 소련 국가들의 자살률이 공통적으로 급격히 올라갔습니다. 또한 당시 리투아니아 사람들은 자신들이 겪는 변화가 더 좋은 삶으로 나아가는 과정이라는 희망을 가졌었습니다. 그런데 정작 현실에서는 오히려 사회·경제적 생활환경이 더욱 나빠지기 시작했죠.

차클 기대가 컸기에 더욱 절망감이 크게 느껴졌겠군요.

송 큰 희망을 가졌다가 이루어지지 않으면, 즉 희망과 현실의 괴리가 클수록 사람들은 굉장히 큰 좌절감을 느낍니다. 더군다나 리투아니아 내에서도 경제적 불평등이 굉장히 심했다고 해요. 극소수의 사람들이 대부분의 부를 독점하고 있었던 것입니다. 나머지 사람들에게는 부의 혜택이 돌아가지 않았죠. 농촌 지역은 경제적으로도 낙후되고 인구밀도도 매우 낮아서 단절감을 많이 느끼는 상황이었죠.

차클 경제적 불평등도 자살률이 높아지는 원인이 됐군요.

송 네. 거기다 리투아니아 국민들 특유의 성정도 한몫한 걸로 보입니다. 오랜 역사적 업악을 견뎌낸 민족으로서 감성적으로 굉장히 섬세한 데 비해, 좀처럼 속내를 잘 드러내지 않는다는 것이 그들의 특징이었습니다. 그러다 보니 마음속에 해결되지 않은 문제가 쌓이고 쌓여도 계속 담아두는 데 익숙해진 것이죠. 나중에 심각한 지경에 이르러서야 분출하는 형태로 문제를 드러냈던 거예요. 자살도 그 분출의 한 형태였던 거죠. 게다가 자살의 위험 요인 중 하나인 알코올 소비율도 굉장히 높은 나라이고요.

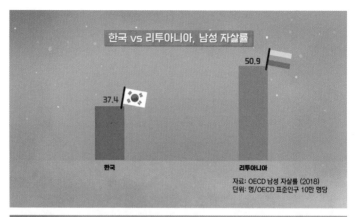

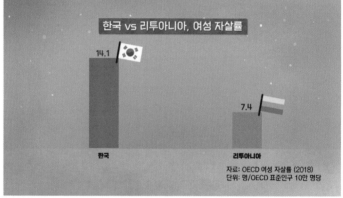

차클　　계속 마음에 쌓아두는 것도 위험하지만 문제를 직시하지 않고 다른 식으로 해소하려 해서도 안 된다고 들었어요. 알코올 중독에 빠진 사람들이 술로 모든 문제를 풀려고 하는 것처럼요.

송　　　네. 맞습니다. 2009년에 라즈포도프스키(Yuri Evgeny Razvodovsky)라는 학자가 발표한 연구 자료에 따르면 알코올 중에서도 독주가 자살과 관련이 높다고 알려져 있어요. 우리나라 사람들도 흔히 누가 힘들다고 하면 술 한잔 마시고 털어버리라는 말을 많이 하잖아요. 하지만 술을 마시고 스트레스를 풀어버리려는 것은 굉장히 위험한 생각입니다. 알코올은 스트레스를 풀어주는 역할을 하는 것 같지만, 사실 그렇지 않습니다. 알코올은 감정을 억제시키기도 하지만, 동시에 충동성을 높이기도 해요.

차클 그렇군요. 다시 리투아니아 얘기로 돌아가보죠. 그 나라 자살률은 얼마나 높은가요?

송 잠시 우리나라가 OECD 자살률 2위로 떨어졌던 당시의 통계를 보지요. 당시 우리나라에서는 연령 보정을 한 전년도의 자살률이 24.6명, 리투아니아는 26.7명이었습니다. 그런데 남녀를 따로 보면 놀라운 점이 발견됩니다. 남성의 경우 우리나라는 10만 명당 37.4명이 자살을 했는데 리투아니아는 50퍼센트 가까이 높은 50.9명으로 나타나 리투아니아 남성들의 경우 우리나라 남성들보다 자살률이 높습니다. 반면 여성의 경우는 반대예요. 우리나라 여성은 10만 명당 14.1명이 자살을 한 것으로 나타나 전 세계에서 압도적인 1위를 기록했어요. 반면 리투아니아 여성은 7.4명으로 우리의 절반 수준이었죠.

차클 특이한 결과네요. 남성 자살률은 우리나라보다 리투아니아가 높은데 유독 여성만 우리나라가 월등히 높다니….

송 네. 세계 각국에서 평균적으로 남성의 자살률이 여성보다 높게 나타나는데 그건 더 위험한 자살 수단을 사용하기 때문입니다. 즉, 남성의 자살 성공률이 훨씬 더 높은 겁니다. 그런데 국제 통계를 보면 우리나라 여성 자살률은 압도적 1위로, OECD 평균보다 2.5배나 높은 수준이에요. 이미 2002년부터 압도적인 1위였고, 여성 자살률이 가장 높았던 2009년에는 OECD 평균의 4배나 높을 정도였어요. 그에 비하면 리투아니아 같은 신규 가입국까지 포함해서 비교해도 남성 자살률이 OECD 국가 중 1위였던 적은 없습니다.

차클 왜 우리나라 여성의 자살률이 유독 다른 나라보다 높을까요?

송 그 이유는 우리나라 여성들이 폭력에 노출되는 비율이 높고, 임금 격차나 유리 천장 같은 사회적 차별을 더 많이 접하기 때문이라고 생각해요. 여성들에게 훨씬 공격적인 사회 분위기와 억압으로 인해 스트레스에 취약한 것이죠. 특히 코로나-19 이후 2020년 상반기 통계를 보면, 남성 자살은 전년보다 줄어들었지만 20대 여성의 자살은 전년 대비 43퍼센트나 급증했습니다. 그 이전에도 남성 자살률은 점점 낮아지는 반면에 우리나라 2030 여성 자살률은 계속 증가하는 추세였어요. 그래서 저는 우리나라 자살률 전체가 큰 문제이지만, 그중에서도 높은 수준의 여성 자살과 나중에 말씀드릴 노인 자살을 심각하게 우려하고 있고, 우리 사회가 심각하게 고민해야 한다고 생각해요.

차클 최근에는 많은 여성이 사회에 진출하고, 우리 사회 전반의 성평등 의식도 높아졌다고들 하잖아요. 하지만 자살률 수치를 보면 여성을 억압하는 현실이 여전한 것 같군요.

송 아마도 현실의 무거운 장벽 때문이 아닐까 생각합니다. 이론적으로는 여성을 보호하는 많은 제도가 있지만, 실제 현실에서 성차별은 극심하지요. 많은 여성들이 학교에서는 남성과 평등한 교육을 받지만 막상 졸업을 하고 사회에 나오면 여전히 남성 중심적인 현실과 맞부딪히게 돼요. 학교에서 배우던 이상과 사회에서 마주하는 현실과의 괴리가 너무 큰 것이죠. 취업 과정이나 직장생활 그리고 출산과 육아 과정에서

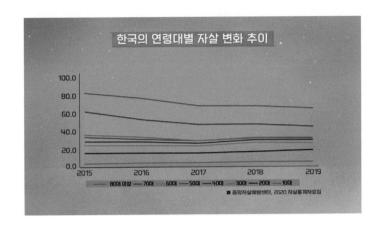

의 사회적 활동에서 여성에게 큰 불리함이 있지요. 그런 괴리감이 여성들에게 큰 스트레스를 주지 않나 생각합니다. 그리고 여성을 대상으로 한 폭력적 문화가 심각한 것이 여성 자살률과 무관하지 않다고 생각합니다.

차클 그나마 조금씩 자살률이 떨어지는 건 희망적이라고 볼 수 있을까요?

송 네. 전체로 봐서는 최근 5년간 우리나라 자살률이 15~20퍼센트가량 떨어지고 있어요. 그런데 그 이유를 들여다보면 방금 전 말씀드린 여성 자살률 상승처럼 여전히 고민해야 할 부분들이 남아 있습니다. 2009년 우리나라의 자살률은 인구 10만 명당 33.8명으로 최고점을 찍었습니다. 그리고 2019년 통계로는 26.9명까지 떨어졌어요. 가장 큰 이유는 농촌 노인 자살률이 하락했기 때문이에요.

차클 농촌에 사는 노인층 자살률이 떨어진 특별한 이유가 있나요?

송 다양한 이유가 있습니다. 2014년부터 국가 자살 예방 대책이 시행됐습니다. 또 어르신들을 위한 노인 기초연금 제도도 시행되기 시작했죠. 무엇보다 중요한 변화는 2012년에 맹독성 농약, 즉 제초제로 쓰이던 그라목손(Gramoxone)의 생산·공급이 중단된 것을 들 수 있습니다. 마음 아픈 이야기지만 이전까지는 농약 관리가 잘 되지 않아서 농촌에 계신 어르신들이 농약을 이용해 자살하는 경우가 많았어요.

차클 농약 관리를 강화해 농촌 노인층의 자살률이 줄어든 건 다행이지만 좀 더 근본적인 대책이 필요하지 않을까요?

송 그렇죠. 하지만 자살 수단을 관리하는 것도 중요합니다. 일단 당장 자살을 시도하는 사람의 목숨을 살릴 수 있으니까요. 또한 자살하려는 생각을 잠시 유예시켜 벌어놓은 시간 동안 근본적인 문제들을 해결할 수 있도록 노력할 수 있습니다. 수단의 통제와 원인의 해결, 두 가지를 함께 고민해야 자살을 효과적으로 예방할 수 있겠죠.

자살 생존자는 누구인가

"자살 생존자란 가족, 친척, 친구, 동료, 이웃 등이 자살로 사망해 자살에 노출된 경험을 가진 사람을 말합니다. 사회적 관계를 맺은 주변 사람 중 자살자가 있을 때, 자살에 노출된다고 하는데요. 자살 생존자란 그런 경험을 견뎌내고 살아가는 사람들이죠."

●●●

차클   사회적으로 주목받은 자살 사건도 참 많았죠?

송   2014년 송파 세 모녀 사건과 2017년 증평 모녀 사건을 들어보셨을 겁니다. 두 가지 사건에는 공통점도 있지만, 결정적인 차이점도 있습니다. 우선 송파 세 모녀 사건은 12년 전에 남편이 암으로 사망한 뒤 생활고를 겪던 세 모녀가 자살을 한 사건입니다. 당시 전 재산 70만 원을 집세와 공과금으로 놔두고 죄송하다는 유서를 남겼다고 해요. 증평 모녀 사건은 엄마가 딸을 살해한 후 자살을 한 사건이에요. 이 사건에서도 마찬가지로 1년 전에 남편이 사망을 했고 모녀가 부채를 떠안은 채 생활고를 겪고 있었습니다.

차클   동반 자살을 한 경우인가요?

송　흔히 동반 자살이라는 표현을 많이 씁니다만, 동반 자살이란 있을 수 없는 일입니다. 성인들이 합의를 해서 자살을 한다면 동반 자살이라고 할 수 있을 거예요. 하지만 두 사건의 경우에는 자녀들을 살해한 다음에 부모가 자살한 것이 맞아요. 아이들을 소유물로 생각하거나 자기가 죽고 난 뒤 아이들이 더 비참해질 거라는 비뚤어진 책임감 때문에 이런 일을 저지르는 것이죠. 작년에 미국과 리투아니아의 자살 관련 데이터를 보며 발견한 점인데 우리나라의 경우 가족 살해 후 자살이 매우 높은 걸 볼 수 있습니다. 더 심도 있는 분석이 있어야겠지만, 우리나라 문화에서 가족을 자신의 소유처럼 생각하는 경향이 높고, 자신이 죽었을 때 남은 가족을 보호할 수 있는 사회 안전망이 없다고 느끼기 때문이 아닐까 합니다.

차클　동반 자살이 아니라 살해 후 자살이라는 표현이 더 정확하다는 말씀이군요. 앞으론 동반 자살이라는 표현을 함부로 쓰면 안 되겠네요. 그런데 두 사건 모두 복지의 사각지대에 있는 사람들이 극단적인 선택을 했다는 공통점이 엿보입니다.

송　네. 그렇다고 볼 수 있습니다. 하지만 두 사건엔 명백한 차이점이 있어요. 가족 구성원이 자살을 목격한 경험이 있는지 여부입니다. 송파 세 모녀 사건의 가족들은 남편이자 아버지가 암으로 사망을 하셨지만, 증평 모녀 사건의 가족들은 남편이자 아버지가 자살로 사망을 했다는 차이가 있습니다. 물론 두 경우 모두 복지의 사각지대에서 일어난 비극적인 사건입니다. 하지만 증평 모녀 사건에 우리가 더 관심을 갖게 된 이유는 바로 두 모녀가 자살 생존자라는 사실 때문입니다.

차클　자살 생존자라니 정확히 무슨 뜻인가요?

자살 생존자(Survivor of Suicide)
가족, 친척, 친구, 동료, 이웃 등이 자살로 사망해
자살에 노출되는 경험을 한 사람

송   자살 생존자란 가족, 친척, 친구, 동료, 이웃 등이 자살로 사망해 자살
에 노출된 경험을 가진 사람을 말합니다. 사회적 관계를 맺은 주변 사
람 중 자살자가 있을 때, 자살에 노출된다고 하는데요. 자살 생존자란
그런 경험을 견뎌내고 살아가는 사람들이죠.

차클   자살 유가족과는 다른 의미겠네요.

송   자살 유가족은 가족이나 그 이상의 친밀한 관계에서 자살을 경험한
분들을 말해요. 자살 생존자는 조금 더 넓은 범위의 개념인 것이죠.

차클   만약 세상 사람들이 다 알 만한 유명인이 자살했을 경우에, 그 사람을
알고 있거나 좋아했던 사람들도 자살 생존자라고 볼 수 있나요?

송   네. 맞습니다. 사실 우리 모두가 자살 생존자입니다. 유명한 연예인이
나 사회적 유명 인사들이 자살을 하면 우리도 직간접적으로 고통을
경험하게 되니까요.

차클   유명인이 아닌 경우엔 한 사람의 자살이 주변에 어느 정도의 파급 효
과를 미칠까요?

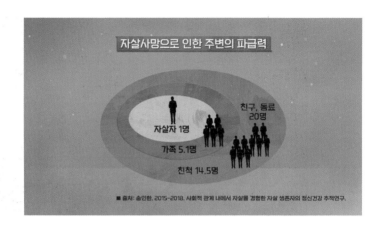

송   연구에 따르면 자살자 한 명이 평균 5~6명 정도의 가족, 즉 자살 유가족에게 영향을 미친다고 해요. 또 약 14.5명의 친척, 약 20명의 친구, 동료까지도 영향을 받는다고 합니다. 물론 사람들마다 네트워크의 규모가 다르니까 차이는 있을 겁니다.

차클   그렇다면 얼마나 많은 사람이 자살에 노출이 되는지에 대한 통계가 있나요?

송   보건복지부 통계에 따르면 1년에 약 30만 명의 자살 시도자가 발생한다고 예측돼요. 한 명의 자살 시도자가 10명 정도의 주변인에게 자살로 인한 영향을 미친다고 가정했을 때 1년에 300만 명 정도의 사람이 자살에 노출되는 겁니다.

차클   상당히 많네요. 거기다 직접적으로 자살에 노출되지 않더라도 앞서 얘기가 나온 것처럼 TV에서 연예인이나 정치인 등 유명 인사의 자살 소식을 들으면 누구나 슬픔이나 비통함을 느끼게 되죠.

송   네. 맞습니다. 어쩌면 각자 정도의 차이가 있을 뿐, 우리 모두가 자살

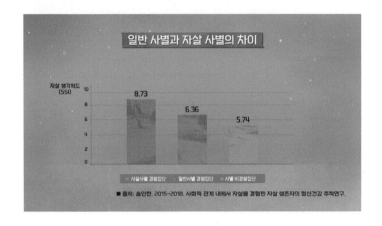

일반 사별과 자살 사별의 차이

자살 생각척도
(SSI)

8.73

6.36

5.74

■ 자살사별 경험집단 ■ 일반사별 경험집단 ■ 사별 비경험집단

■ 출처: 송인한, 2015~2018, 사회적 관계 내에서 자살을 경험한 자살 생존자의 정신건강 추적연구.

생존자라고 할 수 있습니다.

차클   자살을 접한 뒤 그 영향으로 덩달아 자살할 마음이 생기거나 하지 않아도 자살 생존자로 봐야 한다는 말씀이죠?

송   꼭 자살 충동을 느끼지 않더라도 애도감이 길게 지속되거나 아주 오랫동안 트라우마를 경험하는 경우가 있습니다. 따라서 넓은 의미에서 자살 생존자를 바라봐야 합니다.

차클   트라우마 얘길 하셨는데 자살 생존자들이 겪는 공통적인 부작용이 있나요?

송   우울감이나 불안 증세 같은 다양한 증세가 나타납니다. 특히 자살에 대해 생각하는 비율이 높다는 특징이 있습니다. 사별(死別) 비경험 집단, 일반 사별 경험 집단, 자살 사별 경험 집단을 비교한 결과를 살펴보죠. 주변에서 자살을 경험한 생존자들은 사별을 한 번도 경험하지 않은 사람들에 비해 자살에 대해 50퍼센트 정도 많이 생각한다고 해요. 또한 일반적인 사별을 경험한 사람들에 비해서도 30퍼센트 정도 많이 자살을 생각한다고 합니다.

차클 그래서 실제로 자살로 이어지는 경우도 있나요?

송 실제 자살로 이어지는 경우를 설명하는 정확한 통계는 없습니다. 하지만 자살을 많이 생각하면 실제 행동으로 이어질 가능성이 높아진다는 이론들은 많습니다.

차클 주변 사람의 자살이 자살 생존자에게 미치는 정신적 충격에 대해 좀 더 자세히 설명해주시죠.

송 첫째는 심리적 충격입니다. 자신과 가까웠던 사람이 자살을 한 것에 대해 고통을 느끼는 동시에 그를 돕지 못했다는 죄책감, '내가 아무것도 할 수가 없었구나'라는 무기력감을 갖게 됩니다. 둘째는 직접적인 노출입니다. 자살 현장이나 자살자가 마지막에 남긴 유서 또는 도구들을 보면서 시각적으로 충격을 받는 것을 말해요. 그러면 자살과 관련된 장면이 잔상으로 계속 남습니다. 그러한 충격을 막기 위해 최근에는 자살 현장이나 유서를 언론에서 노출하는 것을 관리하고 있습니다. 셋째는 상상적 노출입니다. 자살자가 어떤 상황에 처해 있었을지, 어떤 마음을 가졌을지, 마지막에 어떻게 자살을 하려고 했고 어떻게 행동에 옮겼을지 계속 상상하면서 스스로 트라우마를 계속 경험하는 것을 말합니다.

차클 정말 엄청난 고통일 것 같아요. 그런데 그런 고통을 이겨내고 오히려 더 열심히 살아가는 사람들도 있잖아요.

송 외상 후 성장(growth after trauma) 말씀이죠? 고통을 겪지 않은 사람들이 경험하지 못하는 종류의 성장입니다. 주변인의 자살을 통해서도 외상 후 성장을 경험하는 사람들이 있습니다.

차클	자살을 접한 뒤 '외상 후 성장'은 어떻게 나타나나요?
송	보통 세 가지 조건이 충족됐을 때 외상 후 성장을 경험할 수 있습니다.

하나는 자기가 경험했던 자살에 대해 털어놓고 이야기할 수 있게 될 때입니다. 만약 자살과 관련된 이야기를 겉으로 꺼내지 못하고 마음속에 묻어둔 채 힘들어한다면 그 고통을 계속 가지고 살게 됩니다. 다른 하나는 주위에 격려하고 지지하는 사람들이 있을 때예요. 옆에서 누군가 자신의 얘기를 들어주고 인정하고 도와준다면 그 경험을 이겨나갈 가능성이 높아져요. 마지막으로는 주변의 도움을 통해 자기 스스로 감정을 조절할 수 있는 힘이 생겼을 때입니다. 이처럼 자살을 접한 뒤에도 자신의 경험을 잘 나누고 주위에서도 그 사람이 소속감을 가질 수 있도록 도와주면 고통을 통해서 더 성장하는 사람이 되기도 합니다.

왜 자살을 선택하는가

"흔히 우울증이 자살의 원인이라는 이야기를 많이 하잖아요. 그런 우울감은 생물학적 이유로도 나타나지만, 사회적·심리적 원인 때문인 경우가 대부분입니다. 빈곤이나 질병, 사람들로부터 떨어져 있다는 고독감이나 고립감, 혹은 대인 관계에서의 상실, 이혼과 실연 등 다양한 이유들이 우울증을 부르죠."

• • •

차클   자살 문제를 해결하려면 무엇부터 해야 할까요?

송   먼저 자살의 이유가 무엇인지 잘 살펴야 합니다. 가장 흔하게 자살에 영향을 미치는 요인들을 살펴보면, 가난이나 우울증, 절망감 등이 많이 언급됩니다. 하지만 그 외에도 자살의 이유들은 수없이 많습니다. 모든 게 다 원인이 될 수 있습니다. 사람들의 사는 모습이 다양한 만큼 그들이 자살을 선택하는 이유도 각양각색인 겁니다.

차클   자살의 원인이 그렇게 많다면 자살을 예방하는 것도 그만큼 어려운 일이겠군요.

송   흔히 사람들은 자살이 어떤 하나의 원인으로 불거진 결과라고 생각하는 실수를 범합니다. 하지만 앞서 얘기한 것처럼 원인이 다양한 만큼 자살을 선택한 개개인에 맞는 이유를 하나씩 하나씩 살펴보는 게 해결을 위한 첫걸음이 될 겁니다.

차클 그럼에도 자살의 대표적인 원인으로 꼽히는 게 있겠죠?

송 중앙자살예방센터에서 자살의 4단계 모형이라는 것을 만들었는데요. 이걸 보면 정신건강의학적인 원인에 의해 자살에 이르는 경우가 상당히 많습니다. 흔히 우울증이 자살의 원인이라는 이야기를 많이 하잖아요. 그런 우울감은 생물학적 이유로도 나타나지만, 사회적·심리적 원인 때문인 경우가 대부분입니다. 빈곤이나 질병, 사람들로부터 떨어져 있다는 고독감이나 고립감, 혹은 대인 관계에서의 상실, 이혼과 실연 등 다양한 이유들이 우울증을 부르죠. 그렇게 나타난 우울증이 자살 생각으로 이어지고 자살 행동에까지 이르는 매개 효과를 갖고 있다고 봅니다.

차클 우울증을 겪지 않고도 자살을 일으키는 경우도 있나요?

송 네. 빈곤이나 질병, 고독, 대인관계가 우울증이라는 정신의학적 단계

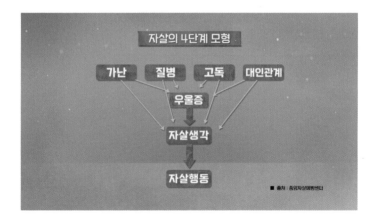

를 거치지 않고 직접 자살 생각으로 이어지기도 합니다. 어떤 문제가 생겼을 때 감정으로 반응을 하고 자살로 넘어가는 사람도 있지만, 감정적인 변화 없이 자신이 처한 상황을 해결하기 위해선 자살밖에는 결론이 없다고 판단해 행동에 옮기는 사람들이 있죠.

차클 감정이 아닌 이성적 판단에 따라 자살을 하기도 한다는 말씀인가요?

송 네. 충분히 그럴 수 있습니다. 단, 그러한 개인의 판단이 이성적 판단인지 왜곡된 판단인지는 따져봐야겠죠. 이에 대해 많은 학자들이 연구를 했습니다. 특히 1897년 프랑스의 사회학자 에밀 뒤르켐(Émile Durkheim)이 《자살론(Le Suicide)》에서 최초로 통계 자료를 활용해 자살을 사회학적 현상으로 바라보는 시도를 했습니다. 물론 뒤르켐의 이론만으로 모든 것을 설명할 수는 없지만 역사적인 가치가 충분히 있는 연구입니다.

차클 자살을 사회학적 현상으로 바라본 최초의 연구라니 어떤 내용인지 궁금하네요.

송 뒤르켐은 자살을 두 가지 틀로 설명하려고 했습니다. 사회적 통합이라

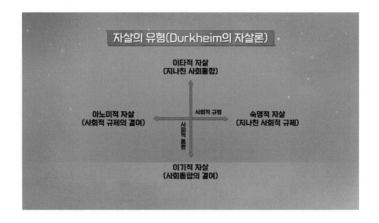

는 축과 사회적 규제라는 틀이에요. 사회적 통합이라는 이름이 붙은 상하의 축은 사람들 사이의 관계라고 보면 됩니다. 사회적으로 뭉쳐져 있지 않고 느슨하게 이어져 있는 관계죠. 즉, 개인주의가 심화되면 작은 압력만으로도 자살로 이어질 수 있다고 했어요. 이처럼 사회적 통합 면에서 관계가 약할 때 지나친 개인주의로 발생하는 자살을 이기적인 자살(Egoistic Suicide)이라고 부릅니다. 대표적인 유형이 고독감에 의한 자살입니다.

차클 그 반대는 어떤 경우인가요? 개인주의가 아니라 공동체주의가 강할 때 발생하는 자살도 있나요?

송 네. 사회가 지나치게 통합돼 있는 경우에도 자살이 일어날 수 있어요. 사회적 통합이 강해 개인이 집단에 매몰될 때 발생하는 자살을 이타적 자살(Altruistic Suicide)이라고 부릅니다. 조직을 위해 자살하는 게 일종의 의무이고 사명감이라는 생각 때문이죠. 대표적인 사례로 일본이 진주만을 공습할 때 목숨을 바친 가미카제 특공대를 들 수 있습니다.

차클 그렇다면 사회적 규범에 의한 자살은 어떤 것인가요?

송 사회적 규범이라고 이름 붙은 좌우의 축은 사회적 규제가 지나치게 결여된 상태, 혹은 반대로 규범이 과도하게 많은 상태를 나타냅니다. 뒤르켐은 사회적 규범이 흔들리면서 가치관이나 사회적 기반이 무너질 때 발생하는 자살을 아노미적 자살(Anomic Suicide)이라고 불렀습니다. 대표적인 사례가 대공황이나 산업혁명을 겪으면서 자신이 설 곳을 잃어버린 사람들이 자살한 경우예요. 반면 숙명적 자살(Fatalistic Suicide)은 한 사회의 규범이 필요 이상으로 심할 때 발생하는 자살이에요. 사회가 개인에게 이러저러하게 살아야 한다는 식의 규제를 지나치게 강요할 때 나타납니다. 그런데 뒤르켐은 숙명적 자살의 경우는 이론적으로 가능하지만 실제로 서구 사회에서 보기 힘들다는 이유로 심도 있게 다루지 않았어요.

차클 그런데 뒤르켐이 제시한 네 가지 자살의 유형 중 숙명적 자살을 우리 주변에선 적잖게 찾아볼 수 있는 것 같은데요?

송 네. 맞습니다. 저는 우리 주변에서 벌어지는 자살이 대부분 숙명적 자살과 관련이 돼 있을 거라고 생각하고 있습니다. 실제로 우리를 둘러싼 규율들이 정말 많잖아요. 중·고등학생들은 어느 대학에 들어가야 하고, 어떤 성적을 얻어야 한다는 말을 끊임없이 듣습니다. 또 성인이 되면 좋은 직장에 취직해야 하고, 나이가 더 들면 때가 되었으니 결혼을 해야 한다는 말을 끊임없이 듣죠. 결혼을 해도 끝이 아닙니다. 아이를 낳아야 한다, 또 한 명 낳으면 더 낳으라는 식의 규제들이 우리를 엄청나게 압박하고 있습니다.

차클 맞아요. 자신이 하고 싶지 않은 일들까지도 사회적으로나 개인적으로 강요하는 분위기가 있어요.

송 특히 중·고등학생들은 입시 제도에 압도돼서 살아가지만 왜 그런 노력을 해야 하는지 제대로 된 설명도 듣지 못하죠. 그저 대학에 가면 모든 게 다 해결된다는 식의 말만 넘쳐나요.

차클 맞아요. 그러다 보니 그 시기에 마땅히 겪어야 할 경험들을 놓치고 성장하게 되는 게 큰 문제인 듯해요.

송 네. 누구나 사춘기 시절에 겪어야 하는 성장의 요건들이 있습니다. 고전적인 의미로는 자아 정체성이라고 하는데요. 진지하게 미래에 대해 고민하면서 자신이 무엇을 잘하는지, 무엇을 할 때 가장 기쁜지, 어떤 적성을 갖고 있는지를 알아가는 과정이 필요해요. 사춘기에 있는 아이들이라면 반드시 자아 정체성에 대한 고민을 거쳐야 건강한 성인으로 자라날 수 있어요.

차클 청소년들이 자아 정체성을 찾지 못한 채 성인이 되다 보니 정말로 원하는 게 뭔지도 모르고 살아가는 경우가 많은 것 같아요.

송 네. 사춘기 시절의 아이들에게 대학 입시를 위한 공부만 시키고 다른 체험은 아무것도 하지 못하게 하면 자아 정체성이 생길 수 없겠죠. 그러다가 대학에 간다고 해서 갑자기 이전까지 없던 정체성이 생길 리 없잖아요. 나 자신이 누구인지를 하루아침에 알기도 힘들고 자신이 무엇을 잘하는지도 알 수 없습니다. 어른들이 얘기하듯 대학에 간다고 모든 문제가 해결되는 것도 아닙니다. 그저 또다시 제도 속 노예가 되고 말죠. 하루라도 빨리 스펙을 많이 쌓아서 취업을 해야 한다는 압박 속에 매몰되고 마니까요.

차클 듣고 보니 정말 큰 문제네요. 청소년기도 그렇고 성인이 되어서도 그렇고 어느 정도 여유를 갖고 다양한 경험과 생각을 하는 게 중요한데 말이죠. 그저 하루하루 톱니바퀴처럼 미션을 수행하는 일상의 연속인 듯해요.

송 우리 사회에서 일어나는 숙명적 자살의 대표적 사례가 과로 자살이라고 생각합니다. 우리나라에선 해마다 업무와 관련된 자살자의 규모가 560명 정도에 이를 정도로 심각한 문제거든요.

차클 과로 자살이 정확히 무엇인가요?

송 자신의 일과 관련해 자살을 선택하는 것을 말합니다. 몇 년 전 뉴스에서도 보도된 바 있는 기내식 납품업체 대표의 자살을 기억하시나요?

2018년 7월 거래처에 납품해야 할 물량을 해결하지 못했다는 이유로 업체의 대표가 자살을 했죠. 또 한 웹디자이너가 과중한 업무를 이겨 내지 못하고 자살한 사건도 있었습니다. 안정된 직장이라고 알고 있는 공무원 중에도 자살자가 많아요. 2012년 이후 여덟 분의 서울시청 공무원이 업무 과중으로 자살을 했다고 하죠. 그만큼 우리 주변에서 과중한 업무로 인해 자살을 선택하는 사람이 흔해졌어요.

차클 과중한 업무 때문에 자살하는 사람들의 뉴스를 보면서 그렇게 죽을 정도로 힘들면 차라리 그만두면 되지 않냐고 말하는 사람도 있어요. 하지만 정작 당사자들은 그 일이 아니면 생계를 유지할 수 없으니 참고 참다 그런 선택에 내몰리는 게 아닐까 합니다.

송 맞아요. 우리가 주목해야 할 것은 과로 자살을 하는 사람들의 마음의 상태입니다. 그들은 삶을 끝내기 위해서 자살을 선택한 게 아니에요. 일이 주는 압박감, 일이 주는 고통을 끝내기 위해서 자살을 택하는 것이거든요. 단순히 그 일을 하지 않으면 되는 게 아니냐고 말하면 안 되는 거죠.

차클 일을 끝내기 위해 자살을 선택한다니, 정말 슬픈 이야기네요. 과로 자살을 조장하는 사회적 분위기도 한몫하는 것 아닐까요?

송 맞습니다. 과로 자살을 선택하는 이유를 세 가지로 나눠보면, 첫째, 문화적인 면을 생각해볼 수 있습니다. 우리나라는 체면주의적 문화가 강합니다. 자신이 일을 잘 못해서 실패자라는 낙인이 찍히는 것, 그리고 그런 모습을 다른 사람에게 보이는 것을 쉽게 받아들이지 못하죠. 둘째, 조직의 성과를 위해서 일을 잘하는 사람이 돼야 한다고 압박하는 문화가 개인을 과로 사회에서 빠져나올 수 없게 만드는 것 같습니다.

차클 무한 경쟁을 뚫고 입시와 취업에 성공한 뒤에도 조직 내 경쟁에 내몰리죠. 힘들어도 자신에 대한 부모와 가족, 친구들의 기대를 생각해 빠져나오는 게 쉽지 않고요.

송 그렇습니다. 개인의 자유보다 조직이나 사회적 체면을 더 신경 써야 하는 분위기가 있죠. 그런 면에서 우리나라 기업들이 진지한 고민을 해야 한다고 생각해요. 흔히 가족 같은 회사라는 말들을 하죠. 하지만 정작 개인에게 희생을 강요할 때만 가족이라는 이야기를 꺼내는 불합리함이 분명 존재합니다.

차클 세 가지 이유가 있다고 하셨는데 또 다른 이유는 무엇인가요?

송 셋째는 자신이 처한 상황에 매몰되는 경우입니다. 너무나 많은 일이 한꺼번에 쏟아져 들어오게 되면 다른 곳으로 시선을 돌릴 틈도 없이 파묻히게 돼죠. 사실 자신이 처한 상황에서 한 발짝만 물러나면 다양한 가능성을 볼 수 있을 텐데, 눈앞의 힘든 일들에만 시선이 고정돼 있으니 다른 가능성을 살피지 못하는 거예요. 그러다 자신이 더 이상 어떻게 해도 해결되지 않을 것 같다는 느낌에 사로잡혀 결국 과로 자살로 이어지는 것이죠.

차클 역으로 생각하면 말씀하신 세 가지 상황이 변할 경우 과로 자살이 줄어들 수 있다는 얘기잖아요.

송 그렇죠. 누구나 어떠한 상황에서든 인간으로서 최소한의 삶을 누릴 수 있는 제도가 마련돼야 합니다. 사회 안전망이 없으니까, 일을 그만두는 순간 생존을 위한 대안이 없으니까 어쩔 수 없이 자신의 상황에 매몰돼버리는 거예요. 그런 면에서 최근에 도입된 주 52시간 근무제와 자살률의 상관관계에 대해 생각해볼 필요가 있습니다. 여러분은 어떻게 생각하세요?

차클 근무 시간이 52시간으로 줄었을 뿐, 업무의 양은 그대로라면 문제는 여전히 남아 있는 것 같아요. 그럼에도 불구하고 근로자들의 삶의 질을 보장하려는 법의 도입에 맞춰 서서히 변화가 시작되지 않을까 생각됩니다.

송 네. 노동 환경의 변화가 필요하다는 점에는 우리 모두 동의할 거예요. 인간이 살기 위해서 일하는 것이지, 일하기 위해 사는 게 아니잖아요. 지금까지 우리나라가 OECD 국가 중에서도 가장 일을 많이 하는 국가였기에 주 52시간 근무제 등의 도입이 정상적인 환경을 찾아가는 방향이라고 생각합니다. 다만 사회적으로 충분히 합의가 이뤄지고, 심도 있게 논의가 돼서 각각의 기업이 적극적으로 참여하기까지는 시간이 좀 더 걸릴 것 같아요.

자살은 어떻게 전염되는가

"일종의 심리적 전염이 될 수 있겠죠. 자신도 비슷한 상황에 처하면 자살이라는 방법을 통해 문제를 해결할 수 있겠다는 생각을 하게 되니까요. 자살에 노출되고, 자살 수단에 노출되는 게 결국 자살로 이어지도록 만든다고 할 수 있습니다."

• • •

차클   자살과 관련해 더 알아야 할 것들이 있을까요?

송   앞서 자살을 역사적, 개인적, 사회적 차원에서 살펴봤습니다. 그런데 그런 환경에 처한 사람이라고 해서 모두 자살을 하는 것은 아닙니다. 그렇다면 과연 어떤 추가적 위험 요인들이 자살을 불러오는지에 대해 연구를 해봐야겠죠. 자살학의 최고 권위자로 불리는 플로리다대학의 심리학자 토머스 조이너(Thomas Joiner)는 자살에 이르게 하는 세 가지 위험 요소가 있다고 설명합니다. 첫째는 스스로를 해할 수 있는 치명적 능력입니다. 위험 행동에 반복적으로 노출되면 죽음에 대한 두려움에 무뎌지고 자해할 능력이 생긴다고 해요. 특히, 인간으로서 갖고 있는 생존에 대한 본능적 욕구, 즉 자기 보존 본능을 넘어설 만큼 치명적인 능력을 갖게 되면 위험하다고 말합니다.

차클 자기 보존 본능이라면 생존 본능 같은 것인가요?

송 네. 누군가 죽으려고 자살 시도를 했어도 인간에겐 기본적으로 살고 싶은 마음이 있어요. 실제로 자살을 시도하면서도 동시에 구조돼 살고 싶은 마음을 같이 갖고 있는 겁니다. 미국의 경우 자살을 시도했다가 살아난 분, 즉 자살 시도자 중 90퍼센트 정도가 자살 시도를 후회한다는 통계도 있어요.

차클 그럴 것 같아요. 우울증이 심해 자살 충동까지 느끼던 어떤 사람에게 주변에서 운전면허를 따보라고 했대요. 그런데 그 사람이 운전을 배우던 도중 위험에 처하자 자신도 모르게 살아야겠다는 본능을 느꼈다고 하더라고요.

송 네. 인간에겐 살아남는 것이 기본적인 욕망이거든요. 진화적으로도 그렇습니다. 그러니 자살을 실행한다는 것은 인간으로서의 기본적 욕망보다 자살 욕구가 커야만 가능한 거예요.

차클 그렇다면 앞서 말씀하신 치명적 자해 능력은 어떻게 생기게 되나요?

송 폭력성에 노출된 사람의 경우, 자기의 본능을 넘어설 만한 자해 능력을 갖게 될 확률이 높습니다. 특히 자살 경향성 환자들은 어린 시절 학대를 경험하면서 자란 경우가 많아요. 미국에서 776명의 사람들을 어린 시절부터 성인이 될 때까지 17년간 추적 조사를 진행한 연구가 있습니다. 그 연구를 보면 어린 시절에 당한 학대의 경험이 사춘기를 지나거나 성인으로 성장하는 과정에서 자살에 대한 생각을 하도록 만든다고 해요.

차클 자살 경향성 환자의 또 다른 특징이 있나요?

송　육체적 고통에 대한 내성이 높다는 점입니다. 비슷한 강도의 고통에 계속 노출돼 익숙해지면, 즉 자극에 대한 내성이 생기면 더 심한 자극에 노출되어도 금세 내성이 생깁니다. 그러다 나중에는 정말 자신을 해칠 만한 고통에 노출돼도 아무런 느낌을 갖지 않게 되죠.

차클　알코올 중독도 고통에 대한 내성이 생기는 경우라고 볼 수 있을까요? 숙취로 몸이 고생을 해도 또 술을 마시고 괴로워하니까요.

송　비슷합니다. 알코올 중독도 내성이 생겨서 같은 양을 섭취했을 때 이전에 느꼈던 쾌감을 느끼지 못하죠. 점점 더 많은 양을 마셔야 술을 마신 느낌이 오잖아요. 최근에 청소년들이 자기 몸에 상처를 내고 소셜 미디어에 공유하는 '자해 인증샷'이라는 것을 보신 적이 있나요? 일명 자해 놀이라고 불리는 것인데요. 처음에는 간단한 상처로 시작하지만 그 행위에 익숙해지고 내성이 생기면 아이들이 점점 더 심한 상처를 내요. 이런 행위들이 점점 더 커지면 자해를 하는 데 익숙해지게 되고, 치명적 행위까지도 손쉽게 시도하게 되는 것입니다.

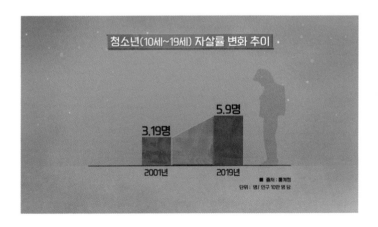

청소년(10세~19세) 자살률 변화 추이

3.19명　2001년
5.9명　2019년

■ 출처 : 통계청
단위 : 명/ 인구 10만 명 당

차클 　청소년들이 그렇게 일상적으로 폭력성에 노출된다니 큰일이네요. 혹시 청소년 자살률 증가로 이어지는 건 아닐까요?

송 　네. 우리나라 청소년 자살률의 증가 속도가 엄청나게 빠릅니다. 지난 20년간의 수치를 비교했을 때 거의 50~60퍼센트 정도 증가했어요. 아시다시피 소셜네트워크상에 자살과 관련된 표현들이 굉장히 많이 난무하고 있습니다. '자살각', '자살 추천' 같은 표현들이 많이 보이고 있죠. 우스갯소리처럼 사용하고 있지만, 사실 굉장히 치명적이고 무서운 표현들이거든요. 일상생활에서도 자주 쓰이는 표현들, 예를 들어 '자살골', '이걸 못하면 죽을 것 같아', '이거 다 못하면 죽어버려', '힘들어 죽겠어'처럼 실제로는 굉장히 무서운 표현을 아무렇지 않게 쓰고 있는 거예요. 그런 표현들에 우리도 어느새 점점 익숙해져 있죠.

차클 　정말 그러네요. 자살에 이르게 하는 두 번째 위험 요소는 무엇인가요?

송 　자살 방법에 대한 노출이 늘어났다는 겁니다. 베르테르 효과(Werther effect)라고 들어보셨을 거예요. 유명 인사나 자신이 존경하던 인물이 자살할 경우, 그 인물과 자신을 동일시해 뒤따라 자살하는 현상을 말해요. 베르테르 효과가 나타난 유명한 사례가 있는데요. 1962년 영화배우이자 가수인 마릴린 먼로의 자살 이후 무려 300명 이상의 사람들이 자살을 했어요. 당시 자살률이 무려 12퍼센트나 증가했다고 합니다. 또 2003년에 영화배우 장국영이 자살을 하자 불과 하루도 안 된 시간 동안 6명이 같은 방법으로 자살을 시도했습니다.

차클 　자살이 전염되는 것 같네요.

송 　네. 일종의 심리적 전염이 될 수 있겠죠. 자신도 비슷한 상황에 처하면 자살이라는 방법을 통해 문제를 해결할 수 있겠다는 생각을 하게 되니까요. 자살에 노출되고, 자살 수단에 노출되면서 결국 자살로 이어지게 만든다고 할 수 있습니다.

차클 그런데 자살에 노출이 됐다고 해서 반드시 모든 사람이 자살을 하는 것은 아니라고 하셨잖아요. 베르테르 효과를 피해간 사례도 있나요?

송 맞습니다. 1994년에 록밴드 너바나의 리드 보컬인 커트 코베인이 자살을 했을 당시에, 많은 사람이 베르테르 효과로 인해 모방 자살이 늘 거라고 걱정했습니다. 하지만 우려와는 달리 모방 자살이 늘어나지 않았어요.

차클 마릴린 먼로나 장국영이 자살했던 때와는 무엇이 달랐던 것인가요?

송 커트 코베인의 가족이 미디어를 통해 자살은 나쁜 것이라는 분명한 메시지를 전달한 것이 큰 영향을 줬다고 생각합니다. 이처럼 자살에 관련된 뉴스나 콘텐츠를 언론과 미디어가 신중하게 다루면 자살을 예방하는 효과를 볼 수 있어요. 이를 파파게노 효과(Papageno effect)라고 부릅니다. 파파게노는 모차르트의 오페라 〈마술 피리〉에 등장하는 역할

"그의 자살은 끔찍한 일"
"그의 자살은 이기적이고 비열한 짓"
-코트니 러브, 인터뷰 中

인 새잡이의 이름이에요. 연인이 죽고 나서 자살을 시도하려는 파파게노 앞에 요정이 나타나 노래를 불러줬는데, 그 노래를 듣고 파파게노는 자살을 선택하지 않아요. 그런 이야기에서 유래해 파파게노 효과라고 부릅니다.

차클 자살 관련 보도가 예전에 비해 많이 신중해진 게 그 때문이군요. 그렇다면 자살에 이르게 하는 세 번째 위험 요소는 무엇인가요?

송 자신이 누군가에게 짐이 된다는 느낌입니다. 자살을 기도했다가 살아남은 사람들과 치명적인 방법으로 자살을 한 사람들의 유서를 비교해보면, 분명한 차이가 있습니다. 치명적인 수단으로 자살을 실행에 옮긴 사람들의 유서에는 '짐이 된다', '미안하다', '부담이 된다' 같은 표현이 월등하게 많은 것으로 나타났습니다.

차클 복지의 사각지대에 있는 분들의 안타까운 자살인 경우가 많겠군요?

송 네. 맞습니다. 우리나라의 자살 원인을 순위별로 살펴보면, 정신과적 증상도 많지만 경제적인 문제나 질병으로 가족, 친척에게 부담이 되지 않으려 하는 경우가 절반에 이를 정도예요.

차클 1997년 IMF 외환위기 때 자살률이 많이 증가하지 않았나요? 경제위기도 자살률과 상당히 큰 연관이 있을 것 같아요.

송 우리나라 자살률의 특징을 보면 경제 상황과 아주 밀접한 관련이 있습니다. 1998년 IMF 외환위기, 2003년 카드 대란, 2008년 글로벌 금융위기 등 경제 사건이 터질 때마다 자살률이 급격하게 증가하는 것을 발견할 수 있죠. 또 미국에서도 1929년 대공황 당시에 많은 사람이 자살을 했어요. 이렇게 경제위기로 발생하는 자살을 이코노사이드 (Econocide)라고 합니다. 경제를 뜻하는 이코노미(Economy)와 자살을 뜻

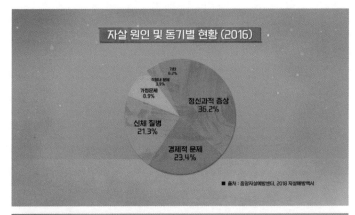

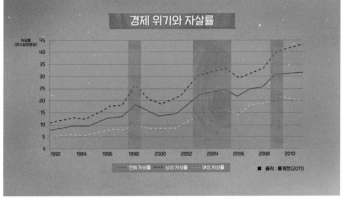

하는 수어사이드(Suicide)를 합쳐서 만든 단어가 나올 만큼 빈번하게 일
어났어요.

차클 그렇다면 앞으로 경제위기가 다시 찾아오면 자살률이 또 급격히 높아
질 수 있다는 말인가요?

송 아무래도 그럴 위험이 높지요. 하지만 경제 수준과 자살을 단순하게만
연결시키면 안 되고, 경제위기의 성격과 그 상황에서 가장 취약한 집

단의 관계를 파악해야 합니다. 우리 사회를 조금만 들여다보면 가슴 아픈 이야기들이 정말 많습니다. 사회 안전망이 잘 갖춰져 있지 않은 상태에서 해고돼 벼랑 끝으로 떠밀린 사람들이 많아요. 2009년 쌍용자동차의 대규모 정리해고 이후 노동자들이 생활고로 인해 자살하는 일이 정말 많았습니다. 또 2005년 조선 산업의 침체로 인해 2016년에 경남 거제에서만 90명이 자살하는 일도 있었죠. 2017년 10월 가을부터 2018년 5월까지 반년 동안에만 조선업 관련자들이 30명이나 자살하기도 했습니다.

차클 근로자들뿐만 아니라 주변 사람들에게도 영향을 미쳤을 것 같은데요.

송 네. 경제위기 이후 가장 직접적인 타격을 받은 것이 노인들입니다. 자살을 시도한 어르신들의 유서를 보면 '자식에게 경제적으로 짐이 되고 싶지 않다'거나 '오래 살아 자식들에게 큰 짐이 되어 죽는 날까지 고생할까 생각하니 무섭고 숨이 막힌다'는 말들이 많이 적혀 있다고 해요. 당신이 자식에게 부담을 준다고 생각하는 것이죠. 너무나 안타까운 현실입니다.

차클 자식에게 짐이 될까 봐 자살을 선택하는 노인들이 많다니 정말 안타깝네요.

송 우리나라는 효도라는 이데올로기가 가정을 보살피는 사적인 복지 제도, 사적인 사회 안전망으로 작동을 했었습니다. 예를 들어 부모는 자녀를 위해 자기가 가진 전부를 바쳐 희생을 했습니다. 기둥뿌리 뽑아 자식을 대학에 보낸다는 말도 있잖아요. 그리고 자식들은 부모의 도움으로 성장해 사회에 나가 경제 활동을 하면서 부모의 희생에 대해 물심양면으로 보답을 하는 관계를 이루었죠. 그런데 외환위기가 닥치면서 그런 안전망이 무너지기 시작했습니다. 우선 완전 고용이 불가능하게 됐죠. 또 노동시장의 유연화라는 명목으로 비정규직의 비율이 늘어났습니다. 그 타격으로 인해 경제 활동 인구뿐만 아니라 그들이 부양해야 할 부모, 즉 자신의 모든 것을 전부 투자해 이제 아무것도 가진 것이 없는 노인층에게까지 직접적으로 영향을 미친 거예요. 문제는 앞으로도 별로 나아질 희망이 없다는 것이죠. 그게 바로 지금 우리가 겪고 있는 가장 큰 어려움인지도 모르겠습니다.

차클 그래도 자살 위험 요소들을 줄일 수 있는 방법이 있긴 한 거죠?

송 토머스 조이너는 치명적 자해 능력을 갖고 있거나, 짐이 된다는 느낌을 받았을 때조차 만약 소속감이 있다면 희망이 있다고 말했습니다. 소속감은 동전의 양면과 같습니다. 누군가 사회로부터 소속감을 잃었을 때, 즉 사회적으로 고립되고 무리로부터 떨어져 나갔을 때는 약한 소속감이 자살에 이르는 위험 요소가 되기도 합니다. 하지만 누군가와 강하게 연결돼 있고 함께한다는 느낌을 주는 강한 소속감이 있을 때는 자살을 막는 보호 요인이 될 수 있습니다.

차클 소속감이라… 결국 공동체의 노력이 필요한 문제겠네요.

송 네. 맞습니다. 그래서 토머스 조이너는 소속감이 건강하지 않을 때, 한 개인에게 또 다른 짐이 될 수 있다고 말합니다. 건강한 소속감을 가질 수 있어야 한다고요. 자살을 하려는 사람에게 관심을 왜 가져야 하는지에 대한 사례로, 2003년 금문교에서 투신자살을 한 사람이 쓴 유서를 살펴볼게요. "이제 다리까지 걸어간다. 만약 도중에 누군가 내게 미소를 지어준다면 나는 투신하지 않을 것이다." 그의 유서에서 본 것처럼 자살을 하려고 마음을 먹은 사람들도 누군가 나에게 손을 내밀어

나를 잡아줬으면, 나와 연결됐으면 하는 마음을 간직하고 있다는 것입니다.

차클   자살을 앞둔 마지막 순간에도 누군가 손을 잡아주길 바란다니 마음이 너무 아픕니다.

송   맞습니다. 그리고 금문교에서 자살을 시도하는 사람들을 보면 특징이 있다고 해요. 태평양을 바라보는 쪽에서 뛰어내리는 사람과 샌프란시스코 시내를 바라보는 쪽에서 뛰어내리는 사람이 각각 다르다고 합니다. 도시를 보면서 뛰어내리는 사람은 아직 다른 사람들과의 소속감이나 관계에 대한 마지막 희망을 갖고 있다는 거예요. 그래서 투신을 하기로 마음을 먹었으면서도 마지막에 누군가 한 명이라도 자신을 붙잡아주길 기대하는 마음을 품고 있는 거라고 합니다.

차클   최후의 순간까지도 희망의 끈을 붙잡고 있는 것이네요.

송   처음에도 말씀드렸지만, 자살은 삶을 끝내고 싶어서 시도하는 게 아니라 삶을 힘들게 만드는 고통을 끝내고 싶을 때 하는 행위입니다. 지금 자신이 겪고 있는 삶의 고통은 끊어내고 싶지만, 누군가 나에게 손을 뻗어 소속감을 준다면 살고 싶다는 마음이 계속 남아 있는 겁니다.

차클   소속감을 가지려면, 혹은 누군가에게 소속감을 느끼게 해주려면 어떻게 해야 할까요?

송   소속감은 모든 사람과 좋은 관계를 가져야만 느낄 수 있는 건 아닙니다. 단 한 사람이라도 나와 의미 있게 연결되는 사람이 있다면 충분히 소속감을 가질 수 있어요.

차클   소속감이 자살률을 현격하게 줄였던 구체적인 사례가 있나요?

송   1963년 11월 22일 케네디 미국 대통령이 암살당했을 때, 일주일 동안 미국의 29개 대도시에서 자살이 전혀 없었다고 해요. 또 2001년 뉴욕에서 9·11 테러가 발생했을 때, 자살 관련 응급 전화가 걸려온 횟수가 확 줄었다고 하고요. 시간을 더 뒤로 돌려보면 제1, 2차 세계대전 같은 전쟁이 발발했을 때도 자살률이 획기적으로 줄어들었습니다. 특히 제2차 세계대전 동안에는 전쟁 당사국뿐만 아니라 중립국에서도 자살률이 줄었다는 통계가 있습니다. 이렇게 국가 또는 지역사회가 위기에 처했을 때 그것을 극복하기 위해 많은 사람이 소속감이나 유대감을 갖게 된다고 해요. 그런 유대감을 통해 개인의 자살 또한 줄어드는 것이죠.

차클 국가적인, 사회적인 유대감이 자살률 하락으로 이어진다니 흥미로우면서도 책임감이 느껴지는 것 같습니다.

송 그렇죠. 사회 환경을 바꿈으로써 자살률에 영향을 줄 수 있는 만큼 우리가 사회를 어떻게 바꿔나가야 할지 고민해볼 필요가 있습니다.

어떻게 자살을 예방할 것인가

"자살 예방 캠페인에 대한 부정적인 시선도 있지만, 주의를 환기
시키는 효과는 분명히 있습니다. 순찰을 강화하는 효과도 생기
죠. 그러면 자살을 하려는 사람에게도 자살이라는 극단적 선택
을 하기 전까지 잠시나마 시간이 생기게 될 겁니다. 그동안 우
리가 자살을 하려는 사람들에게 도움을 줄 수 있는 기회가 주
어지는 거죠."

• • •

차클 우리나라에서는 자살을 예방하기 위해 많은 노력을 하고 있나요?

송 자살의 이유는 개인적인 차원에서 거시적인 차원까지, 정신건강적인
차원에서 문화적인 차원까지 다양하기 때문에 다차원적으로 접근할
수밖에 없습니다. 이토록 복잡한 자살 문제를 해결하기 위해서는 정부
의 조정 역할이 매우 중요합니다. 하지만 그동안 우리나라에서는 자살
예방과 관련된 예산과 인력이 턱없이 부족했던 것이 사실입니다. 그런
취약점을 개선하기 위해 현 정부가 최초로 100대 국정 과제 안에 자
살 예방에 대한 정책을 처음 포함시켰습니다.

차클 다른 나라의 경우는 어떤가요?

송 가까운 일본의 경우 자살 예방 관련 정책에 쓰이는 예산이 1년에 약

3000억 원 정도입니다. 우리나라의 경우는 그동안 30억~50억 원대였던 예산이 2018년부터 150억 원대로 늘어났고요.

차클 일본에 비해선 매우 적지만 그나마 예전보단 늘었으니 희망적이라고 봐도 될까요?

송 하지만 지방이나 각 지역 정신보건센터의 인력은 여전히 늘지 않은 상태입니다. 실제로 자살 예방을 위해 활동할 사람들이 부족합니다. 게다가 우리나라는 사회 안전망이 근본적으로 충분히 확보되지 않은 상태입니다. 증평 모녀 사건이나 송파 세 모녀 사건처럼 복지의 사각지대에서 일어나는 자살을 충분히 막아낼 수 있는 여력이 아직까진 없는 것 같습니다.

차클 선진국에서는 어떻게 자살 예방 활동을 하고 있나요?

송 핀란드를 예로 들어보겠습니다. 핀란드는 자살률이 높은 편이었어요. 이를 개선하기 위해 1986년에 세계 최초로 국가가 자살 예방 정책을 시행했습니다. 국가 차원에서 선도적인 자살 예방 정책을 펼친 결과, 성인 자살률을 거의 절반 이하로 떨어뜨렸죠.

차클 애초에 핀란드는 왜 자살률이 높았던 것인가요?

송 핀란드의 자살률에 영향을 미치는 요인들을 살펴보죠. 우선 대한민국의 3배나 되는 넓은 영토를 가지고 있지만 인구는 10분의 1밖에 되지 않아요. 그 넓은 땅에서 사람들이 고립된 채 살아가고 있는 겁니다. 러시아를 비롯해 다른 나라의 침공을 받은 탓에 역사적 상처도 있습니다. 또 산업화와 도시화를 거치면서 아노미 상태를 경험하기도 했죠. 그 과정에서 새로운 질서에 대해 느끼는 혼란도 경험을 했어요. 핀란드 사람들도 감정 표현을 많이 하지 않는 편인데 그러다 어느 순간 폭

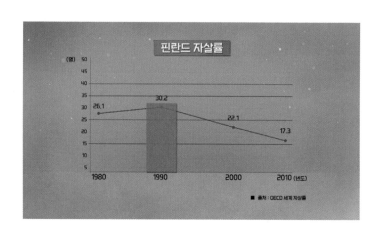

발하는 것이죠.

차클 핀란드가 시행한 자살 예방 대책으론 어떤 게 있나요?

송 핀란드의 자살 예방 정책에서 우리가 주목할 만한 것은 바로 심리부검(Psychological autopsy)이라는 프로그램이에요. 자살자의 가족, 주변인으로부터 자살의 원인을 면밀하게 분석하는 것입니다. 사람이 사망을 했을 때 사인을 찾기 위해 생물학적으로 부검하는 것과 비슷합니다. 다만 차이가 있다면 자살자 주위의 가까운 사람들을 통해 이야기를 듣고 자살의 정황들을 부검하듯 면밀하게 조사해서 자살의 이유와 맥락을 밝히는 프로그램이에요.

차클 혹시 자살 생존자들이 상처를 입거나 트라우마를 더 갖게 되는 것은 아닐까요?

송 그럴지도 모릅니다. 하지만, 혼자 간직하고 있는 고통을 이야기함으로써 감정을 분출할 수 있는 통로가 되기도 하죠. 약 5만 명에 달하는 전문가들이 프로그램을 진행하고 있다고 해요.

차클	심리부검을 통해 자살률이 크게 개선됐나요?
송	물론 심리부검만으로 자살률이 반으로 줄어든 것은 아닙니다. 학생들이나 자살 위험군을 대상으로 우울증 또는 자살 징후를 미리 체크할 수 있는 스크리닝 시스템도 함께 도입했어요. 또 땅이 넓은 만큼 멀리 떨어져 있는 사람들이 의료 서비스에 쉽게 접근할 수 있도록 원격 상담 시스템도 도입했습니다. 심리부검을 비롯해 국가적으로 다양한 접근 방식을 도입함으로써 자살률을 절반 이하로 낮출 수 있었습니다.
차클	또 다른 나라의 예도 알려주시죠.
송	일본에서는 공동체의 소속감을 복원하기 위해 캠페인 메시지를 많이 활용했어요. 한 예로 2009년부터 '한 개인의 생명은 모두의 생명이다'라는 슬로건을 내건 캠페인을 진행하기도 했습니다. 자살 예방 활동 기금을 마련하기도 했고요. 자살의 원인인 사람 사이의 단절을 개선하기 위해 서로의 안부를 묻고 서로 연결됨을 확인함으로써 자살을 예방할 수 있다는 취지의 캠페인을 펼친 것이죠.
차클	경력이 단절된 친구들, 취업을 못하고 있는 친구들끼리 모여 취미 활동을 같이 한다거나 함께 즐거운 일을 도모하는 것도 자살 예방에 도움이 되지 않을까요?
송	아주 중요한 말씀을 해주셨습니다. 바로 그런 내용을 담은 캠페인을 시행한 것이에요. 캠페인은 가장 쉽게 사람들의 인식을 바꿀 수 있고 또 가장 쉽게 대중을 교육할 수 있는 방법입니다.
차클	우리나라에서도 자살 예방 캠페인을 펼치고 있죠?
송	한때 서울의 마포대교 하면 자살이 가장 많이 이뤄지는 곳으로 알려졌습니다. 그런 이유로 정부나 서울시에서 마포대교에서의 자살률을

낮추기 위해 '생명의 다리'라는 캠페인을 벌인 적이 있습니다. 여러분도 보신 적이 있을 겁니다. 다리 난간에 서로의 안부를 묻는 메시지를 적어두어 혹시라도 자살을 하려는 사람이나 우울증을 가진 사람들에게 말을 거는 듯한 효과를 노린 것이죠. 예술적인 측면으로도 여러 상을 받을 만큼 화제작이었습니다.

차클　과연 다리 위에 그런 메시지를 적어둔다고 자살을 막는 효과가 있었을까요?

송　자살 예방 캠페인에 대한 부정적인 시선도 있습니다. 감성적인 메시지가 오히려 역효과를 만든다는 의견도 있고, 그 장소를 자살 명소로 만든다는 지적도 있어요. 하지만 주의를 환기시키는 효과는 분명히 있습니다. 그로 인해 순찰을 강화하는 효과도 생기죠. 그러면 자살을 하려는 사람에게도 자살이라는 극단적 선택을 하기 전까지 잠시나마 시간이 생기게 될 겁니다. 그렇게 사람들의 마음에 변화가 생기면 그동안 우리가 자살을 하려는 사람들에게 도움을 줄 수 있는 기회가 주어지는 거죠. 아주 사소한 말을 건네는 문구인데도 잠시나마 자살을 하려는 사람에게 생각할 시간을 주는 효과가 있었다고 해요.

차클　듣고 보니 그러네요. 정말 힘든 일을 겪고 있을 때 그냥 지나가는 말로 '뭐해? 밥 먹자'라고만 해줘도 크게 위로가 되잖아요.

송　맞습니다. 그리고 '나 자살할 거 같아', '너무 힘들어' 같은 말을 하는 사람에게 절대 하지 말아야 할 말들이 있어요. 첫째, 섣부른 충고입니다. '너만큼 다들 힘들다'는 식의 말은 오히려 상대방을 더 힘들게 만들 수 있어요. 우선 그 사람의 말을 들어주는 것이 중요합니다. 무비판적인 마음으로 상대방이 어떤 상황을 겪고 있는지 집중해서 들어야 합니다.

다음으로 상대방에 대해 비난하거나 비판적인 태도를 취하는 것도 안
됩니다. 자살은 나쁜 것이라는 둥, 자살은 죄라는 둥 이야기하는 것은
전혀 도움이 되질 않습니다. 또 상대방을 폄하하거나 자신이 상대방보
다 우월한 위치에 있다는 식으로 훈시나 설교를 하려는 것도 하지 말
아야 합니다. 마지막으로 단순한 흥미를 위해 캐묻는 것을 주의해야
합니다. 상대방에게 관심이 있다는 이유로, 상대방의 기분이나 상황을
고려하지 않은 채 '너 힘드니?', '무슨 일인데?'처럼 그저 나의 호기심
을 채우려는 듯 상대방에게 말을 건네는 것은 피해야 할 말들입니다.

차클 그렇다면 마음속으로 구조 요청을 보내고 있는 상대방을 어떻게 대하
는 게 가장 좋을까요?

송 적극적으로 이야기를 듣는 경청이 중요합니다. 조언하거나 충고하거
나 가르치려 들지 말고 일단 상대방의 마음이 어떤지 잘 들어야 합니
다. 그리고 나서 적절한 마음을 전하고 자신이 도울 수 있는 걸 찾아야
죠. 그렇게 신뢰감 있는 관계를 만들고 나서는 상대방을 잘 관찰해야
합니다. 실제로 인간의 의사소통에서 말로 하는 것은 일부분에 불과합
니다. 말로 표현하는 것보다 훨씬 더 많은 것들이 표정이나 태도, 안색
등을 통해 전달됩니다.

차클 그렇군요. 주변 사람들이 미리 알아차릴 수 있는 자살 징후도 있지 않
나요?

송 자기가 소중하게 생각하던 물건을 나눠주거나 우울하다는 말을 많이
하거나 최근에 수면 상태에 변화가 생기거나 폭식을 하거나 밥맛을
잃어버리거나 하는 식으로 상대방에게 급격한 행동 변화가 있다면 잘
관찰해야 합니다. 그리고 만약 상대방이 자살에 대한 위험한 생각을

가지고 있다고 판단되면 다른 말보다 자살에 대해 생각하고 있는지 직접 묻는 게 가장 효과적입니다. '혹시 죽고 싶단 생각 해봤어?', '자살에 대해 생각해봤어?'라고 직접 얘기하면서 상대방의 상태를 이해하도록 노력하세요. 그런 다음 전문적인 도움을 받을 수 있도록 연결해주는 역할을 우리 모두가 해야 합니다.

차클 자살 예방은 정말 우리 모두의 협력이 없으면 안 되는 것이군요.

송 네. 맞습니다. 극한의 환경에서 살아가는 펭귄들은 매서운 바람과 영하 70도까지 내려가는 기온으로부터 살아남기 위해 서로 옹기종기 모여 서로의 체온으로 버틴다고 해요. 그리고 가장 바깥쪽에 있는 펭귄이 추위에 지칠 때쯤이면 안쪽에 있던 펭귄이 바깥쪽으로 자리를 옮기죠. 함께 생존하기 위한 본능적인 행동이에요. 어쩌면 우리 인간이 잊고 있는 본능도 펭귄의 생존을 위한 행동과 같은 것일지도 모릅니다. 서로 소속되고, 연결되고, 관심을 갖고, 공감하는 인간으로서의 본능을 잃어버린 것은 아닌지 되돌아보면 좋겠습니다. 누군가에게 소속

by the Australian Antarctic Division

감을 주지 못하고, 자살의 위험 요소에 노출되도록 방치하고 있는지도 말이죠. 이러한 문제를 직면해서 서로 잃어버린 소속감을 되찾아 우리가 함께 살아가는 존재임을 확인하는 사회가 되는 것이야말로 우리 사회의 자살 문제를 해결하는 첫걸음이라고 생각합니다.

차이나는
클라스

거절 못하는 당신은
호구

●

김호

세계 최대 PR 컨설팅 회사 에델만의 한국 대표를 역임했고, KAIST 문화기술대
학원에서 공개 사과에 대한 인지적 연구로 박사 학위 취득했다. 현재 더랩에이치
대표로 위기 관리 컨설턴트 및 리더십 코치로 활약 중이다. 사람 사이의 깊은 소
통에 대한 끊임없는 관심과 더 나은 삶을 위해 거절할 줄 아는 지혜를 강조하는
조직 커뮤니케이션 전문가.

왜 나는 거절을 못하는가

"거절 민감성이 높은 사람들이 상당히 많습니다. 이런 사람들은 스트레스 수준도 높아요. 대인관계에서 많은 어려움을 겪을 수 있습니다. 그런데 거절 민감성이 높은 사람들은 스스로 부탁을 받는 입장이 됐을 때도 쉽게 거절하지 못한다고 해요."

• • •

차클 거절을 못하는 사람이라는 주제가 흥미롭습니다. 거절과 관련된 연구를 어떻게 시작하게 되셨나요?

김 사실 어릴 때 집에서는 저를 '심부름 잘하는 김호'라고 불렀습니다. 그만큼 거절을 잘 못하는 사람이었어요. 그런 배경을 거름 삼아 사람들 사이의 커뮤니케이션과 거절에 관심을 많이 갖게 됐죠. 이제는 이렇게 말할 수 있겠네요. 어제보다는 오늘, 거절을 더 잘하기 위해 노력하는 사람이 됐다고요.

차클 누구나 순진한 어린 시절엔 거절을 위한 이유를 찾기가 어렵잖아요. 또 어른의 부탁을 거절하기도 힘들고요.

김 맞습니다. 게다가 부모님은 늘 심부름을 하고 온 저에게 '착하다'고 말해주셨죠. 저 또한 그런 말을 듣기 위해서 제가 조금 힘들거나 불편한 마음이 있어도 부모님께 내색을 하지 않았어요. 그런데 제가 거절과 관련된 연구를 하면서 크게 깨달은 것이 있습니다. 제가 이제 40대 후반인데, 신체적으로나 경제적으로는 성인일지 몰라도 심리적으로는 아직 성인이 아니라는 것입니다.

차클 성인이 되지 못했다는 생각과 거절을 못하는 성격 사이에 어떤 연관이 있는 건가요?

김 심리적 의미에서 성인이란 상대가 누구이든 자기 마음속에 있는 진실을 표현할 수 있어야 된다고 생각해요. 그런데 저는 항상 남의 눈치를 보면서 괜찮다고, 할 수 있다고 말했던 것이죠. 막상 제 마음은 무시했던 것입니다.

차클 그렇군요. 선생님뿐만 아니라 남의 눈치만 보고 자기 마음을 들여다보지 않는 사람이 많을 것 같아요.

김 그 이유가 무엇인지 이제부터 들여다봐야 합니다. 제 고백을 하자면 저는 매일 두 가지 거짓말을 하며 살았습니다. 하나는 저에게 부탁하는 사람들에게 '네, 좋습니다. 할게요' 같은 말을 한 것이고, 다른 하나는 돌아서서 저 자신에게 '그래, 나는 정말 착한 사람이야'라고 했던 것입니다. 거절에 대한 연구를 하면서 그런 제가 아주 심각한 거짓말쟁이였다는 것을 알게 됐어요. 상대가 부모님이든 선생님이든 상사든 고객이든 마음속의 진실을 성숙하게 꺼내 전달할 수 있는 사람이 진짜 어른이라는 것을 깨달은 것이죠.

차클 소위 '예스맨'은 진짜 어른이 아니라는 말이군요?

김 맞습니다. 거절을 못하는 사람이 호구라는 주제를 정한 것도 그런 이

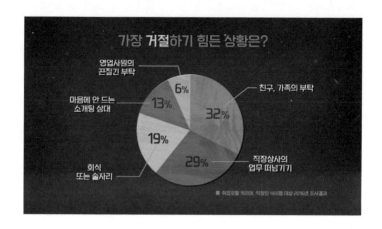

가장 **거절**하기 힘든 상황은?

영업사원의
끈질긴 부탁

6%

마음에 안 드는
소개팅 상대

13%

친구, 가족의 부탁

32%

19%

29%

직장상사의
업무 떠넘기기

회식
또는 술자리

■ 취업포털 '커리어, 직장인 465명 대상 2016년 조사결과

야기를 꺼내기 위해서입니다. 어른이 되고 사회생활을 하다 보면 시도 때도 없이 부탁을 받게 되고, 상사의 지시를 받게 되죠. 그런데 정말 많은 사람이 거절을 잘 못해서 곤란을 겪고 있는 것 같아요.

차클 직장 상사나 윗사람의 지시를 거절하는 것은 정말 힘들죠.

김 한 취업 포털에서 가장 거절하기 힘든 상황은 언제인지에 대해 설문 조사를 진행한 적이 있습니다. 68퍼센트의 사람들, 즉 직장인 10명 중 7명이 친구나 가족의 부탁에 거절하기 힘들다고 대답했어요. 다음으로 직장 상사의 업무 떠넘기기, 회식이나 술자리 제안 같은 것들도 있었죠.

차클 가족, 특히 부모님의 부탁은 거절하기가 어려운 것 같아요. 도와드리지 않으면 힘들어하실 것을 뻔히 알기 때문이죠. 그래서 무리해서라도 부탁을 들어줄 수밖에 없는 것 같아요.

김 그렇죠. 누구나 부모님의 부탁은 쉽게 거절하기 힘들어합니다. 또 다른 사례로 어떤 것들이 있을까요?

차클　오래 알고 지낸 친구가 큰 계약을 따내기 위해서 급하게 돈이 필요하다고 부탁을 하는 경우가 있을 수 있죠. 그런데 아무리 친한 친구라도 일이 잘못되면 돈도 잃고 친구도 잃게 되잖아요. 우정이냐, 현실이냐 많이 고민을 하게 될 것 같습니다.

김　맞습니다. 부탁을 받으면 먼저 자신이 처한 현실부터 냉철하게 따져봐야 하는데 그러지 못하는 사람들이 많습니다. 제 친구 중에도 정말 거절을 못하는 친구가 있었어요. 하루는 그 친구의 옛 직장 선배가 새로운 비즈니스를 시작한다면서 몇천만 원을 빌려달라는 부탁을 했다고 해요. 물론 그 친구의 수중엔 그만한 돈이 없었습니다.

차클　혹시 자신에게 없는 돈까지 만들어서 빌려줄 만큼 거절을 못하는 성격이었나요?

김　어느 정도는 그랬던 것 같아요. 선배의 부탁을 차마 거절하기 힘들었던 그 친구는 결국 아내가 들어놓은 적금을 해약해서 돈을 빌려줬다고 해요. 물론 아내의 허락을 받긴 했다고 해요.

차클　자기 능력에 넘치는 도움을 줬네요. 허락해준 아내도 마음이 불편했을 것 같아요.

김　선배에게 돈을 빌려주고 나서 친구는 나중에 돈을 돌려받을 수 있을지 굉장히 불안해했습니다. 저는 친구에게 선배라는 사람이 말한 비즈니스에 대해 확신을 갖고 있는지 물었어요. 대답이 의외였습니다. 확신이 없다고 대답하더군요. 그럼 왜 돈을 빌려준 것이냐고 재차 물었습니다. 그러자 친구는 옛날 직장 상사의 부탁을 어떻게 안 들어주냐면서 오히려 저에게 되묻더군요.

차클　듣기만 해도 답답하네요. 친구는 나중에 돈을 돌려받았나요?

김 당시 친구에게는 아내와 아이가 둘 있었습니다. 저는 몇천만 원이나 되는 돈으로 앞으로 너의 인생에서 무엇을 할 수 있을지 생각해보라고 말했어요. 아내가 모아둔 적금은 아이의 학업을 위해서 쓸 수도 있고, 가족 여행을 가는 데 쓸 수도 있고, 자기 사업을 시작하는 데 쓸 수도 있지 않겠어요? 그런데 단지 부탁을 거절하기 힘들다는 이유로 소중한 돈을, 심지어 자기 돈도 아닌 아내가 모아둔 돈을 날릴 위험에 내몰린 거라고 냉정하게 말해줬습니다.

차클 정말 남의 이야기 같지 않네요. 그래서 결말은 어떻게 됐나요?

김 제 조언에 정신을 차린 친구는 다음 날 새벽같이 옛 직장 상사를 찾아가서 자신이 돈을 무리하게 마련해 빌려준 사정을 이야기했다고 해요. 다행히 자신이 빌려줬던 돈을 선배로부터 다시 돌려받았다고 합니다.

차클 다행입니다. 하지만 상대방이 누구든 그 사람의 부탁을 거절하고 나면 사이가 나빠질 것 같다는 걱정을 하게 되는 게 사실이에요.

김 좋은 지적입니다. 마시멜로 테스트의 창안자 월터 미셸(Walter Mischel)이라는 심리학자가 정의한 거절 민감성(rejection sensitivity)이라는 심리학 용어가 있는데요. 남들에게 거절을 당했을 때 민감하게 반응하는 정도를 말해요. 우리 주변에는 거절 민감성이 높은 사람들이 상당히 많습니다. 이런 사람들은 스트레스 수준도 높아요. 대인관계에서 많은 어려움을 겪을 수 있습니다. 그런데 거절 민감성이 높은 사람들은 스스로 부탁을 받는 입장이 됐을 때도 쉽게 거절하지 못한다고 해요.

차클 거절당할 때 어떤 기분인지 너무 잘 알기 때문일까요?

김 네. 다른 사람으로부터 거절을 당했을 때 받는 상처를 누구보다 잘 알고 있기 때문이죠. 자신이 남들에게 '노'라고 말할 때 정작 상대는 아무런 상처를 받지 않을 수도 있잖아요. 하지만 이 사람은 상대도 자기와 같을 것이라고 생각하는 악순환에 빠지는 거예요.

차클 공감 능력이 높은 거라고 생각할 수도 있지 않을까요?

김 자기 자신을 전혀 생각하지 않는 것은 진정한 역지사지라고 할 수 없습니다. 다른 사람의 입장을 생각하려면 내 입장도 생각을 해야 돼요. 하지만 보통 거절을 잘하지 못하는 사람들은 자기 입장보다 상대방이 받을 상처만 생각하는 경향이 커요. 그러다 보면 다른 사람들도 이들을 배려하지 않게 되는 것이죠.

차클 사회생활을 하다 보면 혹시 남들에게 배려 없는 사람이라는 말을 들을까 봐 어쩔 수 없이 응하는 경우도 있는 것 같아요.

김 네. 많은 사람이 다른 사람의 부탁을 들어주지 않으면 남을 배려하지 않는 거라고 생각해요. 남들의 부탁을 들어주면 인간관계가 좋아질 거라고, 자신에게 좋은 결과로 돌아올 거라고 생각하죠. 또 자신이 좋은 사람으로 성장하는 거라고 착각하기도 해요. 하지만 사람들은 그런 여러분을 두고 호구라고 여길 겁니다. 오히려 자신이 할 수 있는 것과 할 수 없는 것을 확실히 구분해서, 거절의 의사를 분명히 밝히는 것이 현명한 선택이에요. 그러기 위해서는 평상시에도 분명히 '노'라고 말할 수 있는 연습이 필요합니다. 그래야만 상대방도 내가 '노'라고 거절할 때 정말 할 수 없는 일이라서 들어주지 못한다는 걸 알게 됩니다.

거절하면 나만 손해가 아닐까

"거절을 잘한다는 의미를 자신에게 조금 더 솔직해진다는 의미
로 받아들이면 좋겠어요. 거절은 자신이 할 수 있는 것과 할 수
없는 것을 확실히 상대방에게 전달하는 거예요. 내가 모르는 것
을 아는 척 넘어가면 상대방이 기대하는 수준에 못 미치는 결
과물을 내놓을 뿐만 아니라, 그 과정에서 자기 자신도 힘들어질
수밖에 없죠."

● ● ●

차클   상대방의 부탁을 거절하고 나면 왠지 그 사람과 사이가 멀어지는 것
같은 느낌이 들 때가 있습니다. 그런 두려움 때문에 거절을 못하는 것
같아요.

김   인간은 누구나 소외된다는 것에 대한 두려움을 갖고 있습니다. 미국
UCLA의 심리학과 나오미 아이젠버거(Naomi Eisenberger) 교수가 따돌
림을 당하는 사람의 뇌를 기능적 자기공명영상(fMRI)으로 분석해 이를
밝혀냈는데요. 실험 대상은 사이버볼(cyberball)이라는 실험 영상을 통
해 세 사람이 공을 주고받는 장면을 보게 됩니다. 실험 대상자는 영상
속 손을 마치 자신의 손인 것처럼 인식하고 실험에 참여하게 되죠. 그
러다 함께 공을 주고받던 두 사람이 실험 대상자만 빼놓고 자기들끼

리만 공을 주고받기 시작합니다. 이때 실험 대상자의 뇌에서 어떤 현상이 벌어지는지를 본 거예요.

차클 뇌에서는 어떤 변화가 있었나요?

김 배측전대상피질(Dorsal Anterior Cingulate Cortex, DACC)이라는 부위가 반응을 했다고 해요. 그런데 이 부위는 피부에 상처가 나거나 몸에서 어딘가가 부러졌을 때 반응하는 부위예요. 자신의 몸이 아픈 것도 아닌데, 몸이 아픈 것처럼 뇌에서 느끼는 겁니다. 더욱이 진짜로 소외당한 것도 아니고 실험에 참여했을 뿐인데도 말이죠.

차클 사람들에게 치이거나 외로울 때 소위 '상처 받았다'고 말하는 게 정말 과학적으로도 들어맞는 말이었군요?

김 네. 실제로 그렇다고 할 수 있죠. 그런데 이 실험 결과에 대해 오해해서는 안 됩니다. 사람들에게 소외당하지 않기 위해서 '앞으로는 거절하지 않을 거야'라고 생각하면 안 된다는 겁니다. 내가 거절한다고 해서 무조건 사회적으로 소외되는 것은 아니니까요. 누군가 나에게 부탁을 했을 때 솔직하게 자신의 의견을 전달하고, 정중하게 자신이 할 수 없다는 것을 말해야 한다는 걸 잊지 말아야 합니다.

차클　그런데 갈수록 다른 사람들을 신경 쓰지 않고 살기는 힘든 세상이에요. 심지어 요즘은 많은 사람이 악플에 시달리고, 그로 인해 극단적 선택을 하는 사람들도 늘어나고 있잖아요.

김　소설가 알랭 드 보통이 한 말이 그에 대한 좋은 대답이 될 것 같습니다. 생각보다 많은 사람이 남들을 의식하면서 살아간다고 해요. 하지만 저는 우리 주변의 10명 중 8명은 나에게 관심이 없거나 나를 싫어할 수 있다고 기본적으로 전제하는 것이 중요하다고 강조합니다. 내 주변의 10명이 모두 나를 좋아하거나 관심 있을 거라고 생각하면 삶이 굉장히 힘들고 피곤해질 거예요.

"다른 사람들이 어떻게 생각할까에 대해 편집증이 있는 사람들에게: 나를 사랑하는 사람은 극히 소수이고 단지 약간만 미워할 뿐이며 거의 대부분의 사람들은 나에 대해 별로 신경 쓰지 않는다는 점을 기억하라."

_알랭 드 보통

차클　자기를 싫어하는 사람들이 있다는 것을 알고도 그냥 넘어가는 게 말처럼 쉽지는 않잖아요?

김　만약 누군가 자기를 싫어하는 것을 알게 됐다고 칩시다. 그럼 그냥 그런 사람을 무시하거나 아니면 그 사람과 이야기를 나눠보는 식으로 어떤 선택을 할 수 있겠죠. 선택의 여지가 있다는 생각만 해도 우리 자신에게 여유를 줄 수 있습니다. 무엇보다 모든 사람이 나를 좋아하고 관심을 가질 거라는 생각에서 벗어나는 게 중요합니다.

차클 그러니 사람들이 나를 어떻게 생각할지에 너무 전전긍긍하지 말고 거절해야 할 땐 거절하라는 얘기인가요?

김 맞습니다. 거절을 잘한다는 의미를 자신에게 조금 더 솔직해진다는 의미로 받아들이면 좋겠어요. 거절은 자신이 할 수 있는 것과 할 수 없는 것을 확실히 상대방에게 전달하는 거예요. 내가 모르는 것을 아는 척하고 어물쩍 넘어가면 상대방이 기대하는 수준에 못 미치는 결과물을 내놓을 뿐만 아니라, 그 과정에서 자기 자신도 힘들어질 수밖에 없죠. 솔직히 이해가 안 되거나 모른다고 말하는 편이 서로에게 더 이득이 될 수 있다는 말입니다.

차클 그 말은 곧 상대방을 위한 거절이기도 하지만 자신을 위한 거절이기도 하다는 말인가요?

김 맞습니다. '노'라고 말하는 것에만 과도하게 초점을 두지 말고 거절이 자기 자신에게 솔직해지는 기회라고 생각하면 좋겠습니다. 현명한 거절이라고 표현할 수 있겠네요. 내가 거절했을 때와 거절하지 않았을 때, 나한테 올 수 있는 이득과 손실이 무엇인지를 따져보는 지혜가 필요합니다.

차클 말씀대로라면 거절을 잘하는 사람이 거절을 못하는 사람보다 더 현명한 삶을 산다는 것처럼 들립니다. 정말 그런가요?

김 정말 그런지 한번 살펴볼게요. 미국 펜실베이니아대학교 와튼스쿨 심리학과 교수인 애덤 그랜트는 인간을 세 가지 유형으로 나눠서 이야기합니다. 첫 번째, '기버(giver)'는 남에게 받는 것보다 더 많은 것을 주려는 사람이에요. 두 번째, '테이커(taker)'는 남에게 도움을 베푼 것보다 더 많은 것을 가져가려는 사람이죠. 마지막, '매처(matcher)'는 내가 받은 만큼만 주는 사람입니다.

차클 기브 앤 테이크를 잘해야 성공한다는 말이 떠오르네요.

김 네. 그랜트 교수는 직장에서 영업 실적이 높거나 출중한 결과를 내놓은 사람이 어떤 유형인지를 조사했어요. 그런데 가장 영업 실적을 많이 올린 유형은 바로 기버 유형이었습니다.

차클 기버라면 자신이 받은 것보다 많은 것을 준다는 것인데, 그렇게 내어주기만 하면 실적을 올리지 못하지 않을까요?

김 흥미로운 것은 가장 영업 실적이 나쁜 사람도 기버라는 겁니다.

차클 똑같은 기버인데, 무슨 차이가 있는 건가요?

김 기본적으로 기버 유형은 테이커 유형보다 다른 사람들에게 많은 것을 나눠주려고 합니다. 하위권에 있는 기버는 남에게 주는 것에는 관심이 있지만 자신의 이익에는 관심이 없습니다. 그래서 테이커에게도 계속해서 도움을 주지요. 하지만 가장 상위권에 있는 기버는 또 다른 기버나 매처들에게 잘해준 사람들이었어요. 이들은 테이커에게는 도움을 주지 않습니다. 상위권에 있는 기버는 남에게 도움을 주는 것에도 관심이 있지만 내 이익을 챙기는 것에도 굉장히 관심이 있다는 거예요.

차클 재미있네요. 많이 주는 사람들이 또 많이 챙기기도 한다니.

김 네. 건강한 관계란 상호 교환이 이뤄져야 합니다. 한 사람만 계속 부탁을 하고 다른 한 사람은 계속 들어주는 관계라면 절대로 건강한 관계라고 할 수 없습니다. 서로 주고받는 게 건강한 관계예요. 남들 입장만 지나치게 생각하는 것은 분명 문제입니다.

차클 서로 잘 주고받아야 건강한 관계가 된다는 말에 공감이 갑니다. 하지만 사회생활을 하다 보면 거절하지 못할 부탁들이 생기기 마련이잖아요. 그럴 땐 어떻게 해야 할까요?

김 맞아요. 회사를 다니는 분들은 크게 공감할 겁니다. 특히 싱글인 분들은 싱글이라는 이유로 다른 직장 동료들의 부탁을 받는 경우가 많죠. 제가 인터뷰를 했던 한 직장인은 토요일마다 근무가 있는 회사를 다니고 있었어요. 그런데 한 동료가 주말에 가족 모임이 있다면서, 주말 근무를 대신해달라고 부탁했다고 해요. 그렇게 한두 번 주말 근무를 대신해줬는데, 어느 순간 다른 동료들까지 그 싱글 직장인에게 당연히 부탁을 해도 되는 것처럼 생각하더라는 거예요. 주말 근무도 대신해주는 착하고 좋은 사람이라는 이미지를 씌우면서 말이죠.

차클 '호의가 계속 되면 권리가 된다'는 영화 속 대사가 떠오릅니다. 한 번 거절을 못하면 영원히 거절을 못하는 사람으로 낙인 찍히는 것이군요. 첫인상이 그만큼 중요한 것 같아요.

김 맞습니다. 그래서 레오나르도 다빈치도 "거절을 할 때는 나중에 하는 것보다 처음에 하는 것이 훨씬 쉽다"는 말을 했다고 해요. 거절과 관련된 또 다른 사례들을 소개할게요. 제가 소비자 상담 콜센터 직원들과 워크숍을 할 때 역할극을 한 적이 있습니다. 처음에는 제가 못된 손님 역할을 맡아서 반말을 하기도 하고, 무리한 부탁을 하기도 했어요. 심지어 마지막에는 욕설을 하기도 했죠. 그런데 그제야 그분들이 저의 행동에 대해 저지하더군요. 제가 부탁이나 반말을 할 때는 가만히 있다가 뒤늦게 거절 의사를 내비친 것이죠.

차클 회사에 소속된 직원이라는 신분 때문에 쉽게 거절하지 못할 수 있을 것 같아요.

김 물론 그렇습니다. 하지만 그렇더라도 소비자가 처음 반말을 할 때부터 불편하다는 것을 표현하고 거절할 필요가 있어요. 자신이 부당한 대우를 받고 있다는 데 대한 불편한 심경을 숨기다가 결국 뒤늦게 터뜨리고 만 것이죠. 그러면 서로 부작용이 생길 수밖에 없어요. 이럴 때는 처음부터 저지선을 만드는 게 더 낫습니다.

차클 저지선이라는 건 처음부터 나는 거절할 수 있는 사람이라는 것을 보여주란 의미인가요?

김 상대방이 나에게 부탁을 하는 상황에서 빨리 거절을 하는 것이 오히려 서로에게 도움이 될 수 있으니까요. 상대도 어차피 나를 설득할 수 없다면, 빨리 전화를 끊고 다른 일을 하는 데 시간을 쓰는 편이 낫겠죠. 나 역시 어서 거절을 해야 다른 일을 할 수 있고요. 저지선이라는 것은 거절을 해야 할 때 처음부터 단호하게 거절을 하라는 의미입니다.

차클 그런데 상대방이 무리하게, 그리고 간곡하게 계속 부탁을 하면 어떻게 해야 할까요?

김 도저히 거절하기 힘들겠다고 판단되면 한 발짝 물러서서 조금 더 알아보겠다는 식으로 대처하면 좋을 것 같아요. 다만 너무 많은 시간을 지체하지 말고 다시금 거절 의사를 밝혀야겠지요.

내가 진짜로 원하는 게 무엇인가

"누군가 내게 어떤 행동을 하거나, 어떤 요구를 했을 때 지금 내가 그 자리에서 어떤 느낌이 드는지, 지금 내가 정말 원하는 것이 무엇인지를 자신에게 물어야 한다는 말입니다. 그 사람의 부탁을 들어주는 것이 진짜 내가 원하는 건가? 이런 질문을 하는 게 굉장히 중요해요."

• • •

차클 앞서 거절은 빨리 할수록 좋다고 하셨는데, 막상 어떤 말로 거절해야 할지 떠오르지 않을 때가 많아요. 다짜고짜 거절을 하면 성의가 없어 보일 텐데 현명하게 거절하는 요령이 있을까요?

김 현명하게 거절을 하려면 자신에게 솔직해져야 한다고 했었죠. 가장 먼저 어떤 마음이 드는지 자기 자신을 솔직하게 들여다볼 수 있어야 합니다. 그리고 자신의 마음을 상대방에게 표현하는 것이죠. 그것이 진정한 커뮤니케이션입니다.

차클 그렇군요. 나 자신의 목소리를 듣는 게 무엇보다 중요하다는 것이죠? 그래도 상대와의 관계를 해치지 않으면서 좀 더 부드럽게 거절하는 스킬이 있지 않나요?

김　대중가요 속에 답이 있을 듯해요. 신해철의 노래 중 "니가 진짜로 원하는 게 뭐야"라는 가사, 들어보신 적 있나요? 굉장히 중요한 의미를 갖는 말입니다. 여러분이 거절을 좀 더 잘하고 싶다면 어떻게 거절할 것인지, 어떻게 '노'라고 말할 것인지 너무 신경 쓰지 마세요. 그보다 지금 내가 진짜로 원하는 게 무엇인지를 아는 게 더 중요합니다.

차클　정말 다른 사람을 신경 쓰지 않아도 될까요?

김　네. 거절을 하는 데 있어서 '단정적이고 확신에 찬(assertive)' 자세가 중요해요. 'assertive'라는 단어의 어원은 '그 자리에 있다'라는 의미라고 해요. 즉, 지금 누군가 내게 어떤 행동을 하거나, 어떤 요구를 했을 때 지금 내가 그 자리에서 어떤 느낌이 드는지, 지금 내가 정말 원하는 것이 무엇인지를 자신에게 물어야 한다는 말입니다. 그 사람의 부탁을 들어주는 것이 진짜 내가 원하는 건가? 아니면 거절하는 것이 진짜 내가 원하는 건가? 이런 질문을 하는 게 굉장히 중요해요.

차클　자신의 감정과 욕망에 대해 평소에 잘 알고 있어야겠군요?

김 그렇죠. 항상 다른 사람의 부탁이나 생각에 '예스'만 하고, 다른 사람의 눈치만 살피다 보면 정작 자신이 진짜로 원하는 게 무엇인지를 물었을 때 알 수가 없어요. 다른 사람의 부탁에 대해서는 굉장히 신경을 쓰면서 정작 자신이 진짜로 무엇을 원하는지에 대한 질문을 평소에 던져보지 않을 때가 많아요. 저는 "니가 진짜로 원하는 게 뭐야"라는 질문을 스스로에게 매일 던진다면 심리적으로 조금씩 더 성인이 되어갈 수 있다고 생각합니다.

차클 그럼 내가 원하는 대로 무조건 거절해도 되는 건가요? 만약 모든 사람이 그렇게 자기가 원하는 대로만 한다면 어떤 관계도 유지되기 힘들 것 같은데요.

김 여기서 꼭 알아둘 개념이 있습니다. 바로 경계(boundary)입니다. 이 경계는 단순히 사람과 사람 사이에 선을 긋는다는 의미가 아닙니다. 무엇을 받아들이고 무엇을 받아들이지 않을지에 대한 나만의 규칙이라고 설명할 수 있겠네요. 이 경계에 대한 기준은 사람마다 다를 수밖에 없겠죠. 어떤 사람은 경계가 좁을 수도 있고, 어떤 사람은 경계가 넓을 수도 있을 겁니다.

차클 알 듯 모를 듯하네요. 조금 더 설명을 부탁드립니다.

김 조금 전에, 거절을 못하는 이유가 자신이 진짜로 원하는 게 무엇인지 모르기 때문이라고 했었죠. 그 말은 곧, 나의 경계가 어디까지이고, 상대방의 경계가 어디까지인지를 평소에 생각하지 않았다는 것입니다. 경계에도 종류가 여러 가지입니다. 첫 번째는 물질적 경계예요. 예를 들면 돈을 빌려줄 수 있는 사이인지 아닌지를 따지는 것이죠. 스마트폰, 컴퓨터, 책상, 책 같은 물건을 빌려줄 수 있는 경계는 사람마다 달라요. 상대방이 가족인지, 친구인지, 동료인지, 처음 보는 사람인지 각각의 관계에 따라 모두 다를 수밖에 없죠. 다음으로 신체적 경계도 있습니다. 누군가를 만났는데 갑자기 나를 안아주려고 한다면 어떻겠어요? 그런 경우에도 그런 행동이 가능한 사람과 아닌 사람이 구분이 되잖아요. 사상이나 가치, 의견에 관한 정신적 경계도 마찬가지입니다. 마지막으로 감정적 경계는 사랑이나 연락처, 조언, 피드백을 주고받을 수 있는 관계와 그렇지 않은 관계로 나눌 수 있죠.

차클　평소에 자신의 경계를 잘 알고 있어야 거절해야 할 순간을 놓치지 않고 확실하게 자기 의사를 표현할 수 있겠군요?

김　네. 요즘 꼰대라는 말 많이 쓰잖아요. 꼰대들의 특징이 쓸데없는 것까지 지나치게 간섭하는 것이죠. 만약 자신의 경계가 어디까지인지를 알아두는 훈련을 많이 해두면 상대방이 자신에게 조언을 하려고 들 때 그 사람과 조언을 주고받을 수 있는 관계인지 아닌지를 판단할 수 있을 겁니다. 그런 관계가 아니라면 정중하게 거절해야겠죠. 그럼 좀 더 성숙한 인간관계로 발전할 수 있습니다. 여기서 성숙한 인간관계란, 마음속의 진실을 서로에게 묻고 답할 수 있는 관계를 말해요.

차클 성숙한 인간 관계가 자리 잡으려면 개인들의 노력 못지않게 공동체의 문화도 중요하지 않을까요?

김 그렇죠. 우리나라의 경우, 학연이나 지연 같은 공동체를 굉장히 중요시하는 분위기입니다. 그런데 정작 공동체 내에서 사람들 사이에 소통이 원활하게 이뤄지는 것 같진 않아요. 전통적인 소통 문화와도 관련이 있죠. 한 나라의 문화를 구분할 때 이른바 고맥락 사회와 저맥락 사회로 나누는데 우리나라는 그중 고맥락 사회에 속하기 때문입니다.

차클 고맥락 사회일 경우 사람들 간의 소통에 무슨 문제가 있나요?

김 고맥락 사회에서는 상대방에게 말을 할 때 명확하게 얘기하질 않는 특성이 있어요. 예를 들면 미국 같은 저맥락 사회에선 직접적인 표현을 해요. 예컨대 날씨가 더워서 땀이 나면 상대에게 창문을 열어도 되겠냐고 그냥 솔직하게 말하죠. 반면 고맥락 사회인 우리나라에선 에둘러서 날씨가 덥다고만 하면서 상대방이 눈치껏 자신의 말을 알아듣고 창문을 열어주길 바라고요.

차클 맞아요. 그렇게 상대방이 눈치껏 행동해주길 바라고, 만약 자신의 의도대로 되지 않을 경우 책임을 떠넘기기도 하잖아요.

김 네. 보통 고맥락 사회에서는 듣는 사람에게 소통의 책임이 있어요. 반면 저맥락 사회에서는 말을 하는 사람에게 소통의 책임이 있죠. 그러다 보니 미국에서는 한국 사회 특유의 눈치 문화에 주목한 연구 결과도 등장했어요. 물론 이런 눈치 문화가 긍정적으로 활용될 수도 있지만, 눈치가 없다며 소통의 책임을 떠넘기는 행동으로 나타나는 건 바람직하지 않다고 봅니다.

차클 눈치라는 게 참 어려운 것 같아요. 너무 눈치가 없어도 문제이지만 눈치를 과도하게 보는 것도 문제잖아요.

김 제 경우를 예로 들어볼게요. 처음에 말씀드렸듯이 과거에 저는 거절을 좀처럼 하지 않는 사람이었어요. 웬만하면 다른 사람의 부탁을 다 들어줬죠. 그런데 문제는 상대방이 부탁하지 않은 것까지 눈치껏 알아서 도와주곤 하다 보니 오히려 관계가 더 나빠질 수 있더라고요. 남의 부탁을 잘 들어주는 사람은 상대에게도 똑같은 행태를 기대하게 되거든요. 내가 굳이 부탁하지 않아도 옆에 있는 동료가 나를 눈치껏 도와줄 수 있을 것 같은데 돕지 않으면 섭섭한 거예요. 아무 잘못도 없는 동료를 원망하고 속으로 욕까지 할 수 있는 상황이 되는 거죠.

차클 아까 말씀하신 경계라는 의미를 고려하면, 상대방의 의사와 상관없이 '눈치껏' 도움을 주는 것은 오히려 무례한 것 아닌가요?

김 맞아요. 거절에 관한 연구를 하면서 저와 같은 유형의 사람들이 오히려 폭력적일 수 있다는 생각을 하게 됐어요.

차클 들으면 들을수록 참 어려운 문제네요. 나도 남도 더 잘 알아야 현명하게 대처할 수 있을 것 같아요.

김 맞습니다. 그럼 거절을 못하는 사람에 대해 좀 더 알아볼까요? 두 가지 유형이 있습니다. 한쪽은 소심해서 거절을 못하는 수동적인 사람이죠. 다른 한쪽은 자신은 거절을 잘한다고 생각하는 사람이에요. 그래서 이런 사람들은 불필요하게 사람한테 상처를 주거나 공격적으로 거절을 하죠. 하지만, 사실은 이런 사람들도 거절을 잘하지 못하는 사람에 속해요.

차클 유형별로 조금 더 자세하게 설명을 부탁드립니다.

김 평소 대화할 때 다른 사람의 말을 신경 써서 듣는 정도, 그리고 자신이 무엇을 원하는지를 잘 알고 표현하는 정도를 살펴보면 쉽게 구분이 됩니다. 남의 의견에는 굉장히 신경 쓰면서 자기 의견을 잘 표현하지 않거나 심지어 아예 모르는 사람들이 수동적인 유형입니다. 반면 남의 의견은 듣지 않으면서 자기 의견만 말하는 사람은 공격형으로 구분합니다. 그런데 흥미롭게도 공격형과 수동형에 공통점이 있다는 것을 발견했습니다.

차클 어떤 공통점인가요?

김 공격형과 수동형 둘 다 스타일이 각기 다를 뿐 거절을 못해요. 그리고 둘 다 방어적 기질을 갖고 있었습니다. 수동형의 사람들은 소심한 A형을 떠올리면 되니까 그러려니 합니다. 공격형의 사람들도 마찬가지예요. 혹시 '개는 짖지만 사자는 짖지 않는다'라는 말을 알고 있나요? 사자는 두려운 것이 없기 때문에 짖을 필요가 없습니다. 반면, 개가 공격적으로 짖는 것은 두려운 심리를 감추기 위한 것이죠.

차클 자신감이 없어서 오히려 공격적인 행동을 취한다는 말이군요?

김 네. 함께 일하다 보면 불필요하게 윽박지르거나, 굉장히 공격적으로 나오는 사람들이 있잖아요. 그들은 자기와 다른 의견을 접할 때 어떻게 대처해야 하는지 몰라서 그냥 주변 사람들에게 공격적으로 행동했던 것이죠. 그게 습관이 된 거예요. 수동형인 사람과 마찬가지로 굉장히 방어적이죠. 마음속에 상처가 있다고 볼 수 있어요.

차클 두 유형 모두 바람직해 보이지 않네요.

김 그렇죠. 자신이 무엇을 원하는지 알고, 상대방이 무슨 이야기를 하는지 잘 듣는 유형이 돼야 합니다. 자신의 의견도 명확하게 이야기하면서 다른 사람의 의견도 물을 수 있는 사람이오. '나는 이렇게 생각하는데 혹시 당신은 어떻게 생각해?'라고 말이죠.

차클 주변을 보면 무조건 참는 성격의 사람들이 상당히 많은 것 같아요. 그런데 속으로 참고 참다가 더 이상 못 참게 되면 결국 눈물을 흘리거나 폭발하는 경우가 있더라고요. 이런 유형 역시 자기 의견이나 감정을 제대로 표현하지 못하는 거죠?

김 속으로 삭이기만 하면 스스로를 괴롭게 만들 뿐입니다. 자신의 의견을 잘 표현할 수 있는 방법에 대해 많은 고민을 해볼 필요가 있습니다.

차클 무조건 참는다고 좋은 관계를 유지할 수 있는 것도 아니겠네요.

김 네. 부모님에게 어떤 부탁을 받았다고 가정해보세요. 그럴 경우 부모님이 자신을 동등한 성인으로서 대하고 있는지, 내 이야기를 들을 준비가 됐는지, 아니면 어린 시절의 아이를 대하듯 나를 대하고 있는지를 살펴보세요. 상대가 부모가 아니라 친구나 직장 상사여도 마찬가지예요. 상대방과 내가 모두의 필요를 존중하고 서로 들을 준비가 돼 있는지, 혹시 둘 중 한 사람이 나이가 더 많거나 지위가 높다는 등의 이유로 권위를 내세우며 강요를 하고 있진 않은지 등을 따져서 건강한 관계를 유지하려 노력해야 합니다.

네 번째 질문 — 똑똑하게 거절하는 방법은 무엇인가

"거절은 결국 상호 관계에서 이루어지는 것입니다. 거절을 하기 힘들어하는 사람은 거절당하는 것도 힘들어하죠. 그러니 상대 방에게 거절을 할 때나 자신이 거절을 당할 때 절대로 흥분해서는 안 됩니다. 그것을 절대로 잊지 마세요."

• • •

차클 잘 모르는 사람의 부탁은 쉽게 거절해도 아는 사람의 부탁은 쉽게 거절하지 못하는 것 같아요. 자칫 사이가 멀어질까 두려워서요. 혹시 뭔가를 거절했다가 가까운 사람을 잃게 되거나 멀어지는 일을 직접 겪은 적 없었나요?

김 거절에 관한 강연을 하다 보면, 비슷한 질문들을 많이 듣습니다. 상대 방과 관계가 전혀 나빠지지 않고 전혀 피해를 주지도 않으면서 거절하는 방법이 있냐고요. 단언컨대, 그런 방법은 없습니다. 거절을 하게 되면 반드시 누구나 어느 정도는 감수해야 하는 부분이 있습니다. 다만, 무엇이 자신의 인생에서 더 소중한지를 각자 판단해야 해요.

차클 어떤 거절이든 잃는 것이 있다고 생각하라는 말이군요?

김 네. 그렇습니다. 상대방에게 부탁을 받았을 때 흔쾌히 받아들이고 자신도 잃는 것이 없다면 서로에게 정말 좋은 결말입니다. 하지만 반드시 거절해야 하는 순간은 찾아오기 마련이거든요. 그럴 때는 이렇게 말해보셔도 좋을 듯해요. "죄송하지만, 제가 지금은 그 일을 할 수가 없습니다"라거나 "제가 그 방식으로는 안 될 것 같은데, 혹시 다른 방식으로 도움을 드리면 안 될까요?"라고요. 거절한 건 맞지만, 협상의 여지를 약간 남기는 대답을 한다면 관계에 미치는 상처를 조금은 줄일 수 있을 겁니다.

차클 좋은 방법인 것 같아요. 상대방의 기분을 덜 상하게 하면서 나 역시 생각할 시간을 가질 수도 있으니까요.

김 맞습니다. 이 요령을 손동작과 함께 기억하면 좋을 듯합니다. 이른바 '비폭력의 두 손'이라는 건데요. 앞으로 거절할 일을 맞닥뜨릴 때면 마음속으로 두 손을 앞으로 뻗는 동작을 상상해보세요. 이때 중요한 건 한 손은 바닥이 하늘을 향하게 앞으로 뻗고, 나머지 한 손은 손바닥이 상대방을 향하게 앞으로 뻗는 겁니다. 우선 손바닥이 하늘을 향하게 뻗은 손은 연대를 의미합니다. '당신과 잘 지내고 싶어요. 하지만 저와 잘 지내기 위해서는 한 가지 도와주실 것이 있습니다'라는 의미예요. 반면 손바닥이 상대방을 향하도록 뻗은 손은 경계를 의미해요. 'STOP! 저에게 그렇게 말하지 말아주세요'라는 뜻이죠. 이 손동작과 의미를 기억하고 있다가 누군가 자신에게 무리한 부탁을 할 때 떠올리면 거절을 하는 데 많은 도움이 될 겁니다.

차클 도움이 되긴 할 것 같네요. 그런데 나 혼자의 문제가 아니라 내가 부탁을 거절할 경우 가족과 회사가 어려움에 처하게 된다면 어떻게 해야 할까요? 이런 경우는 나 스스로를 들여다보는 것과는 차원이 다른 대처법이 필요하지 않을까요?

김 제가 컨설팅 회사의 대표로 일하고 있을 때 그런 일이 있었습니다. 가끔 고객사의 임원들이 자식의 채용 문제를 청탁할 때가 있어요. 그러면 정말 거절하기 힘들거든요. 저뿐만 아니라 회사의 돈줄이 달려 있는 문제니까요.

차클 그럴 땐 어떻게 대처하셨나요?

김 앞서 설명해드린 거절의 원칙에 충실하게 대처했습니다. 만약 제가 청탁을 받아주기 시작하면 조직의 규칙이 무너지고 조직 운영에 큰 문제가 발생할 수밖에 없어요. 그래서 경계를 설정해야겠다고 결심했습니다. 일단 경계를 정하고 나니 거절할 수 있는 이유가 분명해졌죠. 직원을 뽑는 일은 제가 할 수 있는 일이 아니거든요. 매니저나 임원들이 최종 권한을 가지고 있죠. 결국 제가 할 수 있는 일은 매니저나 임원들 앞에서 인터뷰를 볼 수 있도록 주선을 해드리는 정도라고 고객사의 임원에게 말했습니다. 그리고 결과에 대해서는 제가 장담할 수 없는 점을 이해해달라고 설명했고요.

차클 그렇게 침착하게 원칙대로 대응하셨다니 역시 거절의 전문가답네요. 하지만 보통 사람들은 평정심을 유지하기가 정말 힘들 것 같아요. 게다가 상대방이 끈질기게 물고 늘어진다면 나도 모르게 언성이 높아질 것 같고요.

김 네. 하지만 다른 방법은 없습니다. 만약 방금 말한 예시에서 상대방이 포기하지 않고 계속 채용 청탁을 해온다면 조금 더 솔직하게 말해야 할 겁니다. 조직을 이끌고 있는 사람이 그 조직의 룰을 어기기 시작하면 사람들이 그를 따르지 않겠죠. 만약 그렇게 된다면 회사가 엉망이 될 테고 결과적으로 고객사에도 피해가 갈 겁니다. 그런 상황을 알려 주면 좋을 것 같아요. 상대방의 부탁을 들어주지 않았을 때 단기적으로 회사가 손해를 입을 수도 있을 겁니다. 하지만, 잠깐의 손해를 막기 위해 조직의 룰을 어긴다면, 장기적으로 회사에 더 큰 어려움이 닥칠 수 있습니다.

차클 상대방에게 거절의 이유를 차분하게 잘 설명하는 것이 정말 중요하겠 군요.

김 거듭 말하지만, 거절은 결국 상호 관계에서 이루어지는 것입니다. 거절을 하기 힘들어하는 사람은 거절당하는 것도 힘들어하죠. 그러니 상대방에게 거절을 할 때나 자신이 거절을 당할 때 절대로 흥분해서는 안 됩니다. 그것을 절대로 잊지 마세요. 상대방이 흥분하더라도 자신이 원하는 것이 무엇인지 정확히 알고 차분히 대화를 이끌어가는 것이 중요해요. 또한 거절당할 땐 마음의 상처를 덜 받는 훈련도 필요합니다.

차클 거절을 당하고도 상처 받지 않는 훈련이라고요?

김 네. 거절을 받았을 때 덤덤해지는 연습이 필요해요. 저는 거절의 근육을 키우는 과정이라고 말합니다. 영화배우 로버트 드니로가 2015년 뉴욕예술대 졸업식에서 한 축사를 보면 거절의 근육을 키우는 것이 왜 중요한지를 잘 알 수 있습니다.

"졸업생 여러분 해냈군요. 그리고 완전히 망했어요. … 이 자랑스러운 졸업식 날, 여러분에게 또 다른 문이 열립니다. 평생에 걸친 '거절'의 문입니다. 누구도 피해갈 수 없어요. … 그 '거절의 문'은 앞으로 오디션을 볼 때, 면접을 볼 때 경험하게 될 겁니다. 프로젝트의 후원자를 찾을 때마다 그 문이 나타날 거예요. 거절은 아프게 다가올 겁니다. 하지만 그런 거절은 여러분 탓이 아닙니다."

_로버트 드니로, 뉴욕예술대학교 졸업식 축사 중에서

차클 설사 거절당해도 그게 자신 탓이 아니라는 말이 굉장히 힘이 되네요.

김 이 축사는 대학에서 영화나 연극을 전공한 학생들 앞에서 한 것이었어요. 거절이 삶의 한 부분이라는 당연한 진실을 알려주는 명연설이죠. 누군가에게 10번 부탁을 했을 때 8~9번은 거절당하는 것을 당연하게 생각하는 것이야말로 거절의 근육을 키우는 데 굉장히 중요한 마음가짐입니다. 애플리케이션이나 프로그램을 만들다 보면 기본으로 정하는 디폴트라는 값이 있어요. 거절에 대한 생각도 그렇게 디폴트 값으로 정해보자는 겁니다.

차클 누구나 거절을 당할 수 있으니, 나 자신도 거절을 당할 수 있다는 생각을 기본으로 설정하라고요?

김 네. 맞아요. 다른 사람이 내 부탁을 어떻게 모두 들어줄 수 있겠어요. 그러니 다른 사람들이 내게 거절하는 것을 기본이라고 생각하며 살아간다면, 마음의 상처를 조금 덜 받을 수 있겠죠. 그럼 다른 기회를 찾는 과정으로 굉장히 자연스럽게 넘어갈 수 있어요. 하지만 반대로 상대방이 나의 부탁을 거절할 것이 두려워 부탁이나 제안을 하지 못한다면 삶의 기회가 점점 줄어들 겁니다. 한 번 요청했다가 거절을 당하면 쉽게 상처 받고 포기하고 말테니까요.

차클 그렇겠네요. 거절을 당연하게 받아들이면 또다시 도전할 용기가 생길 것 같아요.

김 물론 이미 거절한 사람에게 계속 끈질기게 부탁하는 건 다소 폭력적으로 비쳐질 수 있습니다. 하지만, 상대방에게 한 번 제안을 했다가 거절을 당했다고 해서 좌절하지 말고, 당연한 일로 받아들이고 미련 없이 새로운 도전을 하는 자세가 중요합니다. 거절을 예외적인 일로 생각하지 말고 거절을 기본이라고 생각해야 삶에서 굉장히 많은 기회가 생길 수 있어요.

차클 거절에 대한 두려움을 극복해야 한다는 말에 공감이 많이 되네요. 실제로 거절의 근육을 키운 사람들의 사례를 알려주실 수 있을까요?

김 거절에 대한 두려움을 극복하기 위해 기상천외한 프로젝트를 실행한 사람을 소개할게요. 지아 지앙(Jia Jiang)이라는 중국인이에요. 그는 빌 게이츠의 연설을 듣고서 굉장히 감명을 받았다고 해요. 미국으로 건너가서 벤처 사업가가 되기로 마음먹었죠. 미국에서 컴퓨터공학도 전공하고 MBA도 수료하고 좋은 직장에도 들어갔어요. 그러다 하루는 자신이 미국에 건너온 이유가 퇴색된 것 같은 느낌을 받았다고 해요. 그래서 아내에게 6개월만 자신이 원하는 새로운 시도를 해보고 싶다고 말했어요. 그렇게 다니던 직장을 그만두고 비즈니스 제안서를 준비해 투자자를 찾아갔는데 이내 실패를 겪게 됩니다. 4개월째 되는 날, 아내는 아직 2개월이 남았으니 뭐라도 해보라고 독려했어요. 새로운 도전을 위해 자료를 찾던 지아 지앙은 문득 자신이 거절에 대해 상처를 많이 받는 사람이라는 것을 깨닫습니다. 그리고 거절에 대한 두려움을 극복하기 위해 거절 테라피라는 것을 시도하게 됩니다.

차클 거절 테라피라니 구체적으로 어떤 건가요?

김 지아 지앙은 하루에 한 번씩 거절을 당하는 100일짜리 프로젝트를 시작했어요. 정말 누구도 들어주지 않을 일들을 다른 사람에게 부탁해서 거절을 당하기로 한 것이죠. 바로 거절의 근육을 키우는 훈련이었습니다. 예를 들어 햄버거 가게에서 점원에게 햄버거를 리필해줄 수 있는지를 물어보기도 했고요. 또 마트에 가서는 직원에게 창고를 둘러보게 허락해줄 수 있는지를 물어보기도 했어요. 이 프로젝트가 흥미로운 것은 바로 거절을 당해야 성공이라는 것입니다.

차클 그럼 지아 지앙은 계속 거절만 당했나요?

김 아니요. 지아 지앙의 트위터 프로필을 보면 도넛으로 만든 오륜기 같은 사진이 걸려 있습니다. 놀랍게도 그가 한 도넛 가게에서 점원에게 도넛으로 오륜기를 만들어달라고 부탁을 했을 때 점원이 만들어준 것이라고 해요. 이렇게 수많은 거절 끝에 자신의 부탁을 들어준 사람이 나타난다면 그 기쁨이 얼마나 클지 상상해보세요. 심지어 그 점원은 돈도 받지 않을 테니 그냥 가져가라고 했다고 합니다. 오히려 점원 스스로 즐거웠다며 감사 인사를 남겼다고 해요.

차클 수없이 반복되는 거절 끝에 상대방으로부터 긍정의 대답을 들었을 때 찾아오는 기쁨이 얼마나 클까요. 특히 영업사원들이라면 충분히 공감할 거예요. 물건을 팔기 위해 몇 시간이고 설득하고 며칠이고 다시 찾아가 결국 성공했을 때 앞서 겪었던 수많은 거절의 순간도 모두 밑거름이 되는 듯한 느낌이겠죠. 이처럼 한 번 성공하게 되면 다음부터는 거절을 당하는 게 별로 두렵지 않을 거예요. 바로 이런 과정이 거절의 근육을 키우는 거란 말씀이죠?

김 맞습니다. 잘 이해하셨네요.

부당한 힘에 어떻게 맞설 것인가

"잔인한 일들을 행하면서도 자신의 책임이 아니라는 이유만으로 문제점을 제기하지 않게 되는 것. 이것이야말로 권위에 복종하는 인간의 나약함이자 잔인함을 잘 보여주는 사례라고 생각합니다."

• • •

차클　그런데 개인적인 부탁을 거절하는 것도 힘들지만 조직 내 권력과 권위에 맞서는 건 훨씬 더 어렵다고 생각됩니다.

김　맞습니다. 개인보다는 조직을 중시하는 분위기가 만연한 우리나라 같은 사회에서는 특히 더 힘들죠. 직장에 다니는 분들이라면 워크숍이라는 이름으로 얼마나 엉뚱한 스트레스를 주는지 잘 알 겁니다. 회사의 대표가 등산을 좋아하기 때문에 전 사원이 등산을 가야 하는 일이 얼마나 비일비재한가요. 심지어 몇 년 전 한 중소기업에서는 크리스마스이브에 지리산 등반을 강행하는 일도 있었다고 해요. 그 스케줄도 정말 살인적인데요. 전날 오후 6시까지 근무하고 저녁 7시에 지리산으로 출발해 새벽 2시에 도착하고서 새벽 4시까지 대기를 했다가 새벽

등반을 한 거예요. 그렇게 등반을 하던 중에 한 직원이 몇 시간 만에 사망을 한 일도 있습니다.

차클 너무 끔찍한 일이네요. 상사 지시를 거절하지 못한 결과 과로사까지 하게 되다니요.

김 회사는 직원들에게 선택의 여지가 있었다고 하지만, 정말 그럴까요? 무언의 강압적인 분위기가 없었다면 직원들이 회사에서 실시하는 산행에 따라나서지 않겠죠. 다른 날도 아니고 크리스마스이브잖아요. 회사가 직원들의 정신 무장을 강화한다는 이유로 가족이나 친구들과 보내는 시간을 빼앗는 것, 너무 폭력적인 일이죠. 그런데 여전히 우리 주변에서 이런 일들이 너무나 당연시되고 있어요. 주말 등반 대회, 여름 해병대 훈련 같은 것들이죠. 심지어 한 은행에서는 신입 직원들에게 100킬로미터 행군을 지시한 뒤 여성 직원들의 생리를 늦추기 위해 피임약을 제공하기도 했다고 해요.

차클 믿을 수가 없네요. 어떻게 직원들의 신체까지 통제할 생각을 하죠? 저 정도 상황이면 거부 의사를 밝혔어야 하는 것 아닐까요.

김 권력과 복종의 상관관계에 관한 실험을 한 사회심리학자 스탠리 밀그램(Stanley Milgram)의 연구를 살펴보면 왜 저런 일이 벌어졌는지 이해할 수 있게 될 거예요. 밀그램은 실험 대상자에게 눈에 보이지 않는 상대에게 전기 충격을 가할 수 있는 권한을 준 뒤 그가 과연 얼마나 큰 고통을 주는지 살펴보는 실험을 실시했습니다.

차클 실험 방식이 으스스한데요?

김 좀 그렇죠? 우선 실험 대상자에게 건너편 방에 학생이 있다는 것을 알려주고 그 학생에게 낼 퀴즈 문제를 건네줍니다. 그런데 학생이 오답을 낼 때마다 그 학생에게 전기 충격을 주는 스위치를 사용할 수 있는 권한을 실험 대상자에게 주는 거죠. 감독자는 실험 대상자에게 15볼트씩 순차적으로 올려서 최대한 450볼트까지 올릴 수 있다고 알려줍니다.

차클 설마 실제로 누군가에게 전기 충격을 주는 상황은 아닌 것이죠? 실험 대상자에게 거짓말을 한 거죠?

김 맞아요. 감독자는 자신이 책임을 질 테니 전기 스위치를 올려도 괜찮다며 실험 대상자를 안심시키고 계속 실험을 진행했습니다. 학생은 연극을 한 것이고요. 이게 바로 실험의 목적이었어요. 실험 감독자가 자신의 권위를 보여줄 때 과연 실험 대상자가 순순히 전기 스위치를 올릴 것인가를 살펴보는 것이죠.

차클 실험 대상자들이 정말 순순히 감독자의 지시에 따랐나요?

김 실험을 진행하기 전에 실시한 설문조사에서 정신과 의사들은 1퍼센트 정도의 사람만이 전기 스위치를 450볼트까지 올릴 것이라고 답했어요. 그런데 실제 실험에서는 실험 대상자 중 무려 65퍼센트가 450볼트까지 스위치를 올렸다고 해요. 이 실험 결과는 상당히 의미가 있습니다. 처음에 제대로 거절을 하지 못하고 권위에 복종을 하게 되면 관성이 생겨서 계속 따르게 된다는 것이죠.

차클 정말 끔찍한 결과네요. 권위에 복종하는 인간의 나약함도 엿볼 수 있지만, 동시에 그런 이유로 타인을 고통에 빠질 수 있게 만드는 인간의 잔인함도 드러내는 실험이군요.

김 맞습니다. 밀그램은 독일 나치 치하에서 잔인하게 사람들을 고문하고도 아무렇지 않게 살아가는 사람들의 심리를 연구하기 위해 이런 실험을 고안했습니다. 그런데 실험을 마치고 나서 밀그램은 그러한 인간의 잔인함을 드러내는 사례를 비단 독일에서만 찾을 필요는 없겠다는 말을 했어요. 실험을 통해 모든 인간에게는 권위에 복종하는 심리적 특성이 있다는 것을 알게 된 것이죠.

차클 맞는 말인 것 같아요. 우리 주변에서도 권력에 복종하는 사례는 심심치 않게 볼 수 있잖아요.

김 네. 맞습니다. 권위에 복종한 개인이 부당한 대우를 받는 것을 주변에서 방치하는 일들도 어디서나 일어날 수 있습니다. 대표적인 것이 2015년에 있었던 인분 교수 사건이에요. 한 교수가 제자 세 명과 함께 다른 제자 한 명에게 왕따를 시키고 가혹 행위까지 했다고 해요. 3년에 걸쳐 지속적으로 폭행을 일삼았는데, 심지어 30차례에 걸쳐 소변을 먹이거나 10여 차례에 걸쳐 대변을 먹이는 행위도 있었다고 합니다.

차클 그런데 교수의 잘못된 행위를 옆에서 지켜본 다른 제자들이 가만히 있었다는 거네요?

김 네. 해당 사건을 저지른 교수는 당연히 나쁜 사람이죠. 그렇다면 그런 나쁜 폭력 행위에 눈을 감고 함께 동조한 나머지 제자들은 왜 그랬을까요? 저는 이러한 행동들이 바로 권위에 대한 복종이라고 생각합니다. 자신의 책임이 아니라고 생각하는 거예요. 폭력에 가담한 학생들의 입장에서는 자신의 의지가 아니라 교수가 시켜서 한 일이니 자신의 책임이 아니라는 생각을 하는 거예요. 그런 이유로 문제점을 제기하지 않게 되는 것. 이것이야말로 권위에 복종하는 인간의 나약함이자 잔인함을 잘 보여주는 사례라고 생각합니다.

차클 교수의 부당한 지시에 따르는 제자들도 이해할 수 없지만 그런 폭력을 3년이나 참고 당한 제자의 심리는 어떤 걸까요?

김　많은 사람이 침묵하고 계속해서 권위에 복종하는 이유는 학습된 무기력 때문에 그렇습니다. 심리학자 마틴 셀리그먼(Martin Seligman)이 학습된 무기력에 대한 유명한 실험을 했죠. 강아지에게 전기 충격을 주는 실험인데, 두 가지 조건으로 나눠서 실시했습니다. 한쪽 강아지에게는 스위치를 누르면 전기 충격을 멈추게 하고, 다른 한쪽 강아지에게는 스위치를 눌러도 전기 충격이 멈추지 않게 조건을 달리 설정했습니다. 전자의 강아지는 자신이 행동하면 상황이 바뀌는 것을 인지하게 됐을 것이고, 후자의 강아지는 자신이 행동해도 바뀌는 것이 없다는 것을 인지했겠죠. 그러자 후자의 강아지는 스위치를 눌러 상황을 바꾸려는 시도를 더 이상 하지 않았다고 해요. 어차피 어떤 시도를 해도 바뀌는 것이 없다는 것을 학습한 결과입니다. 이런 실험 속 강아지처럼 우리도 누군가의 폭력이나 부당한 행위를 거절할 수 없다는 무력감을 학습해 자신의 선택을 포기하고 살아가고 있는 것은 아닌지 생각해봐야 합니다.

차클　안타깝네요. 얼마나 많은 사람이 그런 학습된 무기력에 노출돼 피해를 겪고 있는 걸까요?

김　통계를 하나 살펴보도록 하죠. 2017년 인권위원회에서 최근 1년 동안 직장에서 괴롭힘을 당한 적이 있는지를 묻는 설문조사를 했어요. 그런데 직장인 4명 중 3명(73퍼센트)이 괴롭힘을 당했다고 답했어요. 또 3명 중 2명(66.9퍼센트)이 괴롭힘 때문에 이직을 고민한 적이 있다고 답했죠. 2명 중 1명(46.5퍼센트)은 한 달에 한 번 괴롭힘을 당한 적이 있다고 답했습니다.

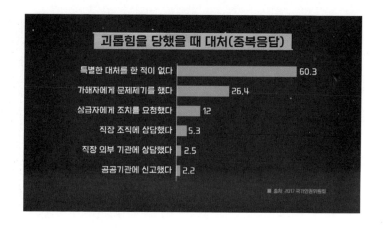

차클　직장 내 괴롭힘을 당한 사람들이 그렇게나 많군요.

김　심각한 문제는 특별한 대처를 단 한 번도 안 했다는 사람이 60퍼센트나 된다는 겁니다. 이것이 바로 학습된 무기력이에요. 자기가 해봐야 달라지는 것이 없다고 생각하는 거죠. 하지만 그나마 희망적인 것은 자신을 괴롭힌 사람에게 문제 제기를 한 적이 있다는 답변이 26퍼센트, 직장 내 고충처리기구 또는 상급자에 조치를 취해달라고 요청한 적이 있다는 답변이 12퍼센트였다는 겁니다. 수치가 비록 높지는 않지만, 그래도 조금씩 권위에 대한 복종을 거부하는 움직임이 있었다는 것이죠.

차클　피해자가 대처에 나설 경우 가해자에게는 어떤 변화가 있었나요?

김　아무 일도 일어나지 않았다는 답변이 54퍼센트나 됩니다. 절반 이상의 가해자에게 어떤 조치도 취해지지 않은 거예요. 하지만 저는 다른 수치들에도 주목을 하고 싶습니다. 개인적 사과(39.3퍼센트), 공식적 사과(8.9퍼센트), 징계로 인한 근무지 이동(8.4퍼센트), 자발적 부서 또는 근

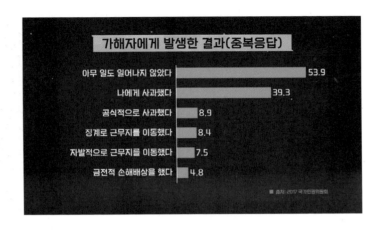

가해자에게 발생한 결과(중복응답)

아무 일도 일어나지 않았다	53.9
나에게 사과했다	39.3
공식적으로 사과했다	8.9
징계로 근무지를 이동했다	8.4
자발적으로 근무지를 이동했다	7.5
금전적 손해배상을 했다	4.8

■ 출처: 2017 국가인권위원회

무지 이동(7.5퍼센트), 금전적 손해 배상(4.8퍼센트)을 모두 합하면 69퍼센트죠. 이 말은 곧, 상대방의 부당한 행위 또는 부탁에 침묵하지 않고 문제 제기를 하고, 자신을 괴롭히는 사람을 대하는 방식을 바꾸면 변화가 생길 수 있다는 것을 의미합니다. 앞서 얘기한 스탠리 밀그램의 전기 충격 실험에서도 65퍼센트는 권위에 복종을 했지만, 그래도 나머지 35퍼센트는 권위에 복종하지 않았습니다. 어느 순간 권위자의 지시에 따라 자신이 행동할 수 없다는 것을 피력한 것이죠. 지금 부당한 권위 앞에 선 우리에게도 그런 자세가 필요합니다.

차클 공동체나 팀으로 움직이는 조직에서는 굉장히 어려운 일일 것 같아요. 하지만 그 속에서도 누군가 자기 목소리를 내기 시작하면 조금씩 바뀌어가겠죠?

김 맞습니다. 누군가가 자신의 옆에 서서 연대를 하거나 뜻을 같이하며 행동한다는 것을 알게 됐을 때 사람들은 거절의 의사를 명확하게 밝힐 수 있어요. 그만큼 리더의 역할이 중요합니다. 자신의 의견을 명확히 밝힘으로써 다른 사람들의 참여를 이끌어낼 수 있는 거죠.

차클 이제야 말씀해주신 현명한 거절과 건강한 관계, 연대와 경계가 어떤 의미인지 알게 됐습니다.

김 다행입니다. 영화 〈1987〉을 보면서 제가 느낀 점을 마지막으로 말씀 드리고 싶네요. 87학번인 저는 당시에 데모도 하지 않았고, 권력의 부당함에 대해 어떤 거절 의사도 표현하지 않았습니다. 그래서 영화를 보는 내내 마음이 무거웠어요. 그런데 30년이 지나 우리나라에서 가장 의미 있는 역사적 장면을 또다시 목격하게 됐습니다. 바로 촛불혁명이었죠. 정말 많은 국민이 연대해서 권력에 문제 제기를 한 사건이라고 생각해요. 비민주적인 것에 대해 민주적으로, 평화적으로 거절의 의사를 밝힌 극적인 사건이라고 생각합니다. 시민 한 사람 한 사람이 부당한 것을 목격했을 때, 이대로는 안 되겠다고 자신의 의사를 밝히는 게 그만큼 중요한 겁니다. 심리학자 수전 캠벨은 "똑바로 사는 것보다 솔직하게 사는 것"이 중요하다고 했습니다. 불편하면 불편하다고, 싫으면 싫다고, 좋으면 좋다고 솔직하게 말하며 사는 것이 굉장히 중요해요. 누구나 자신에게 거짓말을 하지 않는 삶, 자신을 위해 거절할 수 있는 삶을 살았으면 좋겠습니다.

세상을 바꾸는 소통, PR

이종혁

비상식적인 세상에 상식적인 사회적 가치를 전파하는 작은 외침 라우드(LOUD) 프로젝트를 통해 세상을 바꾸는 질문을 던지고 있는 공공 소통 전문가. 광운대학교 미디어커뮤니케이션학부 교수.

프로파간다란 무엇인가

"유럽이 식민지를 개척해나가는 과정에서 종교도 함께 전 세계로 뻗어나갔습니다. 프로파간다라는 단어 역시 확산되기 시작했죠. 지금 우리가 알고 있는 정치적이고 선동적인 의미보다 종교적이고 선한 의미로 쓰였습니다."

• • •

차클　세상을 바꾸고자 질문을 던지는 '공공 소통 전문가'라는 소개가 눈에 띕니다. 공공 소통이라는 분야가 어떤 것인지부터 소개해주시죠.

이　저는 비상식이 일반화된 세상에서 우리 개개인부터 상식적인 생각, 상식적인 행동, 상식적인 실천을 해나가자는 메시지를 전달하고 있습니다. 특히 저의 전공 분야인 PR을 통한 캠페인을 전개해왔습니다. 그런 활동 중 하나가 바로 라우드(LOUD) 프로젝트입니다.

차클　라우드 프로젝트의 대표적인 활동으로는 무엇이 있나요?

이　빨간원 프로젝트를 소개할게요. 최근에 불법 촬영 범죄가 너무 많아졌죠. 사회적으로 불법 촬영에 대한 문제의식을 제고할 수 있는 방법이 없을까 고민하다가 시작한 캠페인인데요. 스마트폰 렌즈 부분에 빨

간원 스티커를 붙여서 시민들에게 불법 촬영에 대한 경각심을 알리는 활동입니다. 경기남부경찰청에서 제안을 받아주셔서 캠페인이 전개될 수 있었습니다.

차클 캠페인의 성과가 있었나요?

이 캠페인 초기 불과 한두 달 만에 10만 명에 이르는 인원이 동참해주셨답니다. 그 덕분에 기대 이상의 성과가 나서 지금까지 3년 동안 계속 이어지고 있습니다. 경기도의 한 대학에서는 이 캠페인의 영향을 받아 빨간원 거리를 조성하기도 했더군요.

차클 빨간원 캠페인 얘기를 들으니 공공 소통이 뭔지 감이 잡힐 듯도 합니다.

이 네. 원래 제 전공은 PR(Public Relations)인데요. 흔히 PR을 홍보라고 생각하는데 정확히 말하면 공중관계란 뜻입니다. 그 의미를 풀어서 설명하면, 기업이나 단체, 정부 등이 공중과의 상호 이해와 협력 관계를 목표로 실시하는 설득 커뮤니케이션 활동이라고 할 수 있어요.

차클 PR이라고 하면 광고를 떠올리는 분도 많을 것 같은데 그보다 범위가 상당히 넓은 개념이군요?

이 네. 많은 분이 혼동하시는데 광고는 PR과 프로파간다 전술의 주요한 수단입니다.

차클 프로파간다는 주로 정치적인 선전·선동을 뜻하는 말 아닌가요?

이 그렇다고 할 수 있습니다. 부연 설명을 하자면, 프로파간다는 내 목적을 위해 사실 여부와 상관없이 소통을 꾀하는 것이라 할 수 있어요. 주로 정치적 목적으로 활용되는 수단이죠. 반면 PR은 사실에 기반해 공중과 최대한 호의적인 관계를 만들어내는 활동을 말합니다. 마케팅 PR의 좋은 사례가 있습니다. 탐스라는 신발 회사에서는 고객이 신발한 켤레를 사면 자신들이 신발 한 켤레를 기부하는 캠페인을 진행했어요. 즉, PR은 주로 공공의 가치를 강조해 기업의 본질과 이미지 사이의 차이를 줄여주는 역할을 합니다.

차클 결국 프로파간다나 PR이나 모두 사람들을 설득해 좋은 관계를 맺으려는 활동이라고 이해하면 되겠군요?

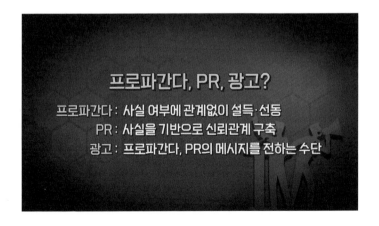

프로파간다, PR, 광고?
프로파간다 : 사실 여부에 관계없이 설득·선동
PR : 사실을 기반으로 신뢰관계 구축
광고 : 프로파간다, PR의 메시지를 전하는 수단

이 맞습니다. 주로 소비자와의 관계만을 꾀한다면 광고만으로 끝날 수도 있을 겁니다. 하지만 어떤 기업이나 조직 또는 정부가 누군가를 설득하기 위한 활동을 펼친다면 이해관계자의 범위가 굉장히 넓어지겠죠.

차클 좀 헷갈리네요. 어쨌든 프로파간다, PR, 광고 세 가지 모두 대중을 대상으로 특정 목적을 설득하는 소통 방식인 거죠?

이 네. 사실 과거에는 프로파간다, 광고, PR을 명확하게 구분하지 않았어요. 용어들이 혼재돼 쓰였습니다. 그런데 시간이 흐르면서 정치적 선전·선동으로 인류에 큰 피해를 입힌 히틀러와 괴벨스 같은 사람이 등장한 반면, 다른 한쪽에서는 선한 메시지를 통해 사회를 좋은 방향으로 변화시키는 다양한 캠페인이 펼쳐졌죠. 대중을 설득하는 활동을 구분해서 바라봐야 할 필요성이 생긴 겁니다.

차클 히틀러와 괴벨스 얘기를 들으니 프로파간다와 PR을 분리해서 봐야한다는 말이 확 와닿네요.

이 맞습니다. 먼저 프로파간다라는 개념과 용어가 쓰이기 시작한 분야부터 살펴볼까요. 프로파간다는 원래 가톨릭에서 유래한 말로, 라틴어 프로파고(propágo)에서 온 단어입니다. 선교 활동을 위한 기구의 이름에도 쓰였어요. 1599년 교황 클레멘스 8세가 포교를 위한 기구를 만들었는데 그 기구가 1622년에 교황 그레고리오 15세에 의해 포교성성(布敎聖省, Sacra Congregatio de Propaganda Fide)이라고 재명명됐죠. 이때 프로파간다라는 용어가 등장합니다.

차클 포교 활동을 위한 기구 명칭에 쓰인 용어라고요? 정치적 의미가 짙은 지금과는 달랐네요.

이 네. 당시 유럽이 식민지를 개척해나가는 과정에서 종교도 함께 전 세계로 뻗어나갔습니다. 프로파간다라는 단어 역시 확산되기 시작했죠. 지금 우리가 알고 있는 정치적이고 선동적인 의미보다는 종교적이고 선한 의미로 쓰였습니다. 물론 당시에 종교가 식민지를 개척하기 위한 정당성을 부여하는 수단으로 쓰이긴 했지만, 그 본질적인 메시지만큼은 선했다고 봅니다.

차클   종교적 수단으로서의 프로파간다가 어떻게 지금과 같은 용도로 전환 됐나요?

이   1800년대로 넘어오면서 상업화되는 과정을 거치게 됩니다. 혹시 '바 넘 효과'라는 말을 들어보셨는지 모르겠습니다. 프로파간다 활동을 상 업적인 수단으로 활용하는 데 선구자 역할을 한 사람이 바로 피니어 스 테일러 바넘(Phineas Taylor Barnum)이에요.

차클   바넘이라면 미국의 쇼비즈니스를 개척한 사람 아닌가요? 영화 〈위대 한 쇼맨〉으로 잘 알려져 있잖아요.

이   네, 맞아요. 그런데 '바넘 효과'라고 하면 누구에게나 해당되는 보편적

인 성격이나 심리적 특성을 자신만의 특성으로 여기는 경향을 의미합니다. 성격 검사나 점성술 등에 사람들이 혹하는 걸 생각하면 이해가 될 거예요. 아무튼 자신의 이름을 딴 '바넘 효과'라는 개념이 제시될 정도로 바넘은 PR 업계에서 아주 중요한 인물입니다. 그래서 저는 이 사람을 상업적 프로파간다의 시대를 연 인물로 평가합니다.

차클　흥미롭네요. 바넘에 대해 좀 더 알려주시죠.

이　1871년에 미국에서 시작된 '지상 최대의 쇼'라는 서커스가 바로 바넘이 만든 쇼비즈니스 작품이에요. 이 서커스는 미국 특허국 역사상 가장 오랫동안 사용 중인 상표라고 하죠. 그리고 오늘날 상업적으로 많이 활용되고 있는 노이즈 마케팅이나 크라우드 펀딩 등과 유사한 상업 활동들의 원조라고도 할 수 있답니다.

차클　'지상 최대의 쇼'에는 어떤 특별한 콘텐츠가 있었길래 장기간 인기를 끌었나요?

이　그는 독특한 사람들을 '지상 최대의 쇼' 서커스 단원으로 모아 사람들의 이목을 집중시켰죠. 그중 조이스 헤스라는 여성이 있습니다. 바넘은 그녀가 미국의 초대 대통령인 조지 워싱턴의 간호사였을 뿐만 아니라 나이가 무려 161세에 이른다고 선전했죠. 지금 들으면 정말 황당한 이야기이지만 바넘은 그런 전략으로 대중의 관심을 집중시켜 서커스를 성공적으로 이끌었습니다. 참고로 조이스 헤스의 실제 나이는 대략 80세였다고 해요.

차클　대중의 호기심을 자극하는 거짓 상품을 판 것인데, 그건 범죄 행위 아닌가요?

이　그렇습니다. 프로파간다가 사실 여부와 상관없이 사람들을 선동하는

활동이라는 점을 기억하세요. 바넘이 그러한 상업적 개념의 프로파간
다 시대를 연 것입니다.

차클 그가 거짓 선동을 한 건 밝혀졌겠죠?

이 네. 얼마 후 그의 말들이 거짓인 게 들통이 났어요. 그로 인해 서커스를
찾는 손님이 뚝 끊겼죠. 그런데 지금부터 바넘의 행동을 주목해야 합
니다. 서커스 단원의 신분이 가짜였다는 것이 밝혀지고 나자 그는 언
론에 자진 투고를 했어요. 조이스 헤스라는 여성이 사실은 인조 인간
이었다는 내용으로요.

차클 정말 황당하네요. 거짓이 드러나자 더 큰 거짓으로 사람들을 현혹한
거네요.

이 프로파간다나 PR의 관점에서 보면 바넘이 오늘날 우리가 말하는 노
이즈 마케팅을 한 것이라고 볼 수 있습니다. 물론 그에 대해 긍정적 평
가를 하려는 건 아니에요. 프로파간다를 활용해 어떻게 사람들을 속이
고 이득을 취하는지를 바넘의 사례를 통해 이해하기 위한 거죠.

차클 그렇다면 바넘이 프로파간다를 활용해 사람들을 현혹한 또 다른 사례
도 있나요?

이 바넘은 언론 플레이에 눈을 뜨고서 "좋은 일이든 나쁜 일이든 무조건
많은 이슈를 만들어서 유명해지는 것이 더 중요하다"고 밝혔어요. 그
리고 자신의 철학에 따라 많은 쇼비즈니스 활동을 이어갔습니다. 스웨
덴 출신 오페라 가수 제니 린드의 투어와 관련된 이야기도 흥미로운
데요. 이 가수의 투어 공연을 앞두고 그는 기자 26명을 동원했습니다.
그리고 기자들에게 그녀의 자선 사업을 알려 사람들의 이목을 집중시
켰죠. 또 그녀가 미국에 도착하는 시간을 일부러 흘려서 4만여 명의

환영 인파를 모으기도 했어요.

차클 정말 언론 플레이에 재능이 있는 사람이었군요.

이 네. 그렇습니다. 심지어 그는 자신이 죽기 전에 부고 기사를 스스로 써 놓을 정도였다고 해요. 요즘 말로 하면 언론 홍보를 굉장히 잘 활용했던 사람입니다.

차클 오늘날 언론 홍보에 몸을 담고 있는 사람들이라면 케이스 스터디를 하면 좋을 만한 인물이겠어요.

이 그렇습니다. 바넘은 누군가 유명해지고 나면 대중은 그가 했던 일보다 그 자신을 기억한다고 말했어요. 그런 생각을 가진 사람들이 요즘 우리 주변에 많은 것 같지 않나요? 다양한 소셜 미디어를 활용해 인지도를 높이려는 사람들이 점점 더 늘어나고 있죠.

차클 그렇네요. 바넘의 뛰어난 재능을 어떻게 평가할지에 대해선 의견이 갈릴 것 같긴 합니다.

이 바넘에 대해선 양면적 평가가 있습니다. 특히 바넘이 말년에는 자기의 영향력을 발휘해 긍정적인 활동도 많이 했거든요. 1863년 노예 해방을 이끌어낸 핵심 인물로 알려져 있고요. 미국 수정헌법 13조, 즉 노예 해방 선언이 채택되는 데도 많은 도움을 줬다고 합니다.

어떻게 진실로 믿게 만드는가

"버네이스가 이런 말을 했다고 해요. '대중들이 스스로 선택했다고 믿게 해야 그 선택이 오래간다.' 그의 생각을 잘 읽을 수 있는 한마디죠."

• • •

차클 PR이라는 용어도 바넘이 만든 것인가요?

이 아닙니다. PR에 대해 이야기하려면 또 한 명의 중요한 인물을 알아야 합니다. PR의 시대를 연 사람은 바로 에드워드 버네이스(Edward Bernays)입니다. 흥미롭게도 바넘이 사망한 1891년에 버네이스가 태어났어요.

차클 바통을 넘겨받을 운명이었군요.

이 물론 우연이긴 합니다. 그런데 바넘이 사망한 해에 태어난 것뿐만 아니라 버네이스는 특이한 가문 이력을 갖고 있습니다. 버네이스의 삼촌이 유명한 정신분석학자 지그문트 프로이트예요.

차클 놀랍군요. PR을 잘하려면 사람들의 마음을 잘 읽어야 할 텐데, 버네이

지그문트 프로이트(좌)의 조카인 에드워드 버네이스(우)는 현대 PR의 아버지로 불린다.

스가 프로이트의 영향을 좀 받았을까요?

이 당연히 영향을 많이 받았을 겁니다. 버네이스가 어떤 활동을 했는지 살펴보면서 차차 알아보도록 하죠. 그는 1919년 뉴욕에서 최초로 자신을 PR 고문이라는 역할로 소개하며 활동했습니다. 사실상 PR 에이전시(대행사)에 해당하는 역할을 전문가 영역으로 처음 소개한 사람이라고 평가할 수 있습니다.

차클 프로파간다와 구분된 PR이라는 용어를 사용한 거네요?

이 맞습니다. 그는 프로파간다라는 용어를 거부했어요. 제1차 세계대전을 겪으면서 국가가 프로파간다, 즉 선전·선동 활동을 활용해 참전 여론을 조성하는 것을 보면서 회의를 느꼈기 때문이죠. 그래서 기존의 프로파간다와 달리 공공성(public)을 강조하는 PR이라는 용어를 본격적으로 쓰기 시작했어요. 그래서 에드워드 버네이스를 현대 PR의 아버지라고 부릅니다.

차클　버네이스가 당시 펼쳤던 PR의 사례를 소개해주시죠.

이　1920년에 베니다 헤어넷이라는 업체가 버네이스에게 PR을 의뢰했습니다. 이 업체는 여성들이 사용하는 머리망을 제조하는 업체였는데요. 당시 여성들 사이에서 단발머리가 유행을 하자 매출이 떨어지기 시작했습니다. 그래서 버네이스에게 머리망 시장을 회복시킬 수 있는 방안을 의뢰한 것이죠.

차클　여성들이 머리를 기르지 않는데, 머리망을 많이 팔 수 있는 방법이라… 어떤 방법을 썼을지 궁금하네요

이　버네이스가 프로파간다와는 달리 공익성을 강조한다고 말씀드렸었죠. 그것이 힌트가 될 수 있습니다. 머리망을 중장기적으로 많이 소비하는 집단을 찾던 중 1911년 뉴욕의 한 의류 공장에서 큰 화재가 일어납니다. 200여 명이 사망했는데 미국에서 9·11 테러 이전에 일어난 최악의 참사라고 할 정도였죠.

차클　의류 공장의 화재와 머리망이 어떤 관계가 있는 건가요?

이   당시 화재 사건으로 인해 미국 사회에서는 안전에 대한 이슈가 굉장히 부각됐습니다. 그러자 버네이스는 공장의 여성 노동자들이 머리를 풀어헤친 상태로 일할 경우 화재에 취약할 수 있다는 점을 부각시켜야겠다고 생각했죠. 그래서 공장에서 일할 때 여성들이 머리망을 의무적으로 착용하도록 하자는 캠페인을 벌였습니다. 이 같은 캠페인이 공장에서 여성들의 머리망 착용을 의무화하는 법 제정으로도 이어졌습니다. 이것이 바로 에드워드 버네이스식의 PR입니다.

차클   머리망을 미용이 아닌 안전 이슈로 연결시켜 공공성을 강조했네요.

이   바로 그렇습니다. 사회적 이슈에 편승시킨 것이죠. 다르게 생각하면 사회 분위기를 새롭게 바꾼다고도 볼 수 있습니다.

차클   버네이스만의 힘으로 당시 사회 분위기가 바뀐 건 아니겠죠?

이   물론 그가 혼자서 이루어낸 것은 아닙니다. 하지만, 사회적 이슈를 제기하고 대중의 관심을 끌어낸 공은 인정해야 합니다. 그 결과 정치인들을 움직여 입법을 통해 제도를 개선하는 역할까지 한 것이니까요. 버네이스는 이러한 PR의 개념을 동의의 공학(The Engineering of Consent)이라고 했습니다. PR이 상대방의 동의를 얻는 전략 또는 공감을 창출해내는 소통이라는 것을 몸소 보여준 것이죠. 머리망을 많이 팔기 위한 목적에서 출발했지만, 사회 안전에 대한 이슈를 부각시킴으로써 공공의 의제로 만들었으니 책임성이 강한 PR 활동을 한 것이라고 평가할 수 있습니다.

차클   버네이스의 성공 사례를 듣는 것만으로도 PR의 역사를 훑는 것 같아 흥미롭네요. 또 다른 PR 사례가 있나요?

이   1929년에 미국의 담배 회사인 아메리칸 토바코가 담배를 많이 팔리게 해달라는 의뢰를 합니다. 담배를 홍보하고 담배 시장을 확대할 수 있는 여건을 만들어달라는 부탁이었죠. 오늘날의 시각으로 보면 흡연을 장려하는 PR 활동은 부정적일 수밖에 없지만 당시는 건강에 미치는 악영향에 관심이 덜했죠.

차클 그렇군요. 예전에 우리나라에서도 드라마나 영화 속 배우들이 멋있게 담배를 피우는 장면을 많이 보여줬잖아요. 그런 식의 PPL이 등장하면 흡연이 멋있다는 인상을 심어줄 것 같아요.

이 좋은 접근법입니다. 하지만 당시는 PPL이라는 제품배치 간접광고가 본격화되기 전이었으니 조금 다른 방식을 떠올려보시죠.

차클 혹시 담배 피우는 모습을 긍정적으로 연출했나요?

이 거의 비슷합니다. 버네이스는 1929년 부활절에 영향력이 큰 사교계의 여성들이 뉴욕의 거리를 활보하는 모습을 연출했습니다. 한 손에

버네이스는 여성이 길거리에서 담배를 피우면 안 된다는 금기를 깸으로써 여권 신장이라는 새로운 어젠다를 제시했다.

담배를 쥐게 했죠. 이를 통해 담배가 여성들을 위한 자유의 횃불이라
는 상징적 이미지를 심어줬습니다. 흡연과 여권 신장이라는 사회적인
어젠다를 연결시킨 것입니다.

차클 그럼 1929년 이전엔 여성이 길거리에서 담배를 피우는 것이 금기시
됐나요?

이 담배를 피울 수는 있었지만, 공개된 장소에서 피워도 되는 사회적 분
위기까지는 형성돼 있지 않았던 것이죠. 지금 관점으론 이해가 잘 가
지 않죠? 하지만 여성이 보스턴 마라톤 대회에 참가한 것도 그리 오래
되지 않았어요. 1967년에 캐서린 스위처라는 여성 마라토너가 처음
으로 보스턴 마라톤에 참가한 적이 있습니다. 그러자 마라톤에 참가한
다른 남성들이 경기 도중에 그녀를 끌어내기도 했죠.

차클 정말 상상하기 어려운 이야기네요. 그리고 불과 50년 전의 일이라는
것이 더 놀랍습니다. 그럼 여성이 공공장소에서 담배를 피우는 연출을
통해 이후 어떤 변화가 생겼나요?

이 당시 〈뉴욕타임스〉 1면에 여성이 담배를 피우는 사진이 실릴 정도로
사회적 주목을 받았습니다. 그리고 나서 얼마 후에 뉴욕의 극장 같은
공공장소에 여성을 위한 흡연실이 생겼죠. 이로써 미국의 담배 시장은
남성만을 위한 시장에서 여성을 위한 시장까지 확장된 것입니다. 담배
회사들이 이전까지는 절반의 시장만을 대상으로 판촉 활동을 했던 것
이라면, 이렇게 여성들을 공략할 수 있게 됨으로써 나머지 절반의 시
장까지 확보하게 된 겁니다.

차클 하지만 결과적으로 당시에 담배 시장을 확대한 PR은 사회에 악영향
을 끼친 것 아닐까요?

이   맞습니다. 오늘날은 금연 홍보를 하는 시대니까요. 말씀드린 것처럼 당시엔 담배의 폐해를 지금처럼 잘 알지 못했죠. 버네이스도 말년에는 자신이 담배 홍보를 전개했던 사실에 대해 책임감을 느꼈다고 해요. 하지만 그가 담배 판매 확대라는 상업적 목적과 여성의 권위 신장이라는 공공성의 어젠다를 연결시킨 건 동의의 공학인 PR의 매력을 잘 보여주는 사례라고 할 수 있습니다.

차클   PR을 잘하려면 사회적 이슈들에 대해 많은 관심을 갖고 있어야 할 것 같아요.

이   네. 그런 관점에서 버네이스가 전개한 또 다른 PR의 사례를 살펴보도록 하죠. 한 베이컨 회사가 버네이스에게 판매 신장을 위해 PR을 의뢰했어요. 버네이스는 미국의 의사 4500여 명에게 설문 조사를 실시해 미국인의 아침 식사에 단백질이 부족하다는 의견을 이끌어냈어요. 이 같은 의사들의 의견을 바탕으로 아침 식사를 든든하게 먹는 것이 좋다는 메시지를 전면에 내세웠습니다.

차클   미국에선 원래 베이컨을 많이 먹는 게 아니었어요?

이   아메리칸 브렉퍼스트, 즉 미국식 아침 식사의 상징처럼 여겨지는 베이컨 두 장, 달걀 두 개의 이미지를 버네이스가 만들었다고 해도 과언이 아닙니다. 이렇게 미국식 조찬(American Breakfast)이라는 새로운 라이프 스타일을 만들어내자, 1920년대 이후 지난 100년간 베이컨의 소비가 지속적으로 이루어졌죠. 지금도 미국을 비롯한 세계 여러 나라의 호텔에서 베이컨이 포함된 아침 식사를 제공하는 건 버네이스가 전개한 PR의 영향인 셈입니다.

차클   설문 조사에 응했던 의사들이 베이컨 두 장과 달걀 두 개 같은 식단을 구체적으로 제시했었나요?

이 버네이스가 실시한 설문 조사가 지금처럼 체계적인 것은 아니었어요. 칼로리를 계산하고 영양가를 철저히 분석하기보다는 아침 식사로 단백질이 풍부한 식단이 좋을 것 같으냐는 식의 질문을 한 게 전부였어요. 단순히 '예스' 또는 '노'를 묻는 질문을 통해 PR의 메시지를 도출해 낸 것이죠. 이와 관련해 버네이스는 이런 말을 했다고 해요. "대중들이 스스로 선택했다고 믿게 해야 그 선택이 오래간다." 베이컨 두 장과 달걀 두 개를 소비자가 스스로 선택했다고 믿게 만든 겁니다.

차클 소비자 입장에서는 조금 기분이 상할 수 있지만, 결과적으로 버네이스의 말이 맞는 것 같아요. 우리 모두 필요하다고 믿는 것을 소비하며 살아가니까요.

이 네. 그런 것이 바로 PR이죠. 광고의 경우 직접적으로 상품의 효용을 알리는 반면, PR은 자연스럽게 소비자들 스스로 그 물건이 필요하다고 믿게 만드는 역할을 하죠.

차클 최근에 유튜브나 소셜 미디어를 통해서 인플루언서들이 상품 홍보를 많이 하는데 버네이스가 얘기한 원리를 활용하는 것 같아요.

이 그렇습니다. PR에 대해 부정적인 평가를 할 때 스핀닥터(Spin Doctor)란 개념을 많이 이야기해요. 스핀닥터란 사실을 교묘히 비틀어 왜곡하는 홍보 기술자를 의미하는데요. 여러분이 잘 알고 있는 사례를 소개해볼게요. 사실이지만 진실이 아닌 것, 즉 사실을 정확히 알리지 않아서 제품 판매로 이어지게 만든 경우입니다.

차클 그 사례가 뭔지 너무 궁금하네요.

이 많은 분이 치아 건강에 관심을 갖고 있을 겁니다. 그래서 충치 예방에 좋다는 껌을 씹기도 하죠. 그런데 과연 그 껌을 얼마나 씹어야 충치 예방이 되는지 알고 계신가요?

차클 아뇨. 그냥 식후나 양치 후에 한두 개를 씹으면 된다는 정도로만 생각했어요.

이 그렇죠. 대부분 그러실 겁니다. 그런데 2008년 미국 치과의사협회에서 발표한 자료에 따르면 자일리톨 성분을 적어도 하루에 10.3그램 정도 씹어야 충치 예방에 효과가 있다고 합니다. 대략 계산해보면 적어도 한두 통 정도는 씹어야 한다고 해요.

차클 한두 통을 씹어야 효과가 있다고 정확히 알렸으면 그 껌을 그렇게 많이 사진 않았을 것 같네요.

이 그렇죠. 자일리톨에 충치 예방 효과가 있는 건 사실이지만 한두 통을 씹어야 한다는 것은 무리입니다. 결과적으로는 특정한 정보가 매우 제한적으로 교묘하게 활용된 겁니다.

차클 거짓말이라고 할 수는 없지만 배신감이 느껴지는데요?

이 제가 이 사례를 알려드리는 이유는 PR의 기법이 이렇게 쓰일 수도 있다는 것을 알려드리기 위한 목적 때문입니다. 이런 방식을 악용해선 안 되겠죠.

왜 그들의 전략에 휩쓸리는가

"누군가의 의도나 전략에 휩쓸리고 있는 것은 아닌지 질문하는 거예요. 또 자신이 가진 영향력을 어떻게 발휘해야 할지 고민하는 자세도 필요하죠. 지속적으로 그런 질문을 던지지 않으면 어느 누구도 누군가의 의도된 유혹으로부터 자유롭지 못하다고 생각해요."

● ● ●

차클 프로파간다처럼 PR을 정치적으로 악용한 사례들도 많이 있나요?

이 네. 버네이스와 동시대를 살면서 그가 저술한 책을 가장 열심히 탐독하고 그의 기법을 적극적으로 활용한 사람이 있습니다. 바로 요제프 괴벨스(Joseph Goebbels)입니다. 히틀러의 최측근으로 선전 장관이기도 했죠.

차클 히틀러의 마케팅 팀장 같은 역할을 한 사람이군요.

이 그렇습니다. 괴벨스는 버네이스의 책을 교과서 삼아 나치의 프로파간다를 전개했습니다. 대표적인 악용 사례죠. 그런데 버네이스는 유대계이다 보니 자신이 썼던 PR 기법이 나치에 의해 악용된 것을 나중에 알고 충격을 받았다는 일화도 있어요. 최악의 독재자 히틀러가 연설한

히틀러와 나치당은 철저히 계산된 우상화 전략으로 대중을 선동한 프로파간다의 대표적 사례다.

단상도 프로파간다의 대표적인 사례입니다.

차클 저런 단상에서 연설을 한다면 누구라도 압도되는 느낌을 받을 것 같아요.

이 일종의 우상화 기법을 활용한 것입니다. 히틀러가 연설할 때에는 무대의 조명, 디자인까지도 의도적으로 연출했습니다. 해가 질 무렵에 해를 등지고 서서 사람들이 히틀러를 바라볼 때 눈이 부시도록 만들었다고도 해요. 일종의 신비주의 전략을 유도한 것입니다. 사진을 찍을 때에도 밑에서 위로 올려다보는 각도로 찍었고요. 그러면 사람들이 히틀러를 우러러보는 듯한 느낌을 받을 수 있겠죠.

차클 나치가 집권할 당시 괴벨스가 영화도 굉장히 많이 만들었다고 들었습니다.

이 맞습니다. 1930년대 나치 정권을 선전하고 히틀러를 우상화하면서 괴벨스는 영화나 TV, 라디오 같은 미디어를 적극적으로 활용했습니다. 역대 어느 정권보다도 강력한 프로파간다를 전개한 정권이 바로 히틀러 정권이었습니다.

차클 대표적인 작품이 무엇인가요?

이 독일의 다큐멘터리 감독인 레니 리펜슈탈(Leni Riefenstahl)의 〈의지의 승리〉라는 영화가 있습니다. 독일 뉘른베르크 나치 전당대회를 기록한 영화예요. 영화는 히틀러가 탄 비행기가 하늘을 나는 장면으로 시작됩니다. 당시로서는 새로운 기법인 항공 촬영을 활용하기도 했어요. 비행기가 착륙할 때쯤 활주로 주변으로 수많은 관중이 등장하죠. 그때 비행기에서 히틀러가 내립니다. 이어서 열광적인 환호 속에서 카퍼레이드 행렬이 이어지고요. 그러는 사이 카메라는 히틀러의 뒤를 계속 따르죠. 이때 히틀러를 맞이하는 천진난만한 아이들의 모습도 등장하지만 모두 연출된 장면이에요. 히틀러를 우상화하기 위해 철저히 계산된 연출입니다. 선전 영화의 교과서라고 불리는 작품이에요.

영화 〈의지의 승리〉 중 한 장면

차클	잘 만든 선전 영화인 건 맞는데 나치의 만행을 다 알고 있는 우리로선 결코 좋게 볼 수가 없네요. 하지만 히틀러가 누구인지 잘 모르는 당시 사람들로선 히틀러에 대해 신격화된 인상을 받았을 듯해요.
이	정확히 보셨습니다. 영화가 시작되면 하늘에서 누군가 내려오고 땅에서 사람들이 그를 반기죠. 이러한 연출이 히틀러의 사진에도 굉장히 많이 등장해요. 우상화를 하는 데 있어서 하늘은 굉장히 중요한 요소 중 하나였습니다. 하늘에서 내려오는 신적인 존재로 우상화하기 위한 연출이었죠.
차클	실제로 당시 독일인들이 나치의 우상화 전략에 넘어가기도 한 걸 보면 그 유효성이 입증된 것 아닌가요?
이	그렇습니다. 괴벨스가 사용한 또 다른 전략은 라디오를 활용한 것이었어요. 국가 보조금을 지원해 독일 가정에 라디오를 적극 보급하고 음악과 코미디를 정교하게 편성한 뒤 그 사이사이에 나치 사상을 전파했습니다. 이러한 괴벨스의 방식을 두고 제2차 세계대전의 역사가 제임스 홀란드는 '반복, 또 반복'이었다고 말합니다.
차클	'반복, 또 반복'하는 우상화 전략이 지금도 쓰이고 있는 것 같아요. 특히 소셜 미디어 광고를 보면 처음에는 대수롭지 않게 넘기지만 지속적으로 노출되면 어느 순간 그 물건을 사게 되잖아요. 가짜 뉴스도 마찬가지고요. 처음에는 헛소리로 여기다가도 계속 노출되면 근거가 있는 게 아닌지 솔깃하게 되거든요.
이	그것이 바로 미디어가 발전할수록 우리가 마주하게 되는 위험 요소들이라고 볼 수 있죠. 버네이스도 "우리는 스스로 자유의지에 따라 행동한다고 생각하지만 실은 거대한 권력을 행사하는 독재자의 지배를 받

는다"고 했어요.

차클 괴벨스가 했다고 해도 이상하게 들리지 않았을 말이네요.

이 대중이나 개인이 한 번쯤 스스로를 되돌아보게 만드는 말이죠. 이런 말을 들으면 그냥 세상이 원래 그런 것이라고 넘기는 사람들이 많잖아요. 하지만 오히려 그런 말을 들었을 때 우리가 해야 할 일은 스스로 누군가의 의도나 전략에 휩쓸리고 있는 것은 아닌지 질문하는 거예요. 또 자신이 가진 영향력을 어떻게 발휘해야 할지 고민하는 자세도 필요하죠. 지속적으로 그런 질문을 던지지 않으면 어느 누구도 누군가의 의도된 유혹으로부터 자유롭지 못하다고 생각해요.

차클 공감 가는 말씀입니다. 독일이 아닌 다른 나라의 사례도 있나요?

이 미국은 1920년대와 1930년대를 지나면서 버네이스가 PR 산업을 태동시키는 과정에 있었는데요. 괴벨스가 나치 정권에 대한 선전과 선동으로 사람들을 현혹시키는 것을 본 뒤 미국에선 여론이 어떻게 조종당할 수 있는지를 가르치려는 목적으로 1937년에 선전분석연구소가 만들어집니다.

차클 가짜 뉴스를 팩트 체크하는 것과 비슷한가요?

이 매우 비슷합니다. 당시 선전분석연구소에서는 7가지의 선전 기법을 제시했어요. 그중 하나인 밴드왜건(Bandwagon)을 소개해드리도록 하겠습니다. 밴드왜건은 우리말로 바꾸면 편승 효과라고 할 수 있어요. 물건이 없어서 못 판다는 것을 널리 알리는 방법이죠. 즉, 타인의 선택을 보고 따라서 선택하는 사람들의 심리를 건드리는 기법이에요.

차클 광고나 홈쇼핑에서 매진 임박 같은 메시지를 줄기차게 내보내는 것과 유사하군요?

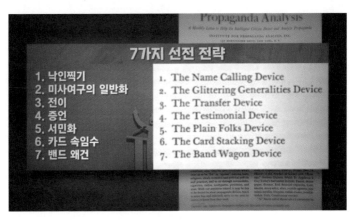

미국 선전분석연구소가 내놓은 7가지 선전 전략

이 맞아요. 판매자 입장에서 소비자의 마음을 조급하게 만들어서 물건을 사게끔 만드는 기법이라고 보면 됩니다. 예를 들면 서점에서 베스트셀러 코너를 만들어놓는 것도 밴드왜건의 한 방식이에요. 요즘 사람들이 이 책을 많이 읽는다고 은연중에 압박을 가하는 것이죠. 또 최근에 맛집을 탐방하는 사람들이 늘었잖아요. 정말 많은 사람이 다 찾아오는 맛집이라고 소개하면 관심이 없던 사람도 언젠가 한 번은 찾아가고 싶어지게 만들죠. 이런 것을 밴드왜건 효과라고 해요.

차클 나만 뒤처지는 것 같은 느낌을 전달하는 것이군요?

이 그렇죠. 우리 식으로 표현하면 부화뇌동(附和雷同) 정도가 되겠죠. 이러한 선전 기법은 사람들의 행동을 유도하는 하나의 전술 정도로 이해하면 될 것 같습니다. 이러한 부화뇌동을 조금 고차원적으로 활용하는 경우도 있어요. 요즘 'ㅇㅇ족'이라고 정의를 하는 경우가 많잖아요. 가령 20대 사이에서 '욜로족'이나 'SNS족'이 뜬다는 이야기를 하죠. 그럼 20대 사이에 울타리가 하나 생기는 거예요. 그러면 자신도 그 울타리 안에 들어가야 할 것 같은 느낌을 받게 되죠. 요즘은 이런 식으로 나 혼자만 뒤처지기 싫은 심리를 건드리는 전략이 많이 쓰이고 있습니다.

차클 요즘 큰 이슈가 된 FOMO(Fear of Missing Out)도 관련이 있는 것 같네요.

이 맞습니다. FOMO, 즉 포모 증후군은 다른 사람들이 좋은 기회를 붙잡는 동안 자신은 아무것도 얻지 못할까 봐 걱정스럽고 불안한 마음을 말해요. '벼락거지'라는 신조어 역시 이런 심리를 반영한 단어입니다.

차클 연구소가 소개한 7가지 전략 중 서민화가 뭔지도 궁금합니다.

이 선거철만 되면 연출되는 장면이 있죠. 정치인들이 민심을 읽는다는 목적으로 시장이나 허름한 식당에 가서 상인들과 악수도 하고 음식도 사 먹는 장면들이 많이 등장하잖아요. 그런 일련의 행동들이 모두 서민화 전략의 일환이에요.

차클 그런 전략이라면 아주 잘 알죠. 그런데 우리나라뿐만 아니라 미국에서도 이런 전략이 사용된 줄은 몰랐습니다.

이 서민화 전략은 꽤 오랜 역사를 갖고 있습니다. 대표적인 예를 하나 들어보죠. 1914년 미국 콜로라도주의 러들로 탄광이라는 곳에서 파업이 일어났습니다. 당시 민병대가 투입돼 광부들과 가족들을 사살하는 일이 벌어졌어요. 러들로 대학살이라는 사건인데요. 당시 탄광의 소유주가 바로 록펠러 재단을 세운 존 데이비슨 록펠러(John Davison Rockefeller)입니다.

차클 록펠러는 석유 부자이자 자선사업가로 유명하잖아요. 그런데 광부들을 총살하는 일에 관여했다니 놀라운 사실이네요.

이　당시 러들로 대학살로 인해 록펠러는 탐욕스러운 자본가라는 이미지를 갖게 됐죠. 그때 록펠러의 아들, 록펠러 주니어가 전면에 등장합니다. 그는 PR 카운슬러인 아이비 리의 도움을 받아 탐욕스러운 자본가라는 이미지를 벗어나고자 했어요. 그래서 탄광촌을 찾아가 광부들의 가족을 만나 사진도 찍고 대화를 나누며 이미지를 개선했습니다. 물론 겉으로 보이는 것만이 아니라 나름의 진정성이 분명 있었을 겁니다. 어쨌든 그러한 노력이 록펠러 가문의 명성을 회복하는 시작점이 됐습니다. 현재 록펠러 재단이라고 하면 존경받는 자선단체로서의 이미지가 강하죠. 이것이 바로 서민화 전략의 대표적인 사례예요.

차클　서민화 전략은 뻔히 의도를 알면서도 속게 되는 것 같아요.

이　그렇죠? 히틀러 같은 독재자도 이러한 서민화 전략을 사용했습니다. 1945년에 찍은 사진을 보면 히틀러와 참모들이 원탁에 둘러앉아서 죽을 먹고 있죠. 그런데 사진의 중심에 죽을 담은 냄비가 놓여 있습니다. 이는 곧 서민이 먹는 음식을 자신도 함께 먹고 있다는 것을 보여주도록 의도된 사진입니다.

차클　우리나라에서 정말 흔하게 본 장면들이네요. 정치인들이 자주 사용하는 전략인 것 같아요.

이　맞습니다. 1987년도에 노태우 전 대통령이 '보통 사람'이라는 이미지를 내세운 것도 서민화 전략의 일환입니다. 또 김영삼 전 대통령이 즐겨 대접한 청와대 칼국수도 굉장히 의도된 메뉴죠. 가장 최근에는 이명박 전 대통령의 선거 캠페인 영상에서 국밥을 먹는 장면을 연출한 것도 같은 맥락입니다.

차클　이러한 전략에 안 속는 방법은 없을까요?

서민화 전략을 통해 알게 모르게 우리는 그들과 동질감을 느끼게 됩니다. 그래서 지속적으로 효과가 나는 거죠. 우리가 변하지 않으면 그들도 변하지 않습니다. 늘 그들의 행동에 대해 비판하면서도 막상 저런 전략에 넘어가 동질감을 느끼고 있는 것은 아닌지 스스로 되돌아볼 필요가 있습니다. 그러자면 PR이나 선전·선동 전략 행위들의 본질을 잘 알고 있어야 합니다. 우리 스스로 자성해보고 각성해야 해요.

어떻게 세상을 바꿀 것인가

"우리가 일상 속에서 어떤 선택을 할 때 과연 그 이면에 어떤 의
도가 작용한 것은 아닌지, 그렇다면 그 의도가 선한 것인지를 비
판적인 시각으로 점검하는 노력이 중요한 것 같습니다. 한 번이
라도 더 정보를 검색하고 검증하는 노력이 꼭 필요한 시기예요."

• • •

차클   PR이나 프로파간다를 잘 활용해서 좋은 영향력을 발휘한 사례들은
없나요?

이   2008년 금융위기를 계기로 공익성이나 사회적 책임을 강조하는 움직
임이 시작됐습니다. 사람들의 눈을 현혹함으로써 올바른 소비를 하지
못하게 만들었던 PR의 진정한 역할에 대해 진지하게 고민하는 사람
들이 등장해 다양한 활동을 전개했습니다.

차클   대표적으로 어떤 활동들이 있었나요?

이   예를 들어 캐나다 밴쿠버에서 활동하고 있는 다큐멘터리 감독 칼레
라슨(Kalle Lason)이 강력한 저항 운동을 시작했어요. 2016년에 함께 이
야기를 나눈 적이 있는데요. 〈애드버스터즈(Adbusters)〉라는 잡지를 창

간한 발행인 겸 편집장인 그는 '월가를 점령하라(Occupy Wall Street)' 시위를 처음으로 제안하고 이끈 인물이기도 해요.

차클   〈애드버스터즈〉라면 광고를 부순다는 의미 아닌가요?

이   맞습니다. 유명 상업 광고의 패러디 광고를 다루는 잡지예요. 보통 광고는 더 화려한 이미지를 연출하고 무엇이든 더 좋게 보이도록 만드는 것이잖아요. 그런 형식들을 파괴하는 광고를 실어서 광고인들 스스로 그동안 자신들이 만들어왔던 광고에 대해 저항하는 것이죠. 굉장히 흥미로운 저항 방식이었어요.

차클   대표적인 패러디 광고로 어떤 것이 있나요?

이   예를 들어 낙타가 담배를 피우고 있는 담배 광고를 패러디했는데요. 유명 담배 광고의 주인공으로 등장하는 낙타를 병원에 입원시킨 이미지로 전환시킨 것이었어요. 이렇게 위트 있게 풍자를 하되 자신들의 전문성을 놓치지는 않았어요.

담배 회사의 광고를 위트 있는 방식으로 비꼰 패러디 광고

차클 또 다른 사례도 소개해주세요.

이 〈애드버스터즈〉가 전개했던 캠페인 중에는 굉장히 흥미로운 것들이 많습니다. '소비하지 않는 날(Buy nothing day)'이라는 캠페인도 있었어요. 주로 크리스마스나 블랙 프라이데이를 앞두고 이런 캠페인을 전개했죠. 누구나 소비를 하는 날에 나 한 사람 정도는 책임감 있게 흥청망청 소비하지 않는 것이 어떨까라는 제안 형식의 메시지를 담았어요.

차클 지나친 소비가 지구를 망가뜨리는 요즘, 정말 적절한 메시지네요.

이 맞습니다. 늘 무언가를 갖고 싶어 하고, 사고 싶어 하는 욕구에 대해 다시 한번 되돌아보자는 메시지를 전달하고 싶었던 것이죠.

차클 정말 그래요. 사실 우리 모두 옷장을 열어보면 옷이 정말 많은데도 불구하고 입을 옷이 없다는 말을 달고 살잖아요. 소비하지 않는 날 캠페인 같은 것은 정말 좋은 활동인 것 같아요.

이 요즘 책임 있는 소비를 많이 강조하잖아요. 다른 말로 하면 착한 소비 겠죠. 착한 소비가 뭘까요? 최근에 코로나-19로 인해 졸업식을 하지 않으니 꽃집의 꽃이 안 팔린다는 뉴스가 나온 적이 있습니다. 그럴 때 우리가 주변 상인들을 돕기 위해 꽃을 사주는 것도 바로 착한 소비라고 할 수 있죠. 필요 없는 걸 사지 않는 것뿐만 아니라 소비를 통해 사회에 선한 영향력을 행사하는 것도 중요하죠.

차클 몇 년 전에 소셜 미디어에서 많이 확산됐던 아이스 버킷 챌린지도 그런 공익성을 가진 PR 활동이 아닐까요?

이 맞습니다. 루게릭병 환우들을 돕기 위한 챌린지 방식의 릴레이 캠페인이었죠. 그런 활동들 덕분에 보통 사람들이 잘 모르는 병에 대해 알게되는 효과가 있습니다.

차클　소방차나 앰뷸런스가 지나갈 때 길 터주기 캠페인도 떠오르네요.

이　네. 그런 것들이 모두 공공 PR 캠페인이고요. 바로 그러한 공공의 문제를 해결하기 위해 다양한 설득의 수단들을 관리하는 것이 공공 PR의 단적인 사례들입니다. 우리의 행동이나 인식을 변화시켜나가는 선한 캠페인이라 할 수 있겠죠. 특히 누구나 자신만의 미디어를 활용할 수 있게 된 지금은 선한 의지를 가진 개개인이 모두 캠페인에 나설 수 있습니다. 그것이 크든 작든 중요하지 않아요. 너무 거창한 성공만 생각하면 세상을 바꾸지 못합니다.

차클　교수님이 추진하고 계신 프로젝트도 소개해주시죠.

이　초반에 말씀드렸던 작은 외침 라우드 프로젝트가 바로 그런 활동입니다. 바로 지금, 누구나, 아무리 작은 캠페인이라도 시작할 수 있다는 자신감을 드리는 취지예요. 제가 전개했던 캠페인 사례를 하나 소개하죠. 어느 날 강의실에 오는 많은 여학생이 안경을 쓰고 다니는 것을 발견했어요. 그런데 그 학생들이 입사 면접을 보러 갈 때는 마치 약속이라도 한 듯이 안경을 쓰지 않더군요.

차클　입사 면접도 그렇고 TV에서 뉴스를 진행하는 아나운서들도 안경을 쓰면 안 된다는 암묵적인 룰 같은 것이 있는 것 같아요.

이　맞습니다. '안경 벗고 미인 되자'는 식의 안과 광고도 그런 분위기를 만드는 데 한몫했던 것 같아요. 그래서 제가 한 제자에게 그냥 안경을 쓴 모습 그대로 사진을 찍어서 프로필 사진으로 써보자는 제안을 했어요. 면접을 보러 갈 때도, 공식적인 자리에서도 자신이 안경을 쓴다는 것을 당당하게 알리지 못할 이유가 없는 것 아니겠어요?

차클　듣고 보니 그러네요.

안경을 벗은 미인의 이미지를 강조하는 기존의 광고(좌)에 질문을 던지는 캠페인 광고(우).

이   그렇게 안경 쓴 여성을 이상하게 바라보는 시선에 질문을 던지는 캠페인을 제자들과 함께 전개했었습니다. 여성이 안경 쓰는 것을 감춰야 할 이유는 없습니다. 그러자 모 잡지사에서 무료로 광고를 실어주겠다고 연락이 오기도 했어요. 실제로 뉴스 아나운서들도 안경을 쓰고 등장하는 사례들이 늘고 있죠. 저는 이런 작은 실천에 대해 굉장히 높게 평가를 합니다.

차클   흥미진진합니다. 또 다른 사례도 알려주세요.

이   임산부 배려석을 알리는 테디베어 프로젝트라는 캠페인이 있습니다. 초저출산 국가라며 다들 거대 담론을 얘기하지만 막상 일상생활에서는 임산부를 배려하는 세부적인 정책들이 부족한 거예요. 그래서 지하철의 임산부 배려석을 알리기 위한 목적으로 학생들과 함께 테디베어를 갖다 놓는 실험적인 캠페인을 전개한 적이 있습니다. 작은 활동이지만 우리 사회가 주의를 기울였으면 하는 바람을 담은 캠페인이었죠.

차클 인형을 갖다 놓는 것만으로 변화가 있었나요?

이 네. 테디베어 캠페인을 진행하고 나서부터 임산부 배려석에 초기 임산부들이 좀 더 많이 앉을 수 있었다고 합니다. 그 외에 괄호 프로젝트라는 것도 있는데요. 복잡한 도심의 버스정류장 주변은 늘 혼잡하죠. 버스를 기다리는 사람들이 통행자들을 배려해가며 줄을 설 수 있도록

인도에 줄을 하나 긋는 것만으로도 서로에 대한 배려심을 찾을 수 있다.

서울시와 협력해 인도 바닥에 괄호 스티커를 부착했었어요.

차클 정말 필요한 캠페인인 것 같아요. 강남역 주변만 해도 버스를 타기 위해 줄을 서 있는 사람이나 그 줄을 끊고 지나가야 하는 사람이나 서로 불편하기는 마찬가지거든요.

이 네. 그 캠페인의 반응을 목격하면서 아직 우리 사회에 배려와 변화의 가능성이 크게 남아 있다는 것을 느꼈습니다. 이렇게 커뮤니케이션을 통해 사람들의 마음속 변화를 이끌어내는 것이 PR의 진정한 가치가 아닐까 생각합니다.

차클 공공 디자인의 힘이네요. 그런 사례가 또 있을까요?

이 길을 걷다 스쿨존의 바닥에 '양옆을 살펴요'라는 스티커가 붙어 있는 것을 보셨을 거예요. 처음에는 경기도에 위치한 초등학교 주변에서 확산이 됐고, 현재는 스쿨존 곳곳에서 만날 수 있습니다.

차클 그런 캠페인들은 사람들 스스로 따르도록 한다는 방식이라서 훨씬 더 강력한 효과를 발휘하는 것 같습니다.

이 정확하게 보셨습니다. 그런 것을 넛지(Nudge)라고 부르죠. 강요가 아니라 옆구리를 살짝 찌르듯 부드럽게 개입하는 거예요. 좋은 선택을 유도하는 부드러운 개입. 이것이 방금 우리가 본 캠페인들의 특징과도 같아요.

차클 넛지의 사례를 좀 더 알려주세요.

이 이미 많은 분들이 넛지의 사례들을 알고 계실 테니, 색다른 넛지의 사례들을 소개하겠습니다. 프로야구를 즐겨 보는 분들이라면 누구나 공감할 만한 것인데요. 미국 메이저리그에서 실제로 활용하고 있는 것이라고 해요. 키즈 런 더 베이스(Kids run the base)라는 이벤트예요.

차클 어떤 이벤트인가요?

이 그날 경기장을 찾은 관중 중에서 아이들이 있는 가족이라면 누구나 경기가 끝나고 나면 그라운드로 내려와 경기장을 한 바퀴 돌 수 있게 해주는 거예요. 줄을 서서 기다리는 시간까지 합치면 경기장 한 바퀴를 도는 데 한두 시간은 족히 걸려요. 아이들에게는 경기장을 밟아보는 경험이 굉장히 색다른 것이라 모두 행복해한다고 합니다. 그런데 이런 이벤트를 벌이는 이유가 따로 있습니다.

차클 아이들에게 단순히 즐거움을 주는 행사가 아니란 말인가요? 어떤 숨은 의도가 있나요?

이 경기가 끝나고 나면 경기장 주변에서 고질적으로 발생하는 교통 체증을 분산시키기 위한 것이었어요. 아이를 둔 가족이 이벤트에 참여하면 짧게는 한 시간 정도 경기장에 머물렀다가 나가야 해요. 그럼 자연스럽게 교통이 분산되겠죠.

차클 정말 현명한 방법이네요. 우리나라에도 이와 같은 사례가 있나요?

이 지하철 9호선 역사에서 이런 메시지를 본 적이 있나요? "지금 들어오는 저 열차, 여기서 뛰어도 못 탑니다. 제가 해봤어요." 굉장히 공감이 되는 메시지였어요. 이렇듯 넛지의 중요한 요소는 공감입니다. 강압적으로 질서를 지키라고 강요하지 않아요. 이 메시지를 만든 지하철 직원분들이 커뮤니케이션 전문가도 아니에요. 그런데 그 어느 메시지보다 대중으로부터 공감을 받은 이유는 하나입니다. 누구나 경험하고 관찰할 수 있었던 현장의 이야기를 직관적으로 전달했기 때문이죠.

차클 내가 공감과 소통의 전문가가 아니더라도 자신이 잘 알고 관심 있는 분야가 있다면 누구나 전문가가 될 수 있는 거네요.

누구나 공감할 수 있는 메시지를 통해 사람들에게 변화가 일어난다.

이 그렇습니다. 이제 누구나 소통의 전문가가 될 수 있는 시대가 됐습니다. 그리고 그렇게 실천해야 하는 시대가 됐다고 말씀을 드리고 싶습니다.

차클 공감 가는 말씀입니다. 마지막으로 교수님이 제기한 캠페인 중 꼭 소개하고 싶은 게 있다면 알려주시죠.

이 위안부 문제를 기억하기 위해 2011년 일본대사관 앞에 설치된 평화의 소녀상은 다들 아시죠? 2013년에 소녀상을 만든 작가분들을 직접 만난 적이 있는데요. 위안부 문제에 대해 젊은 사람들이 더 많은 관심을 갖게 할 방법이 없을까 논의하던 중 강의실에 소녀상을 앉혀보는 아이디어를 말씀드렸어요. 그리고 실제로 저희 학교 강의실에 소녀상을 앉히는 퍼포먼스를 실행했었죠.

차클 평화의 소녀상이 또래의 학생들과 함께 수업을 듣는 장면을 떠올리니 가슴이 뭉클하네요.

이   맞습니다. 저희 프로젝트 이후 사회 곳곳에서 다양한 퍼포먼스가 이어
졌죠. 한 예로 소녀상을 버스에 태우고 광화문이나 종각 일대를 운행
하기도 했는데요. 한 운수 회사 사장님이 작가분들과 협력한 것입니
다. 조금 전에 말씀드렸던 것처럼 PR 전문가들이 아니더라도 조금만
관심을 가지면 이렇게 훌륭한 결과물을 만들어낼 수 있습니다. 누구나
캠페인을 함께 펼칠 수 있다는 가능성을 계속 보여주는 것이 제 역할
이라고 생각합니다.

차클   누군가 역사는 과거와 현재의 대화라고 했었잖아요. 소녀상을 계기로
사람들이 역사에 대해 관심을 갖고 계속 토론할 수 있는 계기가 마련
됐다는 의의가 있는 것 같아요.

이   그런 측면에서 최근 벌어지고 있는 코로나-19 이후 우리 사회에서 함
께 실천할 수 있는 캠페인으로는 어떤 것들이 있을지 생각해보는 것
도 좋을 것 같습니다.

차클   기본적으로 대한민국은 국란이 있을 때마다 함께 똘똘 뭉쳐 극복해왔

다는 메시지를 전달하면 좋겠습니다. 또 지금 겪고 있는 코로나-19가 종식되더라도 손씻기나 개인위생 관리에 대한 관심의 끈을 놓지 않도록 지속적인 캠페인을 진행해도 좋을 것 같아요.

이　그런 생활 속 캠페인이 정말 중요합니다. 또 코로나-19로 인해 더 힘든 상황에 처한 의료진이나 택배 기사님들에게 감사의 인사를 전할 수 있는 다양한 방법들을 생각해보는 것도 의미가 있을 것 같아요. 이렇게 작은 부분에서부터 시작하는 아이디어들이 사회를 바꾸는 캠페인으로 거듭날 수 있습니다. 누구라도 자신이 갖고 있는 영향력을 선하게 활용하는 계기를 찾는 시간을 가지면 좋겠습니다.

차클　선한 영향력을 행사하는 사람들이 돼야 한다는 말씀이 깊이 와닿습니다.

이　우리가 일상 속에서 어떤 선택을 할 때 과연 그 이면에 어떤 의도가 작용한 것은 아닌지, 그렇다면 그 의도가 선한 것인지를 비판적인 시각으로 점검하는 노력이 중요한 것 같습니다. 한 번이라도 더 정보를 검색하고 검증하는 노력이 꼭 필요한 시기예요. 그런 노력을 통해 주도적으로 지금 당장 무언가를 실천한다면 분명 우리 사회는 생각 이상으로 더 좋게 바뀔 것입니다. 그저 요즘 세상이 이상하다고 불평만 하지 말고 우리가 바라는 세상이 무엇인지, 어떻게 하면 그런 세상을 만들 수 있을지 진지하게 생각해보는 시간이 됐기를 바랍니다.

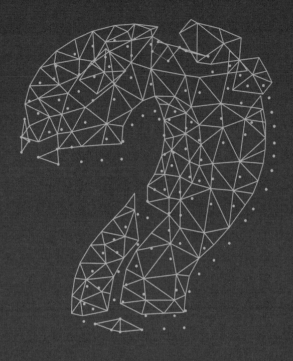

Part 2

내밀한 정신 세계에 대한
탐구

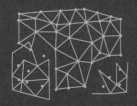

차이나는 클라스

프로이트와 함께 떠나는 무의식 탐험

김석

정신분석학으로 한국 사회의 숨은 자아를 찾는 철학자. 스트라스부르대학교 철학과, 파리 제8대학교 대학원 철학 박사를 거쳐 현재 건국대학교 철학과 교수로 재직 중이다.

정신분석학이란 무엇인가

"정신 분석은 보이지 않는 무의식을 연구하지만, 심리학은 겉으로 드러난 의식적 행동이나 정서처럼 관찰 가능한 것들을 연구하죠. 그리고 심리학에서는 실험을 많이 활용하지만 정신분석학에서는 실험이란 방법을 아예 쓰지 않습니다."

• • •

차클   정신분석학과 무의식이라는 주제가 흥미롭습니다. 왠지 교수님은 상대방의 심리를 남들보다 훨씬 잘 꿰뚫어 보실 것 같아요.

김   많은 사람이 그런 오해를 합니다. 하지만 사람을 대할 때 늘 정신분석학적으로 대하진 않고요. 일상을 살아가는 것과 정신 분석을 해야 하는 상황은 조금 다릅니다.

차클   그렇군요. 정신 분석이라고 하면 상담자가 소파에 누워 있고, 분석가와 이야기를 나누는 미드나 영화 속 장면이 떠오르는데요. 이건 실제와 비슷한가요?

김   정신 분석에서 사용하는 소파를 '카우치(couch)'라고 부릅니다. 영화나 미드에서 보신 것처럼 분석가가 카우치 옆에 앉고 상담자는 편안한 자세로 누운 상태에서 머릿속에 떠오르는 이야기를 자유롭게 꺼내는 것이죠. 이때 서로 얼굴을 마주 보지는 않습니다. 만약 얼굴을 마주 보게 되면 상담자가 이야기를 자유롭게 꺼낼 수 없기 때문입니다. 일종의 정신 분석 원리라고 보면 됩니다.

차클 카우치가 상담에서 중요한 역할을 하는 도구군요.

김 그렇습니다. 정신 분석 치료는 분석을 이끄는 분석가보다 피분석가나 환자가 자신의 이야기를 얼마나 꺼내느냐가 더 중요하거든요. 그래서 상담자가 편안한 상태를 유지할 수 있는 카우치가 필수입니다.

차클 정신분석학이 심리학이나 정신의학과 다른 점은 무엇인가요?

김 많은 사람이 심리학과 정신분석학을 혼동합니다. 지금 이야기하고 있는 카우치의 사용 여부로 차이를 말할 수 있겠네요. 심리학이나 정신의학 분야에서는 카우치를 사용하지 않아요. 그리고 두 학문은 연구 방법, 치유 방법, 목표 등이 많이 다릅니다. 일단 정신 분석은 보이지 않는 무의식을 연구하지만, 심리학은 겉으로 드러난 의식적 행동이나 정서처럼 관찰 가능한 것들을 연구하죠. 그리고 심리학에서는 실험을 많이 활용하지만 정신분석학에서는 실험이란 방법을 아예 쓰지 않습니다.

차클 정신 분석은 무의식을 연구한다고 하셨는데요. 구체적으로 어떤 것인지 잘 와닿지 않네요.

김 우리나라 성인 4명 중 1명 정도가 정신 질환을 경험한다고 합니다. 그 비율이 점점 늘어나고 있다고 하는데요. 현대인들의 삶의 질이 어떻게 바뀌고 있는지를 보여주는 지표라고 할 수 있습니다. 이렇게 심적으로 겪는 마음의 고통이나 겉으로 드러나는 증상의 숨은 원인에 대해 연

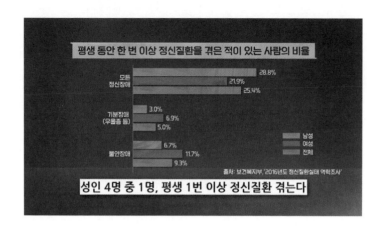

평생 동안 한 번 이상 정신질환을 겪은 적이 있는 사람의 비율

모든 정신장애	28.8%
	21.9%
	25.4%

기분장애 (우울증 등)	3.0%
	6.9%
	5.0%

불안장애	6.7%
	11.7%
	9.3%

남성 / 여성 / 전체

출처: 보건복지부, '2016년도 정신질환실태 역학조사'

성인 4명 중 1명, 평생 1번 이상 정신질환 겪는다

구한다고 보면 됩니다.

차클 생각보다 많은 사람들이 정신 질환을 겪고 있네요. 현대 사회가 제정신으로 살아가기 힘든 환경인가 봐요.

김 그렇죠. 그런데 이런 현상에 대해 이미 예언하고 학문 주제로 삼은 학자가 있습니다. 현대인이 겪고 있는 정신적 장애와 스트레스, 정신병 등을 연구 주제로 삼아 새로운 학문으로 만든 사람인데요. 바로 지그문트 프로이트입니다.

차클 프로이트 하면 《꿈의 해석》이란 저서로 정말 유명하잖아요? 흔히 길몽을 꾸면 로또를 산다거나 좋은 일이 있을 거라고 기대하는데 실제로 꿈과 현실이 밀접하게 관련돼 있나요?

김 같은 꿈을 반복해서 꾸고 현실에서 좋은 일로 이어지면 사람들은 그둘을 연결 지으려고 하죠. 꿈속에 등장하는 사물이나 이야기에 대한 본인만의 해석을 기호화하는 것이라 할 수 있습니다. 이처럼 프로이트가 관심을 가진 정신분석학에서는 꿈이 굉장히 중요한 역할을 합니다.

자세한 얘기는 정신분석학의 창시자이자 20세기를 뒤흔든 사상의 혁명가인 프로이트를 탐구하면서 함께 살펴보도록 하죠. 먼저 여러분은 프로이트 하면 무엇이 떠오르시나요?

차클 프로이트가 남성 성기에 집착해 남성 중심적으로 많은 것을 설명하는 시도를 했다는 말을 들었는데요. 요즘 관점으로 보면 젠더 감수성이 부족하다는 비판을 받을 만하지 않을까요?

김 좋은 지적입니다. 프로이트가 활동했을 당시에도 학계나 대중 사이에서 지나치게 남성 중심이라는 비판과 함께 여성에게 부정적인 이론이라는 말이 많았습니다.

차클 그 당시에도 이미 비판을 받긴 했군요. 선생님께선 프로이트에 대한 그 같은 부정 평가에 대해 어떻게 생각하시나요?

김 아무래도 프로이트가 19세기에 활동했던 사람이라는 점을 이해할 필요가 있습니다. 당시에는 지금처럼 여성의 권리가 인정을 받던 시기가 아닙니다. 부르주아적이고 남성 중심적인 지배 질서가 사회 전반에 일반화돼 있었죠. 시대적 배경 덕분에 프로이트의 연구도 편향될 수밖에 없었습니다. 거기다 프로이트에 대해 사람들이 오해하는 부분도 많아요. 예를 들어 '아기에게 최초로 성적인 것을 일깨우게 되는 존재가 엄마다'라는 주장 같은 것이죠.

차클 네? 얼핏 듣기엔 굉장히 불편한 주장인데요?

김 당연히 불편할 수밖에 없습니다. 그런데 프로이트가 말한 성은 우리가 흔히 생각하는 그런 의미가 아니었어요.

차클 프로이트가 말한 성은 무엇이 어떻게 다른가요?

김 인간이란 쾌락적인 면과 정서적인 면에서 영향을 받을 수밖에 없는 육체를 가진 존재예요. 프로이트는 이처럼 생명으로서 인간이 가진 성에 주목한 것입니다. 그리고 이 같은 성이 잘못되면 정신 건강에 문제가 발생할 수 있다고 본 것이죠. 프로이트가 말한 성의 의미를 정확히 파악하면 왜 정신 분석에서 프로이트의 성 이론이 중요한지 알 수 있습니다.

차클 아직은 잘 이해가 되지 않는데요. 인간의 성과 정신 건강이 어떻게 관련되는지 좀 더 설명해주시죠.

김 성과 정신 건강의 관련성을 잘 보여주는 중요한 실험 얘길 해드리겠습니다. 미숙아들이 어떻게 성장하는지를 지켜본 실험인데요. 아기들을 두 그룹으로 나눠서 인큐베이터에서 자라는 과정을 관찰했습니다. 두 그룹 모두 정상적인 영양과 환경을 제공했는데, 단 한 그룹에게만 하루 15분씩 마사지를 해줬어요. 그렇게 열흘 동안 두 그룹의 아기들이 성장하는 것을 지켜봤더니, 마사지를 받은 그룹의 아기들 몸무게가 무려 45퍼센트 정도 더 증가했다고 해요. 두 배에 가까운 성장 속도를 보인 것이죠. 이렇듯 엄마가 아이를 꼭 안아주거나 입맞춤을 해주는 행동들이 아이의 정신 건강에 굉장히 중요하다는 것이 증명됐습니다. 심리학에서는 이를 애착 이론이라고 부르죠.

차클 프로이트가 말한 성이 단순히 남녀 사이의 성적인 문제를 말하는 것이 아니었군요.

김 맞습니다. 남녀의 문제로 좁게 생각해서는 안 되는 것이죠. 인간이 성장하는 과정에서 접하게 되는 인간관계에 대한 이론이라고 생각하면 됩니다.

차클 사실 현대 의학이나 현대 과학의 관점으로 보면 프로이트의 이론이

과학에서 벗어난 허무맹랑한 이야기에 불과하다는 식의 비판도 있잖
아요. 이에 대해선 어떻게 생각하시나요?

김 앞서 말씀드렸듯 프로이트가 19세기 사람이라는 점을 감안해야 합니
다. 분명 한계는 있는 게 사실이지만 당시 프로이트가 품었던 문제의
식이 있었기에 오늘날 우리가 당면한 문제들을 해결할 실마리를 찾게
됐다고 얘기할 수 있습니다.

무의식이란 무엇인가

"만약 무의식이 완전히 감추어져 있다면 발견할 수가 없을 거예요. 하지만 무의식은 끊임없이 의식을 통해 자신을 드러냅니다. 무의식이 원인으로 작용하는 신체적 증상이나 정신적 증상을 정신분석학이나 정신의학에서는 독일어로 히스테리(hysterie)라고 부르죠."

• • •

차클　프로이트가 창시한 정신분석학이 어떤 학문인지 좀 더 자세히 설명해주세요.

김　프로이트는 자신의 이론을 '제3의 사상 혁명'이라고 자평했습니다. 우리가 알고 있는 사상 혁명으로는 우선 코페르니쿠스의 지동설이 있죠. 코페르니쿠스는 지구 중심의 신학적 세계관을 태양 중심의 과학적 세계관으로 바꾸는 혁명적 사상을 이끈 주인공입니다. 다음으로 찰스 다윈의 진화론이 있습니다. 다윈은 인간이 창조되지 않고 자연에서 진화한 산물이라는 진화론적 관점을 제시했습니다. 인간이 만물의 영장이라거나 특별한 존재가 아니라는 것을 증명했죠.

차클　지동설과 진화론 모두 패러다임의 전환을 불러일으켰네요.

김   맞아요. 그리고 마지막 세 번째 혁명이 바로 프로이트가 말한 무의식의 혁명입니다. 한마디로 "인간은 무의식에 휘둘리는 비합리적 존재"라는 건데요. 인간이 이성적 존재, 합리적 존재라고 여기던 기존의 생각을 뒤집는 이론을 프로이트가 주장하고 나선 겁니다.

차클   자신의 이론을 코페르니쿠스의 지동설, 다윈의 진화론에 버금가는 3대 사상 혁명으로 꼽았다니 정말 자부심이 대단했네요.

김   그렇죠. 하지만 프로이트 혼자만의 생각이 아니에요. 프로이트는 미국 시사주간지 〈타임〉에 표지로 여러 번 등장할 만큼 전 세계 지성사에 큰 영향을 미친 인물인 게 맞습니다. 1999년에는 〈타임〉에서 세계사에 큰 영향을 미친 두 사람을 꼽았는데, 그중 한 사람이 아인슈타인이었고 또 다른 한 사람이 프로이트였어요. 그만큼 프로이트의 사상을 전 세계가 인정하고 있는 거죠.

차클   프로이트가 주목한 무의식의 혁명이 그만큼 대단한 것이군요. 그럼 지금부턴 무의식에 대해 자세히 알아볼까요?

김 네. 인간의 심리는 의식적인 것과 무의식적인 것으로 나뉩니다. 무의식은 말 그대로 의식이 잘 모르는 또 하나의 부분이에요. 그런데 우리는 대개 의식만으로 인간의 심리 현상이나 행동들을 설명합니다. 만약 의식뿐만 아니라 무의식을 함께 고려하면 의식만으로 설명되지 않는 문제들이 많이 해결되기도 해요.

차클 그럼 프로이트 이전에는 무의식에 대해 전혀 몰랐던 건가요?

김 물론 무의식에 대한 논의들이 있긴 했습니다. 니체 같은 철학자도 무의식을 얘기했어요. 그러나 무의식을 학문적으로 연구할 수 있다고 생각한 건 프로이트가 처음입니다. 그리고 무의식을 통해 신경증이라 불리는 병의 원인을 밝히고 치료할 수 있다는 생각에 도달했죠. 그 결과 정신 분석이라는 새로운 학문을 만들게 된 것입니다. 따라서 프로이트를 정신분석학의 창시자라 할 수 있죠.

차클 신경증이 정확히 어떤 병을 말하는 건가요?

김 노이로제라는 말 들어보셨죠? 신경증이 곧 노이로제입니다. 독일어로 노이로제(neurose), 영어로는 뉴로시스(neurosis)예요. 즉, 뉴런이나 신경 계통에 어떤 문제가 있는 질병을 뉴로시스라고 생각했습니다. 그런데 프로이트는 이것이 심리적인 것에서 기인한다고 설명한 것이죠. 혹시 주변에서 몸에는 아무런 이상이 없는데 계속 고통을 호소하는 분들을 본 적이 있으신가요? 예를 들어 화병만 해도 몸에 별다른 문제가 없는데 마음의 문제가 몸을 통해 나타나는 것이죠.

차클 신경증도 프로이트가 발견한 것인가요?

김 물론 무의식과 함께 신경증이란 말 역시 프로이트 이전에도 있었습니다. 하지만 신경증의 증상을 정리하고 그 뿌리에 무의식이 존재한다는 것을 프로이트가 밝혀낸 것이죠. 특히 프로이트는 '우리 모두는 신경증 환자'라는 유명한 말을 남겼습니다.

차클　우리 모두 환자라니, 모든 사람이 신경증을 앓고 있다는 말인가요?

김　그렇습니다. 개인마다 정도의 차이는 있습니다만, 우리 누구나 어느 정도는 신경증을 갖고 있어요. 아주 심한 경우 환자로 분류되겠죠.

차클　그러고 보면 요즘 대부분의 사람들이 스트레스를 받거나 속앓이를 하며 살아가는 것 같아요. 다들 정신적으로 예민하다고 할까요?

김　네. 하지만 우리 사회에서는 정신적으로 문제가 있다는 것을 밝히면 좋지 않게 바라봅니다. 정신과에 출입을 하거나 정신 질환이 있다고 말하면 이상한 사람 취급하잖아요. 하지만 정신분석학에서는 인간을 정상과 비정상으로 나누지 않습니다.

차클　모든 사람이 신경증을 앓고 있다는 전제 때문인가요?

김　네. 우리 모두 신경증 환자이기 때문에 일상을 살면서 누구나 어느 정도의 문제들을 갖고 있다고 보는 것이죠. 다만 그것이 너무 심해져서 일상생활에 지장을 초래할 정도가 되면 전문 분석가를 통해 상담을 받고 자신에게서 왜 그런 고통들이 나타나는지를 찾아내야겠죠. 그런 문제들을 찾아나가는 과정에서 정신 분석의 원리가 역할을 하는 것이고요.

차클　그런데 눈에 보이지도 않는 무의식을 발견하고 치료한다는 게 쉽지 않을 것 같아요.

김　그렇죠. 만약 무의식이 완전히 감추어져 있다면 발견할 수가 없을 거예요. 하지만 무의식은 끊임없이 의식을 통해 자신을 드러냅니다. 무의식이 원인으로 작용하는 신체적 증상이나 정신적 증상을 정신분석학이나 정신의학에서는 독일어로 히스테리라고 부르죠.

차클 프로이트는 어떻게 히스테리를 발견하게 됐나요?

김 프로이트의 환자이기도 했던 '안나 O'를 통해서예요. 안나 O의 본명은 베르타 파펜하임, 사회사업가이자 여성 운동가로 활동한 유명한 인물입니다. 당시 오스트리아에서 발행한 우표에 등장할 만큼 널리 알려진 사람이었죠.

차클 사회적으로 활발한 활동을 한 사람인데도 신경증을 앓았군요.

김 사람들이 신경증에 대해 많이 갖는 편견 중 하나가 심약하고 불안정한 사람들이 걸리는 병이라고 생각한다는 점입니다. 그런데 통계를 보면 예민하고 지적인 사람들이 신경증에 많이 걸립니다. 안나 O도 예민하고 지적인 사람 중 하나였죠.

차클 그렇군요. 안나 O는 주로 어떤 증상을 보였나요?

김 당시 안나 O에겐 간호가 필요한 아버지가 있었습니다. 그런데 아버지를 간호하면서 그녀에게 어떤 신체적 증상이 나타나기 시작했어요. 팔

진단서

성명 (본명)	안나 O (베르타 파펜하임)
성별	여
생년월일	1859년 2월 27일
출생	오스트리아 빈
특징	21세 부르주아 여성, 아버지를 헌신적으로 병간호
증상	환각, 극심한 신경성 기침, 심한 시력 저하, 사시, 신체마비

이 마비되면서 뱀으로 변하는 환각에 시달리기도 하고, 멀쩡하던 눈이 갑자기 사시가 돼서 물건을 제대로 보지 못하기도 했죠. 가장 심각한 건 한 번 기침을 시작하면 멈출 수가 없었고 신체가 마비되는 증상도 있었다고 합니다. 그런데 문제는 병원에서 아무 문제가 없다고 진단을 내렸다는 거예요.

차클 여기저기가 다 아픈데 병원에서 멀쩡하다고 하니 얼마나 답답했을까요. 그러다 병의 원인은 어떻게 발견하게 됐나요?

김 요제프 브로이어(Josef Breuer)라는 의사가 치료를 시작하면서 안나 O의 증상이 무의식과 연관이 있다는 것을 발견하게 됐습니다. 즉, 몸의 문제가 아니라 마음 깊숙한 곳에서 풀리지 않는 어떤 문제가 증상을 만들어낸다는 결론을 얻은 것이죠. 그래서 나중에 안나 O가 앓았던 병에 대해 히스테리라는 진단이 붙게 되고, 히스테리가 신경증의 한 부분으로 인식되기 시작합니다.

차클 그런데 안나 O의 증상은 우리가 흔히 아는 히스테리 증세와는 많이 다른 것 같아요.

김 맞아요. 흔히 히스테리라고 하면 갑자기 소리를 지르고 발작을 하는 증세를 떠올립니다. 하지만 그건 히스테리에 대해 정말 잘못된 관념 때문이에요. 사실 히스테리는 마음속에서 일어나는 어떤 갈등이 몸으로 나타나는 현상을 일컫습니다. 몸이 말을 하는 것이라고 볼 수 있죠. 신체적으로 특별한 이유 없이 소화가 안 된다든지, 잠을 잘 못 잔다든지, 심한 경우에는 몸에서 열이 난다든지 하는 증상이 모두 히스테리에 해당할 수 있어요.

차클 아이들이 갖고 싶은 장난감을 갖지 못해서 끙끙대다가 아픈 것도 히스테리가 될 수 있나요?

김 그렇죠. 그런 것들이 바로 히스테리라고 할 수 있습니다.

차클 그러면 안나 O가 히스테리를 보이게 된 원인은 무엇이었나요?

김 안나 O가 아버지를 간호하고 있었다고 했었죠. 그 일과 관련이 있습니다. 간호를 하고 있던 어느 날, 방 너머로 옆집에서 음악 소리가 들려왔다고 해요. 그 음악 소리를 듣게 된 안나 O는 문득 '나도 춤을 추러 가고 싶다'는 생각을 했죠. 그러다 순간적으로 자신이 병든 아버지를 두고 다른 생각을 했다는 죄책감에 빠집니다. 그 순간부터 기침이 나오기 시작했고, 멈추질 않았다고 합니다.

차클 자기 스스로를 억압하고 있었던 것이군요?

김 네. 결국 그런 기억들이 히스테리 증상을 일으킨 것이죠. 하지만 최면과 면담을 통해 자신의 속내를 이야기하기 시작하면서 증상들이 호전되기 시작했다고 합니다.

차클 흥미롭네요. 현실뿐만 아니라 가끔씩 꿈에서도 우리를 억압하는 일들이 나타나서 괴로워하기도 하잖아요.

김 그럴 수 있습니다. 정신적 갈등이 있으면 어떤 방식으로든 표출이 되니까요. 평소 받는 억압이나 욕구불만을 미처 의식하지 못하고 있을 뿐입니다. 정신 분석을 통해 그런 면들을 찾아나가는 것이죠. 그런데 프로이트가 활동했던 19세기엔 주로 상류층 여성들이 히스테리를 앓았다고 해요. 왜 그랬을까요?

차클 여성이 남성에 비해 억압을 많이 받는 사회적 분위기 때문 아닐까요?

김 맞습니다. 사실 당시의 여성들은 자신이 받는 스트레스를 풀 기회가 없었죠. 자기에게 어떤 문제가 있어도 겉으로 표현하지 않고 오히려

여성들의 전유물로 여겨지던 히스테리 증상은 전쟁 이후 남성들에게서도 나타나기 시작하면서 학계와 사회적 분위기를 바꾸기 시작했다.

조심스럽게 행동하는 것이 미덕처럼 여겨지던 시대니까요. 또 남성들보다 여성들에게 엄격한 도덕적 잣대들을 강요하던 시대였어요. 그런 것들이 빚어낸 마음의 갈등이 제대로 해소되지도 않은 채 마음속에 쌓이고 쌓이다 보면 어느 순간에 터져나올 수밖에 없었겠죠.

차클 그럼 남자들에겐 히스테리 증상이 나타나지 않나요?

김   19세기에는 히스테리가 여자들만 걸리는 병이라는 사고방식이 널리 퍼져 있었습니다. 히스테리라는 말도 자궁을 뜻하는 라틴어 휘스테라 (hýstĕra)에서 유래한 것이에요. 자궁의 병, 여성들만 겪는 병이란 뜻이죠. 그런데 제1차 세계대전 같은 전쟁이 계기가 돼 남자들도 히스테리를 겪는다는 게 밝혀졌습니다. 전쟁에서 끔찍한 경험을 한 병사들이 히스테리 증상을 많이 일으키기 시작한 거예요. 이후 히스테리가 더 이상 여자들만의 병이 아니라는 인식이 자리 잡기 시작합니다.

차클   그럼 히스테리 증상을 보이는 환자들에게는 어떤 치료법을 썼나요?

김   원인을 잘못 알면 치료도 제대로 할 수 없겠죠. 프로이트 이전까지 정신의학계에서는 히스테리의 원인을 제대로 몰랐어요. 그래서 히스테리가 있는 여성을 마녀로 몰아서 감금해놓고 치료를 한다거나 얼음물에 집어넣고 거의 고문에 가까운 치료를 했어요. 정신의학의 역사를 보면 정말 엽기적인 치료법이 많았습니다.

차클   증상의 원인도 잘 모르면서 그런 끔찍한 치료법을 자행하다니 믿어지지 않네요.

김   네. 조금 전에도 말씀드렸듯이 신경증을 자궁의 병이라는 식으로 인식하다 보니 그렇게 된 거죠. 프로이트 이전에는 다른 정신과 질환에도 엽기적인 치료법을 쓰는 경우가 많았습니다.

차클   또 어떤 엽기적인 치료법이 있었죠?

김   사람을 묶어놓는 것은 너무 흔했고, 몽둥이로 때린다거나 전기 충격 요법을 쓰기도 했어요. 그러다 심지어 사람들이 사망하는 경우도 있었습니다.

차클   정신의학이나 정신분석학이 오늘날만큼 발전하지 않아서 벌어진 참

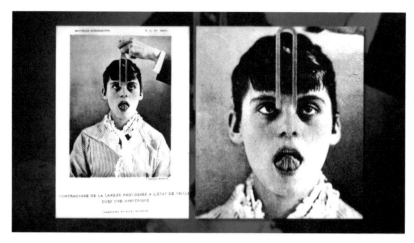

프로이트 이전의 정신의학계에서는 신경증이나 히스테리에 대한 잘못된 인식이 엽기적인 치료법으로 이어졌다.

사군요.

김　그렇죠. 프로이트는 이런 치료들을 지켜보면서 문제의식을 갖게 되었고, 히스테리가 몸이 아니라 마음의 문제라는 생각을 하게 됐죠. 특히 최면을 통해 히스테리 증상의 원인들을 찾아나가면서 마음속에 숨겨진 무의식의 존재를 발견하게 됩니다. 결국 마음속의 억압이 히스테리의 원인이라는 걸 알게 되죠.

차클　앞서 전쟁을 치르고 온 병사들이 히스테리를 겪는다고 하셨는데 외상 후 스트레스 장애와는 어떻게 다른가요?

김　좀 더 세부적으로 보자면 히스테리는 마음의 갈등이 신체적 증상으로 드러나는 것이죠. 외상 후 스트레스 장애는 끔찍한 기억과 연관이 많습니다. 둘 다 억압된 기억들이 사라지지 않아 생긴 병이라고 할 수 있습니다.

차클	어쨌든 해결되지 않은 마음의 문제가 밖으로 표출되는 병이란 거죠?
김	맞습니다. 그럼 지금부터는 우리 마음이 작동하는 원리를 알아보도록 할까요? 어떤 문제가 발생하면 우리의 마음은 그걸 놓고 갈등을 합니다. 마음의 구조가 갈등을 어떻게 처리하느냐에 따라 신체 증상으로 드러나거나 말실수로 혹은 꿈으로 나타나기도 하는 것이죠.

마음의 문제를 어떻게 해결하는가

"강박 행동을 고치는 데만 지나치게 초점을 맞추면 진짜 문제를
해결하지 못해요. 히스테리도 겉으로 드러나는 신체 증상보다
는 마음속에서 일어나는 어떤 심리과정이나 기억을 중요하게
생각해야 한다고 했잖아요. 강박증도 똑같은 방식으로 풀어줘
야 합니다."

• • •

차클 힘든 기억은 어떻게든 밖으로 드러나게 되는 건가요?

김 인간이 가진 욕구를 제대로 해소하지 못하면 불만이 생길 수 있어요.
그렇다 해도 모두가 몸이 아프거나 할 정도의 이상이 생기지는 않아
요. 기억도 마찬가지죠. 사람의 심리는 안 좋은 기억이 있으면 빨리 잊
어버리려는 속성이 있거든요. 자꾸 나쁜 기억을 떠올리면 너무 힘들지
않겠어요?

차클 그런데 왜 어떤 사람들에겐 문제가 발생하나요?

김 대부분 시간이 지나면 기억의 이미지들은 조금씩 희미해집니다. 그런
데 기억은 일반적으론 이미지로 남아 있지만 감정도 함께 붙어 있는
경우가 있어요. 그런데 기억의 이미지는 지워져도 감정적인 것은 지워

지지 않을 때가 많습니다. 그러면 그 감정들이 마음속에 남아 있다가 비슷한 상황이 다시 벌어지면 떠오르게 되는 것이죠.

차클 특정한 상황에 예민하게 반응하면서 격한 감정을 분출하는 사람들이 가끔 있는데 바로 그런 경우일까요?

김 네. 그럴 수 있습니다. 정신 분석에서는 마음속에 가라앉아 있는 감정적인 것을 정동(情動, affect)이라고 합니다. 정동이 해소되지 않으면 몸에 영향을 미치게 돼요. 마음이 아프다면서 빨리 풀어달라고 우리 몸에게 말을 겁니다.

차클 그 정동을 해소하는 방법이 카우치에 앉아서 이야기를 하는 정신 분석 상담인 건가요?

김 네. 맞습니다. 어떤 형태로든 정동을 끄집어내서 해소해주면 없어지겠죠. 안나 O 사례에서도 처음에는 최면을 사용했습니다. 예를 들어 팔이 마비됐다면 '언제 팔이 처음 마비되었니?' 하고 물어봤던 거예요. 그렇게 기억을 떠올리다 보면 정동이 어쩌다 생긴 건지 알 수 있게 되죠. 그렇게 말로 정동을 설명하다 보면 몸에 있던 증상들이 싹 사라진다고 해요. '임금님 귀는 당나귀 귀'와 같은 우화도 있잖아요. 사실은 그 기억이 우리를 괴롭히는 것이 아니라 기억에 붙어 있는 감정적인 부분, 즉 정동이 우리를 괴롭히는 것이거든요.

차클 건강을 위해선 대나무 숲에 임금님 귀의 비밀을 외친 이발사 우화처럼 평소에 하고 싶은 말을 다 하고 살아야겠군요.

김 그렇죠. 그렇게 정동을 풀어주는 것이 치료의 원리라고 할 수 있습니다. 그래서 안나 O도 최면을 통해 자신의 정동을 해소하는 이 치료법을 토킹 큐어(talking cure), 다시 말해 대화 치료라고 불렀습니다.

차클 공감이 갑니다. 나쁜 일이 있거나 안 좋은 감정을 속에 꾹 담아두고 있다가도 친구들을 만나 한바탕 쏟아내고 나면 많이 해소가 되는 기분이잖아요.

김 네. 말을 통해서 마음의 병을 푸는 것. 그것이 바로 정신 분석 치료의 중요한 원리입니다.

차클 그럼 주변에 말할 만한 사람이 없거나 폐쇄된 환경에 있는 사람들은 정동에 휩싸일 확률이 높겠네요?

김 그렇죠. 만약 자신의 정동을 해소하지 못하면 그것이 두고두고 남아서 언젠가는 겉으로 드러나죠.

차클 히스테리가 마음에서 비롯된 병이란 것을 동시대인들이 전혀 생각지 못하고 이상한 치료법을 쓰던 당시에 마음을 들여다보고 무의식을 원인으로 지목했다니 프로이트가 정말 시대를 앞서간 천재인 게 맞네요.

김 네. 마음이 원인이고, 기억이 사라지고 남은 정동이 문제를 일으킨다는 이론이 엽기적인 치료를 앞세우던 사람들에게 받아들여진 것을 보면 프로이트가 정말 천재적인 사람인 것 같긴 합니다. 그리고 오늘날까지도 프로이트가 주장한 것과 비슷한 치료 원리가 적용되고 있지요.

차클 정말 가까운 사람에게도 하지 못할 말을 정신 분석 상담가들에게 가서 이야기하면 굉장히 많이 해소되는 느낌을 받는다고 들었어요.

김 맞습니다. 그래서 제일 좋은 상담 분석가는 상담자가 편안하게 이야기할 수 있도록 분위기를 만들어주는 사람입니다. 이것저것 해결책을 제시해주는 사람이 아니에요. 그런 해결책이 또 다른 스트레스로 받아들여질 수 있으니까요.

차클 상담을 원하는 여성들의 경우 상대가 굳이 해결책을 제시해주지 말고 공감만 해주면 좋겠다고 생각하는 경우가 많은데요. 남성들은 언제나 해법을 찾아주려 애쓰는 경향이 있는 것 같아요.

김 일반적으로는 남녀의 차이라고 볼 수도 있겠지만 정신분석학에서는 남녀의 차이를 강조하지 않습니다. 그보다는 개인의 차이라고 봅니다. 특히 누군가의 문제를 듣고 해결책을 제시하려는 사람은 완벽주의적 성향이 강하다고 볼 수 있습니다. 상대방에게 분명하고도 구체적인 도움을 줘야 한다는 생각을 갖고 있기 때문이죠. 하지만 정신 분석에서는 상대방이 편하게 이야기할 수 있도록 만들어주는 사람을 가장 좋은 친구, 좋은 멘토, 좋은 상담가로 생각합니다.

차클 그럼 다시 프로이트의 연구 얘기로 돌아가볼까요?

김 네. 프로이트는 신경증 증상을 치료하다가 인간이 가진 기억과의 연관성을 발견하고서 과학적으로 설명할 필요를 느꼈죠. 그래서 프로이트의 마음 이론에 등장하는 마음의 세 가지 기조가 나오게 됩니다. 본능의 뿌리인 이드(Id), 현실의 대변자인 자아(Ego), 도덕의 감시인 초자아

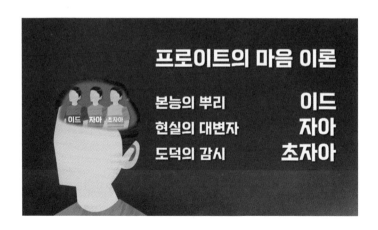

(Superego)로 나뉘죠.

차클   이드, 자아, 초자아에 대해 좀 더 자세히 설명 부탁드립니다.

김   이드는 본능적인 것을 계속 추구한다고 보면 됩니다. 보통 쾌락 원리라고 부르는데요. 고통이나 불쾌함을 참아내지 못합니다. 배가 고프면 먹어야 하고 피곤하면 자야 하고 그리고 마음속에 뭔가가 막혀 있으면 풀어야 하는 게 이드예요.

차클   이드만 따르면 스트레스는 없겠네요.

김   그렇습니다. 그런데 우리는 사회에 속해서 살아가죠. 그런 환경에서 살면서 자신의 스트레스를 아무 데서나 풀어버리면 벌을 받거나 보복을 당할 수도 있고 더 큰 스트레스를 받을 수도 있을 겁니다. 현실을 고려하는 자세가 필요해요. 지금 자신이 받고 있는 마음속 스트레스를 풀어도 되는지 안 되는지를 따져야 할 필요가 있죠. 이때 자아가 등장합니다.

차클   현실의 대변자라는 정의처럼 자아는 현실적인 판단을 내리는 마음을 말하는군요?

김   네. 자아는 늘 현실을 의식하면서 본능이 하려는 행동을 해도 되는지, 안 되는지를 따지죠. 물론 이드와 자아, 이 두 가지만으로도 인간의 행동이 작동하는 데 큰 무리는 없겠지만, 사회에 속해 있는 우리는 도덕적 간섭을 받게 됩니다. 그때 초자아가 도덕 감시자 역할을 합니다. 이렇게 이드, 자아, 초자아는 별개의 마음이 아니라 우리 마음속에서 같이 작용하는 세 가지 인격의 구조라고 보면 됩니다. 이 세 가지 마음의 구조를 고려할 때 인간의 정신생활을 입체적으로 고려할 수 있는 것이죠. 그리고 그렇게 마음속에서 서로 갈등하고 끊임없이 다투는 것이 인간의 본모습이기도 하고요.

차클 영화 〈인사이드아웃〉에 등장하는 인간의 다양한 감정들처럼 서로 부 딪히는 것이군요?

김 그 영화가 아주 좋은 예시가 되겠네요. 생활 속 예시도 한번 살펴보죠. 수업을 듣고 있는 학생의 마음을 세 가지 인격의 구조로 나눠서 생각 할 수 있습니다. 이드는 우리에게 '배고프니까 지금 빨리 나가서 밥 좀 먹자. 못 견디겠어'라고 말을 겁니다. 그러면 자아는 '지금은 수업 시간 이니까 뭔가를 먹으면 안 돼. 수업 끝나고 나서 먹자'라고 달래죠. 또 다시 그 뒤에서 초자아는 '너는 학생이 수업 시간에 배가 고프다고 하 면 돼?' 하는 식으로 비난을 하는 거죠.

차클 자아까지는 이해할 수 있겠는데, 초자아는 약간 고리타분한 도덕 선생 님처럼 느껴지네요.

김 물론 그런 면이 있습니다. 하지만 거꾸로 생각하면 조금 달라요. 만약 도덕 감시자인 초자아가 없어지면 어떻게 되겠어요. 아무렇게나 살게 되고, 그러다 보면 나중에는 타인과 관계를 제대로 맺을 수가 없게 됩 니다. 도덕은 혼자 살지 않고 사회 속에서 공존하는 인간을 위해서 꼭 필요한 존재라고 할 수 있죠.

차클 만약 이드와 자아, 초자아 중 어느 하나가 지나치게 강해지면 어떻게 되나요?

김 마음의 세 가지 구조 중 어느 것 하나가 지나치게 강해지면 문제가 발 생합니다. 본능의 뿌리인 이드가 강해져서 생기는 문제는 말하지 않 아도 예상할 수 있겠죠? 또한 자아가 너무 강해질 경우엔 지나치게 현 실만을 의식하면서 무기력한 사람이 될 수 있어요. 초자아가 지나치게 강해지면 종교 원리주의자처럼 도덕적인 면을 너무 강조하게 되고요.

차클 세 경우 모두 정신적으로 문제가 생길 수 있다는 말씀인 거죠?

김 네. 예를 들어 자아에 문제가 생기면 무기력증이 생기고 현실을 잘 인식하지 못하겠죠. 자아가 제 역할을 못해 현실 인식을 제대로 못하다 보니 현실과 꿈과 환상을 구분하지 못하게 돼요. 자기가 믿으면 다 현실이 되는 거예요. 또 이드가 너무 강하면 자신의 감정을 참지 못하고 범죄자처럼 행동할 수 있겠죠. 자신이 하고 싶은 대로 다 해야 하니까요. 반대로 초자아가 강하면 도덕적으로는 좋을 것 같긴 합니다. 초자아는 양심과 이상적 자아로서의 두 가지 기능을 하거든요. 그런데 초자아가 너무 강하면 스스로에게 많은 고통을 주기 때문에 심하면 우울증 같은 현상이 나타날 수 있어요.

차클 결국 조화를 이루는 게 중요하겠네요.

김 네. 맞습니다. 이드와 자아와 초자아의 균형이 깨지면 문제가 생기는 거예요. 적절하게 균형을 이루면 정신적으로 건강한 사람이 될 수 있어요.

차클 이드와 자아, 초자아는 다중 인격과는 다른 거죠? 가끔 다중 인격자를 소재로 한 영화들이 나오잖아요.

김 프로이트가 말한 이드, 자아, 초자아는 각각의 인격이라기보다 한 인격 안에 있는 마음의 세 요소입니다. 반면 다중 인격은 한 사람의 마음속에 여러 독립적인 인격이 존재하는 거예요. 일종의 정신분열 현상에 가깝죠. 예를 들어 소년의 인격, 여성의 인격, 노인의 인격처럼 독립적 인격이 공존하는 것이죠.

차클 그럼 마음속의 도덕도 아닌데 자기만의 룰을 정해놓고 무조건 따르려는 사람들은 어떻게 봐야 할까요? 예컨대 길을 걸을 때 바닥의 금을 절대 밟지 않는다거나 계단의 수를 세면서 올라가는 것처럼요.

김　그런 경우는 강박증이라고 부를 수 있습니다. 히스테리가 마음의 갈등이 몸으로 나타나는 것이라고 한다면, 강박증은 갈등이 초래하는 불안을 피하기 위해 집착하는 걸 말해요. 행동뿐만 아니라 특정 관념에 얽매이는 것이죠. 예를 들어 위생관념, 시간관념, 완벽주의 관념 같은 것들에 자신을 옭아매는 거예요. 그래서 강박증을 가진 사람들은 뭔가를 자꾸 하려 들죠.

차클　만약 강박 행동을 하지 못하게 하면 사라질까요?

김　자신이 느끼는 불안을 회피하기 위한 수단이라서, 근본적인 불안감을 없애지 않고서 어떤 행동을 못하게 하면 풍선 효과처럼 다른 행동으로 또 나타나게 돼 있어요. 마음의 갈등을 풀어주어야 합니다. 그런데 강박 행동을 고치는 데만 지나치게 초점을 맞추면 진짜 문제를 해결하지 못해요. 히스테리도 겉으로 드러나는 신체 증상보다는 마음속에서 일어나는 어떤 심리적 과정이나 기억을 중요하게 생각해야 한다고 했잖아요. 강박증도 똑같은 방식으로 풀어줘야 합니다.

차클　만약 사회생활에 지장이 없을 정도의 강박증이라면 괜찮을까요? 아니면 사소한 강박이라도 반드시 치료를 받아야 되나요?

김　아주 중요한 지적입니다. 정신 분석에서는 정신 장애와 건강한 정신의 구별을 인정하지 않는다고 했죠. 우리는 모두 신경증 환자이고, 정상과 비정상의 구분은 의미가 없다고 한 것과 연결해서 생각하면 됩니다. 일단은 우리 모두에게 어느 정도씩 신경증적 증세가 있다는 것을 인정하는 자세가 필요해요.

차클 그럼 불안감을 떨치기 위해 특정 행동을 반복하는 습관을 반드시 없 앨 필요는 없다는 말씀이죠?

김 그런 행동들의 공통점은 집착할 필요가 없는데도 쉽게 고치질 못하는 것이죠. 예를 들어 설거지를 할 때 장갑을 껴도 되고, 안 껴도 상관없는 데 본인은 하던 대로 안 하면 너무 괴롭잖아요. 그러한 생활 속 강박은 다양한 형태로 나타납니다. 행동에 대한 강박도 있고 완벽에 대한 강 박도 있어요. 정리에 대한 강박, 특정 숫자에 대한 강박도 있을 수 있어 요. 청결에 대한 강박도 있고요. 이런 행동들의 특징은 모두 불안감과 연관돼 있습니다. 이런 강박증이 겉으로 드러나서 일상에 치명적 영향 을 주는 것, 즉 강박 장애가 될 경우엔 주의해야 할 필요가 있습니다.

차클 다시 정리하자면 특정한 강박 행동이 일상에 큰 지장을 줄 정도가 아 니라면 괜찮다는 거죠?

김 강박증은 마음에 있는 어떤 불안감을 풀기 위해 일종의 방어 행동을 하는 거예요. 강박증이라고 해서 무조건 안 좋게 볼 것이 아니라 잘 이해하고 적절하게 활용한다면 문제가 될 것은 없다고 봅니다. 우리가 다 아는 성공한 사람들, 특히 천재들 중에도 강박증을 가진 이들이 많 다는 것을 주목할 필요가 있어요.

차클 대표적으로 어떤 사람들인데요?

김 모차르트, 앤디 워홀 그리고 축구 선수 데이비드 베컴이 그랬죠. 모차 르트는 대변에 굉장히 집착했다고 해요. 심지어 사람들한테 편지를 쓸 때 대변에 대한 이야기를 반드시 써야 했을 정도라고 합니다.

차클 천재 음악가 모차르트가 대변에 집착했다니 놀랍네요. 특별한 이유가 있었나요?

김 아마 음악가로 대성하기를 바랐던 부모의 영향이 큰 것 같습니다. 모 차르트는 너무 어린 시절부터 엄한 훈련을 받았어요. 거기에 대한 불 안감이나 반발심이 대변에 대한 집착으로 나타난 게 아닐까 짐작할 수 있죠.

차클 부모가 아이들의 교육에 지나치게 집착하는 것도 문제가 될 수 있겠 군요. 그럼 앤디 워홀은 어떤 집착을 보였나요?

김 앤디 워홀은 수집에 대한 강박증이 있었어요. 큰 저택에 살면서 그 넓 은 공간을 물건으로 가득 채우다 못해 자신이 생활하는 공간까지 내 어줄 정도였다고 해요. 자기 물건을 쉽게 버리지 못하고 계속 수집을 하는 경우죠.

차클 그럼 데이비드 베컴은요?

김 숫자에 대한 강박이 있었다고 해요. 특히 홀수를 굉장히 싫어해서 자 신의 주변에 있는 물건들을 짝수로 두는 것을 좋아했다고 합니다. 하 지만 모차르트, 앤디 워홀, 데이비드 베컴 같은 사람들은 자신이 가진 강박 행동들을 잘 극복하면서 자신의 커리어를 쌓았습니다. 강박증을 가지고 있다고 해서 반드시 그 사람이 정신적으로 문제가 있다고 보면 안 되는 것이죠.

차클   그러네요. 강박증을 갖고 계신 분들이 생각보다 꽤 많은 것 같아요.

김   앞서 말씀드린 대로 강박 장애는 불안 장애의 일종인데 우리나라의 관련 통계를 보면 갈수록 증가하고 있는 추세예요. 특히 청소년들에게서 많이 나타나고 있습니다. 통계를 보면 우울증 비율도 2015년부터 매년 증가하고 있죠. 또 스트레스성 장애도 많이 늘어나고 있어요.

차클   실제로 우울증 환자가 늘어났을 수도 있지만 예전보다 적극적으로 병원을 찾는 사람들이 많아진 것도 원인 아닐까요?

김   네. 좋은 지적입니다. 예전에는 우울증 증상이 있어도 전문가를 찾아가지 않고 그냥 견디는 경우가 많았죠. 최근에는 전문가를 찾아가 상담하는 비율도 늘어나다 보니 증가 추세가 이어지는 부분도 있습니다.

차클   다시 강박증 얘기로 돌아가보죠. 혹시 한국 사회 특유의 분위기도 영

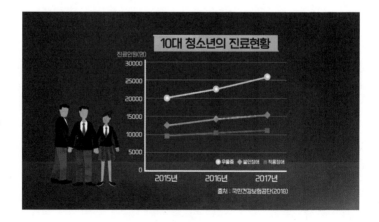

향을 미치나요?

김 그 영향을 부정할 수는 없습니다. 사실 한국 사회는 과도한 경쟁사회거든요. 항상 나보다 잘하는 사람이 있으니 남과 비교하는 데 익숙해 있죠. 자아실현보다 이상적인 직업을 갖는 것, 이상적인 모델을 따르는 데 더 큰 가치를 두는 사회잖아요. 그러면 자신의 능력보다 높은 기준에 도달하지 못한 사람들은 늘 죄책감과 불안감을 느끼게 됩니다. 그로 인해 자기에 대한 일종의 자기 처벌이나 불안 장애가 나타나고, 그걸 회피하기 위한 일종의 방어 작용으로 강박 행동들이 나타날 수 있는 거죠.

차클 강박 역시 무의식적인 압박이 원인이라는 말이군요. 그런 문제를 해결하려면 평소 자신의 마음속을 잘 들여다봐야겠죠?

김 사실 마음속에 숨겨져 있는 것이 더 중요한데 잘 드러나지 않을 수 있습니다. 그러니 일상에서 무의식이 나타나는 현상들을 조금 더 예민하게 살펴봐야 합니다. 의식과 무의식을 빙산에 비유할 수 있겠네요. 우리의 의식이 바로 수면 위로 드러난 부분입니다. 그런데 빙산은 수면 아래에 가라앉아 있는 부분의 비율이 더 높죠. 우리의 무의식도 그와 같습니다.

차클 자신의 행동이나 말이 왜 그렇게 나오는지 이유를 모를 때 무의식이 표출된 걸로 볼 수 있을까요?

김 그렇죠. 그런 것을 임상적인 무의식이라고 합니다. 말실수가 대표적인 예가 되겠네요.

차클 말실수가 무의식을 반영한다고요? 그럼 사람들이 '본의 아니게 한 말'이라고 하는 게 실은 다 본의일 수 있다는 건가요?

김　정신 분석적으로 보면 우연은 없어요. 말실수를 한 것 같지만 말실수가 아니라 무의식이 은연중에 겉으로 드러나는 것이죠.

차클　그런데 정말 실수인 경우도 있을 수 있잖아요. 그런 말실수들을 모두 무의식이라고 생각하면 너무 피곤할 것 같아요.

김　예를 들어 그렇다는 겁니다. 그런데 예컨대 '네가 미워서 그러는 게 아니야, 다 잘되라고 그러는 거야'라고 말하는 엄마가 속으론 아이를 미워할 수 있어요. 엄마가 아이를 사랑해야 한다는 것은 자아나 초자아가 갖는 관념이에요. 하지만 아무리 엄마라도 어떤 순간만큼은 아이를 미워할 수도 있는 것 아니겠어요? 그런 이드에 대해 초자아가 검열을 하는 과정이 우리 마음속에서 일어나며 갈등이 벌어지는 거예요.

정신분석학에 주목해야 하는 이유

"인간의 숨기고 싶은 면, 어두운 면, 그 속에서 자꾸 뚫고 나오는
증상들을 잘 치료하기 위해서라도 자신의 내면을 잘 알아야 합
니다. 그런 방법 중 하나로서, 무의식을 들여다볼 필요가 있다
고 생각합니다."

• • •

차클   프로이트의 대표작인 《꿈의 해석》은 어떤 책인가요?

김   프로이트가 무의식을 해명하기 위해 관심을 가진 것이 바로 꿈입니다.
그리고 1900년에 펴낸 《꿈의 해석》을 통해 비로소 정신 분석이라는
학문을 세상에 소개하게 되죠. 프로이트는 자신의 책이 20세기를 여
는 책이 될 거라고 확신했어요.

차클   프로이트의 확신이 들어맞았나요?

김   《꿈의 해석》이 처음 세상에 소개됐을 때는 학계로부터 외면을 받았어
요. 꿈이 연구 대상이 될 수 있다는 사실을 인정하지 않은 학계의 분위
기 탓이죠. 꿈을 통해 인간의 마음을 풀 수 있다는 개념에 대해 황당하
다는 반응 일색이었어요.

차클 학계가 아닌, 대중들의 반응은 어땠나요?

김 오늘날 프로이트의 책은 고전 중의 고전으로 알려져 있지만, 초판 출간 후 10년 동안 1000부도 팔리지 않았어요. 학계에서도 반응이 차가웠지만 일반 대중도 황당하게 받아들이기는 마찬가지였습니다. 앞서 3대 사상 혁명 중 하나로 언급됐던 다윈의 《진화론》은 출간되고서 다음 날 다 팔렸거든요. 그런데 프로이트의 책이 팔리지 않았다는 것은 반응이 차갑다 못해 조롱의 대상이었다는 것을 보여줍니다.

차클 그런데도 살아남아 고전이 된 건 책 속에 정말 중요한 내용이 담겨 있기 때문이겠죠?

김 그렇죠. 프로이트도 처음부터 꿈에 주목했던 건 아니에요. 그런데 안나 O와 같은 사례들, 즉 히스테리 같은 신경증 환자들을 치료하면서 공통점을 발견합니다. 상담을 하면서 자유롭게 이야기를 해보라고 하면 환자들이 자기 꿈 이야기를 했다고 해요. 프로이트도 처음에는 그저 우연이라고 생각했다가 꿈 이야기가 자꾸 반복되자 어떤 메시지일 가능성이 있다고 생각한 것입니다.

차클 흥미롭네요. 책 속 내용에 대해 좀 더 알려주세요.

김 꿈이 어떻게 만들어지고 꿈의 기능이 무엇인지를 해명하는 것이 주된 내용입니다. 오늘날도 신경증 환자들이 고통스러운 기억이나 과거에 억압받았던 일들과 관련한 꿈을 많이 꾸죠. 그런 꿈들을 통해 평상시에 드러나지 않는 무의식이 위장된 형태로나마 드러나게 된다는 게 프로이트의 생각이었어요. 결국 꿈을 분석하면 내면의 무의식이 어떤 메시지를 말하려는 것인지를 알 수 있다는 거예요.

차클 무의식이나 내면을 반영한 꿈을 꾼 대표적인 사례가 있을까요?

김 우리가 아는 유명한 예술가 중 레오나르도 다빈치는 하늘을 나는 것에 굉장히 집착했죠. 헬리콥터나 비행기에 대한 구상도를 만들 정도였으니까요. 그래서 하늘을 나는 꿈을 많이 꿨다고 합니다.

차클 잘 알지도 못하고 관심도 없는 사람이 갑자기 꿈에 나타나는 것은 어떻게 받아들여야 할까요? 그런 것도 무의식의 영향인가요?

김 꿈은 일종의 기호로 받아들여야 합니다. 프로이트는 꿈을 상형문자에 비유했어요. 꿈을 액면 그대로 바라보면 안 되고, 꿈이 만들어진 배경이나 사고를 더 주목해야 한다고요. 그런 의미에서 보면 꿈에 등장한 사람은 단순히 눈에 보이는 이미지가 아닌 다른 의미를 담고 있는 대상일 수 있어요.

차클 어렵네요. 꿈속 이미지도 보이는 그대로가 아니라 상징으로 해석해야 한다는 것이요.

김 속마음을 그대로 드러내면 안 되기 때문이죠. 만약 속마음을 있는 그대로 보게 되면 우리 자신이 너무 힘들기 때문이에요. 무의식이라는 것은 의식이 싫어하거나 받아들이기 힘든 것들을 따로 가둬두는 곳이나 마찬가지거든요. 영화 〈인사이드아웃〉에서도 말썽꾸러기들을 가두는 창고로 무의식을 표현했어요. 평상시에는 의식으로 들어올 수 없는 것들이 주를 이루죠. 그런데 무의식은 언젠가는 나타난다고 했어요. 그런 것들이 꿈으로 나타나려면 자기의 본모습을 감춰야 합니다. 그러다 보니 자신이 잘 아는 사람의 모습을 통해 자신이 싫어하는 것들이 상징적으로 나타나는 거예요. 심지어는 꿈을 반대로 해석해야 본래의 의미가 드러나는 경우도 있어요. 꿈에서 유쾌한 장면을 봤는데 실제로는 슬픈 내용을 얘기하고 있는 것일 수도 있어요. 그 반대일 수도 있고요.

차클　대표적으로 어떤 사례가 있을까요?

김　한 노인이 자다가 꿈을 꾸는데 꿈이 너무 좋았는지 계속 웃었다고 해요. 그 모습을 본 부인이 노인을 깨우자 잠에서 깨어난 노인이 아주 낯익은 사람이 방으로 들어오는 꿈을 꿨다고 말했어요. 그리고 꿈에서 불을 켜려고 하는데 불을 켤 수가 없어서 부인에게 대신 불을 켜달라고 했대요. 또 부인이 억지로 불을 켜는 그 모습이 너무 웃겼던 나머지 꿈에서도 막 웃었다는 건데 프로이트는 그게 유쾌한 꿈이 아니었다는 해석을 하죠.

차클　실제론 어떤 의미가 담긴 꿈이었나요?

김　그 노인은 동맥경화에 걸려서 살날이 얼마 남지 않은 상태였다고 해요. 늘 자기가 죽을지도 모른다는 생각을 하고 있었던 거죠. 꿈에서 등장한 낯익은 인물은 사실 저승사자였던 거예요. 저승사자를 쫓아내기 위해 뭔가를 해야 하는데, 그런 행동을 자기 스스로 하지 못하고 부인의 도움을 받아야 했던 것이죠. 이처럼 슬픈 상황인데도 불구하고 꿈에서는 위장된 형태로 나타나서 아주 유쾌하게 웃었다는 겁니다. 실제로 꿈을 꾼 다음 날 노인은 굉장히 기분이 안 좋았다고 해요.

차클　꿈을 꾸게 된 배경을 이해하고 있다면 같은 꿈이라도 다르게 해석할 수 있겠군요?

김　맞습니다. 꿈의 해석이라는 의미는, 꿈을 듣고 분석가가 명쾌하게 설명하는 것이 아니라 같이 이야기를 하면서 꿈이 만들어진 맥락을 찾아나가는 겁니다. 그렇게 환자는 자신의 기억을 떠올리면서 조금씩 조금씩 의식 밑에 감춰져 있던 것들을 알게 되는 것이죠. 그렇게 꿈의 연관 관계를 잘 찾아 설명해주다 보니, 프로이트의 정신 분석을 탐정의 추리 활동에 비유하기도 해요. 사건의 실마리를 찾아서 재구성을 해주는 게 탐정의 일이잖아요.

차클 정신 분석이 탐정의 추리 활동과 비슷하다는 말에 공감이 갑니다. 프로이트가 새삼 대단하게 여겨져요.

김 프로이트의 천재성은 꿈이나 무의식이 학문적인 연구 대상이 될 수 있다는 것을 발견한 데 있습니다. 이전에는 사람들이 그런 생각을 하지 못했거든요. 그는 꿈이 심리 현상으로서 충분한 연구 가치가 있다고 봤어요. 그리고 꿈 연구를 통해 신경증을 치료할 뿐만 아니라 많은 사람의 무의식을 들여다볼 수 있다는 점을 세상에 알리고자 했죠. 다만, 그의 이론이 받아들여지는 데까지 시간이 꽤 걸렸던 겁니다.

차클 프로이트가 그 긴 시간을 견디는 게 쉽진 않았을 것 같아요.

김 프로이트는 정작 죽을 때까지 빈 대학의 교수도 되지 못했어요. 나중에 한참 시간이 지난 뒤에 왕실의 도움으로 외래교수 정도의 타이틀을 받긴 했지만, 끝까지 교수가 되지는 못했어요. 그뿐만 아니라 남자도 히스테리에 걸릴 수 있다고 주장했다는 이유로 의사협회에서 제명당하기도 했습니다. 그만큼 프로이트의 이론이 당시에 말도 안 되는 주장처럼 받아들여진 것입니다. 하지만 프로이트는 자기가 시대를 너무 앞서가서 그런 것이라고 생각했어요. 심지어 자신은 찬란한 고립을 선택하겠다는 말을 하기도 했죠.

차클 프로이트가 유대인이라는 점도 학계로부터 외면당하는 이유로 작용했을까요?

김 나치가 집권하던 시기에 유대인들에 대한 탄압이 있긴 했죠. 마르크스나 카프카의 책들을 불태우는 일도 많았으니까요. 게다가 인간의 내면을 들여다보겠다거나 인간이 성적인 존재라고 이야기하는 프로이트의 가설 자체가 그를 탐탁지 않게 여기는 분위기를 만드는 데 크게 작용했습니다. 프로이트의 책이 영혼을 좀먹는다고 했을 정도였죠.

차를 그런데 융이나 아들러 같은 학자들도 프로이트를 부정했다면서요. 그 점에 대해선 어떻게 생각하시나요?

김 프로이트는 이미 150년 전, 19세기 사람이라는 것을 상기했으면 좋겠습니다. 당시의 과학적 한계가 분명히 있었겠죠. 프로이트의 정신분석학이 만들어지는 과정에서 뜻을 함께했던 알프레트 아들러나 융 같은 학자들이 떨어져나간 것도 사실이에요. 프로이트가 옳았다거나 융이 옳았다고 단정적으로 말할 수는 없습니다. 하지만 적어도 프로이트가 당시의 시대적인 한계 속에서도 인간의 마음이 계속 갈등을 일으키고 있고, 무의식을 통해 인간 삶 전체의 모습을 들여다볼 수 있음을 밝혀낸 건 인정해야 할 것 같습니다. 또한 무의식은 꿈이나 일상에서 말실수 같은 것을 통해 자기를 드러낸다는 가설을 주장했다는 점도요. 오늘날 뇌과학으로까지 이어지는 무의식 탐구의 초석을 다진 공에 대해서는 높게 평가해야 하지 않을까 생각합니다.

차를 프로이트와 함께한 무의식 탐험, 흥미진진했습니다. 마지막으로 정신분석을 공부해야 하는 이유를 다시 한번 정리해주실까요.

김 "당신은 어떤 사람이냐"고 누군가 묻는다면 남들의 평가나 스스로 생각하는 이미지, 지금까지 겪어온 경험들을 떠올릴 겁니다. 그런데 프로이트는 나도 나 자신을 모를 수 있다고 말합니다. 나의 진정한 모습을 알기 위해서는 자신이 마주하기 싫은 내면과 억압된 것들을 모두 들여다봐야 한다고요. 요즘 많은 사람이 자기 계발이나 행복, 긍정심리학에 관심을 갖고 있죠. 그게 나쁘다는 것은 아니지만 그와 함께 인간의 숨기고 싶은 어두운 면 역시 잘 알아야 한다고 생각합니다. 마음속에서 자꾸 뚫고 나오는 증상을 잘 치료하기 위해서라도 무의식을 들여다볼 필요가 있는 거죠. 자기의 내면을 잘 들여다볼 수 있는 용기가 중요하다는 얘기입니다. 들여다볼수록 숨기고 싶은 자신의 모습이 더 많이 드러날 수도 있겠죠. 하지만 그런 모습들과 잘 조화를 이루면서 살아가는 것이 진정한 행복 아닐까요?

**차이나는
클라스**

마음의 진화,
약하니까 인간이다

•

박한선

병든 마음에서 인류의 생존법을 찾고, 진화적 관점에서 인간의 마음이 왜 아픈지
탐구하는 신경인류학자이자 정신과 의사. 서울대학교 병원 정신과 전임의, 성안드
레아병원 정신과 과장, 서울대학교 비교문화연구소 연구원을 지낸 바 있다. 현재
서울대학교 인류학과 강사로 재직 중이다.

인간의 감정도 진화하는가

"과거에는 정신 장애도 범죄로 생각했어요. 정신 장애를 겪을 때 나타나는 나약함, 우울함, 불안 등이 모두 신에 대한 죄라고 생각해 처벌하기도 했습니다. 하지만 이제는 질병이라 여기고 의학적 도움을 주고 있죠. 하지만 정신 장애에 대한 사회적 편견이 여전히 남아 있습니다."

• • •

차클 신경인류학자라고 하셨는데 매우 생소합니다. 어떤 걸 연구하는 학문인가요?

박 사실 신경인류학뿐만 아니라 인류학에 대해서도 잘 모르는 분들이 많죠. 인류학은 인간의 몸과 마음 그리고 사회와 문화를 전반적으로 연구하는 학문이고요. 신경인류학은 진화적 관점에서 우리의 마음이 어떻게 만들어졌는지, 다양한 문화나 사회에서 마음의 병이 어떤 식으로 나타나는지를 연구합니다.

차클 그렇군요. 정신과 의사인 동시에 신경인류학자이시니 정신 질환의 변천사에 대해 누구보다 잘 알려주실 수 있겠네요. 예컨대 동성애를 정신 질환으로 봤던 시절도 있었죠?

박 동성애를 질병으로 분류한 것은 대략 100년 전의 일이에요. 그 이전엔 수 세기 동안 기독교 문화권을 포함한 여러 지역에서 죄악으로 여겼졌죠. 유럽 사회에서는 동성애를 범죄로 취급해 처벌하기도 했으니까요.

차클 단지 죄악시한 정도가 아니라 실제로 처벌을 했다고요?

박 오스카 와일드라는 유명한 극작가도 동성애자라는 사실이 드러나서 2년 동안 수감됐습니다. 컴퓨터를 고안해낸 영국의 수학자 앨런 튜링도 동성애자였는데요. 감옥에 가는 대신 강제로 호르몬 치료를 받고 화학적 거세를 당한 뒤 결국 자살로 삶을 마감했습니다.

차클 정말 안타까운 일이네요. 다른 사례도 있나요?

박 나치가 독일을 지배했던 시기엔 약 1만 5000명의 동성애자들이 강제 수용소에 끌려가기도 했습니다. 나치는 이들 동성애자의 의복에 분홍색 역삼각형(Rosa Winkel) 표식을 붙여서 별도 관리했을 정도였어요.

차클 나치가 물러난 이후에는 상황이 달라졌나요?

박 제2차 세계대전이 끝난 뒤 전쟁 중 억울하게 희생당한 사람들에게 독일 정부가 보상을 해주겠다고 나섰어요. 그런데 동성애 때문에 피해를 입었던 사람들 중에는 보상 신청을 한 경우가 거의 없었어요. 당시 통계에 따르면 관련 피해자가 5만 명 정도에 이르렀는데, 단 14명만 보상을 신청했다고 해요.

차클 왜 보상 신청을 안 한 것이죠?

박 독일에선 1970년대까지 동성애를 범죄로 규정해 형법으로 처벌했습니다. 그러니 자신이 동성애자인 것을 밝힐 수 없었던 것이죠. 그래서 나중에 정신과 의사들이 동성애를 질병으로 규정했을 때 일부 동성애자들은 오히려 반겼다고 합니다. 처벌보다 차라리 치료가 낫다고 생각한 거죠.

차클 그런데 병이 아닌 동성애를 어떻게 치료했다는 거죠?

박 초기에는 심각한 정신 장애 증상이라고 생각해 여러 치료를 했어요. 두개골을 열어 뇌를 자르는 식의 치료를 한 적도 있습니다. 나중에는 동성애를 발달 단계의 문제라고 여겨 정신과 치료를 하거나 호르몬 치료를 하기도 했었죠. 하지만 어떤 방법을 써도 동성애가 '치료'되진 않았어요.

차클 동성애가 질병이 아니라고 결정하게 된 계기는 무엇인가요?

박 미국에서 〈DSM〉(정신 장애 진단 및 통계 편람, Diagnostic and Statistical Manual of Mental Disorders)을 만드는 과정에서 컬럼비아대학 정신의학과 교수인 로버트 스피처(Robert Spitzer)가 주도적 역할을 했습니다. 스피처 교수도 원래는 동성애를 정신 장애로 여겼어요. 그런데 우연히 동성애자들이 모이는 클럽에 갔다가 동성애자들과 대화를 나누게 됐고 이들이 보통 사람과 다를 바 없다는 걸 깨달았답니다. 도저히 정신 장애가 있다고 생각하기 어려웠던 것이죠. 그래서 〈DSM〉을 개정하자고 학계에 제안을 했습니다. 스피처 교수 같은 사람들의 노력에 힘입어 동성애가 질병도 범죄도 아니라는 인정을 받게 된 겁니다.

차클 하지만 여전히 동성애자라는 사실을 밝히기는 어렵잖아요. 사회적 낙인과 차별이 심각하니까요.

박 동성애는 인간의 다양성 중 하나입니다. 후천적으로 사회나 환경의 영향을 받았을 수 있지만, 타고난 경우가 더 많습니다. 스스로 선택한 것도 아니고, 그런 만큼 잘 바뀌지도 않죠. 정신 장애도 마찬가지라고 생각합니다. 과거에는 정신 장애도 범죄로 생각했어요. 정신 장애를 겪을 때 나타나는 나약함, 우울함, 불안 등이 모두 신에 대한 죄라고 생각해 처벌하기도 했습니다. 하지만 이제는 질병으로 여기고 의학적 도움을 주고 있죠. 하지만 정신 장애에 대한 사회적 편견은 여전히 남아 있습니다. 정신 장애로 고통 받는 사람들을 보며 "왜 너의 생각을 바꾸지 못해. 왜 너의 마음을 바꾸지 못해"라며 나무라는 경우가 너무나 많습니다. 하지만 저는 정신 장애를 겪는 사람들이 우리와 크게 다르지 않다고 생각해요.

차클 동성애와 정신 장애 모두 사회적 편견에 시달린다는 공통점을 갖고 있군요. 그런데 혹시 진화적 관점에선 동성애를 어떻게 설명하는지 말씀해주실 수 있나요?

박 어려운 질문입니다. 사실 동성애는 진화적으로는 미스터리예요. 대부분의 생물은 번식, 즉 건강한 자식을 많이 낳을 수 있는 형질을 가지도록 진화해왔습니다. 바로 자연 선택이라고 부르는 과정이죠. 그런데 동성애가 자식을 낳는 데 유리한 형질은 분명히 아니잖아요. 그런데도 불구하고 적지 않은 수의 사람들이 동성애 성향을 갖고 있어요. 심지어 거의 모든 문화권에서 발견됩니다. 또 상당수의 동물들도 동성애를 하는 것이 관찰됩니다. 이에 대해서는 다양한 가설들이 있긴 합니다. 다만, 가설마다 조금씩 단점이 있어서 진화적으로 왜 동성애가 나타나는지는 아직 만족스럽게 설명하지 못하고 있습니다.

차클 동성애 얘기가 길어졌네요. 그건 그렇고 원래 강연 주제가 마음의 진화였는데요. 사람의 마음도 진화를 통해 달라져온 건가요?

박 그 얘길 하기 전에 일단 인간이 어떻게 진화했는지부터 살펴보도록 하죠. 질문 하나 드릴게요. 과연 수렵채집 사회에서 인간의 보통 수명은 몇 세였을까요?

차클 현대인들보다는 오래 살지 못했을 것 같아요. 평균적으로 20세에서 30세 사이가 아닐까요?

박 제 질문은 평균 수명이 아니라 보통 수명을 묻는 것이었어요. 즉, 가장 많은 사람이 죽는 나이를 물어보는 것이죠. 통계 용어로 최빈치(最頻値)라고 합니다. 수렵채집인 중 많은 사람이 60세를 넘길 때까지 살았다고 해요. 수렵채집인의 평균 수명은 21~37세인 반면 보통 수명은 72세라고 합니다.

차클 원시 사회에서 인간의 수명이 짧았다가 이후 점점 길어진 게 아니었나요?

박 원시 사회의 평균 수명이 짧은 건 평균의 함정 때문에 그렇습니다. 영유아 사망이나 질병 또는 사고로 인한 사망을 제외하면 과거의 인류도 지금과 큰 차이 없이 오래 살았다고 해요. 만약 수렵채집 사회의 모든 사람이 평균 수명인 20~30대까지만 살았다면 아이를 많이 낳아 키울 수가 없었겠죠. 그러면 인류가 지금처럼 번성하지 못했을 거예요.

차클 인류의 수명이 오랜 세월 동안 그리 크게 늘지 않았다는 점이 놀랍네요.

박 문명사회가 시작되면서 의료와 보건 기술, 영양 환경이 많이 개선됐죠. 그 덕분에 인간이 태어나 어린 나이에 죽는 경우가 줄어들었습니다. 영유아 사망률이 아주 낮아진 건 사실입니다. 하지만 수명의 최대치는 크게 변하지 않았어요. 이렇게 기술이 발달하면 200세, 300세까지 살아야 하지 않겠나 싶지만 그렇게 되지 않은 거예요. 인간이 오래 사는 쪽으로 진화한 것이 아니라 자신과 똑같은 유전자를 가지고 있는 자식을 건강하게 많이 낳도록 진화한 겁니다.

차클   수렵채집 사회의 인간과 오늘날 인간의 수명에 큰 차이가 없는 것처럼 인간의 본성도 별로 달라진 게 없는 건가요?

박   네. 제가 이야기하고자 하는 바가 바로 그것입니다. 인간의 수명이 과학기술 발달에도 불구하고 크게 늘어나지 않은 것처럼 우리의 마음도 우리 조상의 마음과 크게 다르지 않습니다. 인간이 가지고 있는 정서, 인지, 감정, 생각, 행동 등은 모두 원시 환경에 적응하는 과정에서 만들어져 오늘날까지 이어져왔습니다. 우리 모두 그러한 인류 공통의 진화된 마음을 갖고 있는 거죠.

차클   현대인의 마음이 원시 사회의 환경에 맞춰 만들어진 거라니 놀랍네요.

박   네. 그런데 인간의 성격이나 감정을 표현하는 단어를 다 합치면 대략 4500개나 된다고 해요. 그만큼 인간의 감정이 다양하다는 것이죠. 이에 대해 학자들이 의문을 제기했어요. 원시 사회 환경에서 진화적 과정을 통해 인간의 감정이 정해졌다면 이렇게 종류가 많을 리 없다는 것이죠.

차클   그래서 학자들이 어떻게 대응을 했나요?

박   많은 학자들이 감정에 대해 연구를 했어요. 특히, 캘리포니아대학 샌프란시스코(UCSF, University of California, San Francisco)의 명예교수 폴 에크만(Paul Ekman)은 다양한 문화권에서 나타나는 감정에 대해 연구를 했습니다. 국가별로, 시대별로 나타나는 감정의 종류를 조사해보니 어디서나 존재하는 공통된 감정이 있었다고 해요. 인간이 아닌 다른 동물들과 비교생물학적으로 연구를 해봐도 마찬가지고요.

차클   그 공통된 감정이 뭔지 궁금하네요.

박   그의 연구에 따르면 인간의 감정이 아주 다양하게 나타나는 것처럼 보이지만 시대와 국가를 막론하고 보편적으로 관찰되는 감정은 여섯 가지라고 해요. 바로 분노, 혐오, 공포, 기쁨, 슬픔 그리고 경악입니다. 지금부터 각 감정에 대해 자세히 살펴보도록 하겠습니다.

공포와 불안은 어떻게 학습되는가

"인간이 보편적으로 갖고 있는 불안 반응은 아마도 우리 선조들이 살았던 환경에서 자주 접할 수 있는 위협적 대상에 대해 자동화된 반응이 아닐까 생각합니다. 이런 현상을 감정의 밀봉화라고 합니다. 다른 정신의 영역이 침범하지 못할 만큼 자동적으로 반응이 일어났다는 것을 뜻해요."

• • •

차클   앞서 말씀하신 공통된 감정 중 기쁨은 긍정적인 반면 슬픔은 부정적이잖아요. 부정적인 감정은 인간에게 어떤 도움이 되길래 진화를 통해 살아남은 걸까요?

박   좋고 나쁨의 기준은 사실 인간이 만든 것이에요. 쉽게 다가가도 되는 자극에 대해선 기쁨을 느끼고, 멀어져야 하는 자극에는 부정적인 감정을 느끼게 진화됐을 뿐이죠. 자극에 따라 달리 반응하는 것일 뿐이지, 감정 자체가 좋고 나쁜 건 아닙니다.

차클   부정적인 감정도 필요하니까 인간이 갖게 된 거란 말씀으로 들리네요.

박   네. 인간이 가진 여섯 가지 대표적인 감정 중에서도 프라임(prime, 기본적인) 감정이라는 게 있습니다. 바로 불안이에요. 공포도 포함할 수 있습

니다. 불안과 공포라는 감정은 진화적으로 역사가 아주 깊습니다. 포
유류뿐만 아니라 파충류도 가지고 있는 감정이 바로 불안이죠.

차클 불안과 공포가 인간이 태초부터 가지고 있는 기본적인 감정이라는 얘
기죠?

박 네. 뾰족한 것에 대한 공포, 높은 곳에 대한 공포, 소리에 대한 공포는
대개 모든 사람이 가지고 있죠. 그런 일반적인 공포 외에 특정 개인만
이 겪은 경험에서 오는 공포도 있습니다. 예를 들어 집에 누군가가 침
입해 협박을 당했다거나 집에 불이 났다거나 하는 경험을 하면 그에
따른 공포가 생기겠죠. 그런데 공포와 불안은 타고나는 것일까요, 아
니면 학습되는 것일까요?

차클 경험을 통해 학습한 게 아닐까요? 불안과 공포를 타고난다는 건 선뜻
이해되질 않습니다.

박 네. 유년기 때 겪은 트라우마가 있거나 생명을 위협받을 만큼 심각한
경험을 하게 되면 자연스럽게 공포가 생기겠죠. 다시는 그런 일을 겪
으면 안 될 테니 공포나 불안을 학습하는 건 당연한 일입니다. 그런데
한 번도 뾰족한 것에 찔려본 적도 없고 높은 곳에서 떨어져본 적도 없
는 사람이 공포를 느끼는 경우도 있잖아요.

차클 어떻게 한 번도 겪지 못한 일에 대한 공포를 타고날 수 있는 걸가요?

박 통계적으로 보면 인간이 보편적으로 갖고 있는 불안 반응이 분명히
있습니다. 아마도 우리 선조들이 살았던 환경에서 자주 접할 수 있었
던 위협적 대상에 대해 자동화된 반응이 아닐까 생각합니다. 이러한
감정적 반응은 다른 정신적 활동으로 통제하기 어렵습니다. 밀봉화라
고 부르는 현상이죠. 즉, 다른 정신의 영역이 침범하지 못할 만큼 자동

인류는 진화 과정을 거치면서 뱀에 대한 공포 반응이 자동적으로 심어진 것일지도 모른다.

적으로 반응이 일어났다는 것을 뜻해요.

차클 사례를 들어주실 수 있을까요?

박 오늘날 교통사고로 많은 사람이 사망을 하죠. 그럼에도 불구하고 사람들 중에 자동차 공포증이 있다고 말하는 사람은 드물어요. 또 총기 사고가 정말 많이 일어나는 미국에서도 총만 보면 두려움에 떨거나 가슴이 두근거리는 반응을 보이는 사람이 별로 없다고 해요. 자동차나 총처럼 위험한 물건을 인간이 접하게 된 지는 불과 100~200년밖에 안 됐기 때문입니다. 반면 뱀은 어떤가요? 뱀 공포증을 가진 사람은 꽤 많을 겁니다. 뱀이 인간의 조상에게도 굉장히 큰 위협이었기 때문이죠. 뱀은 인류의 역사와 함께 공포의 대상으로 계속 인식됐다고 해도 과언이 아닙니다. 그래서 인간은 뱀에 대한 불안 반응을 이미 갖고 태어난다고 보는 겁니다.

차클 총이나 자동차에 대한 공포는 아직 유전자에 학습되지 않았다고 보면 되겠군요. 그럼 얼마나 더 시간이 지나야 그런 자동화된 반응이 나타날까요?

박 글쎄요. 제가 볼 때는 자동차를 무서워하는 공포 반응이 생기기 전에 사고가 나지 않는 안전한 차가 더 빨리 개발될 것 같습니다.

차클 그렇군요. 그런데 만약 공포를 느끼는 것이 진화를 통해 얻은 자동화된 반응이라면 너무 과도하다는 생각이 들어요. 전혀 위험하지도 않은 상황에서 공포나 불안을 느낀다면 이로울 게 없잖아요.

박 네. 그렇게 생각할 수 있습니다. 가끔 공포나 불안 반응을 심하게 나타내는 사람들이 있습니다. 그런 증상을 설명하는 개념으로 '화재경보기 이론'이라는 것이 있어요. 화재가 나면 불을 감지해 자동으로 스프링클러가 분사되고, 소방서에 화재 신고가 되는 시스템을 생각하면 됩니다. 이런 화재경보기의 센서는 민감도의 수준을 어느 정도로 맞춰야 할까요?

차클 민감도가 너무 떨어지면 화재가 아주 커질 때까지 감지를 못하니 문제가 될 것 같아요. 그렇다고 센서 설정이 너무 민감할 경우 화재 신고가 지나치게 자주 일어날 것 같고요.

박 맞습니다. 공포증과 비교해 생각해보세요. 경보기가 너무 예민하게 작동하면, 즉 약간의 자극만 주어져도 우리 마음이 반응을 하면 금세 공포나 불안을 느끼겠죠. 반대로 너무 둔감하게 작동하면, 즉 많은 자극이 주어져도 반응이 없다면 아무런 감정을 느끼지 않을 겁니다.

차클 그럼 어느 정도가 적정할까요?

박 만약 별로 크지 않은 불에 센서가 작동해 스프링클러에서 물이 분사되면 많은 물건이 물에 젖고 말 겁니다. 하지만 어쨌든 큰 화재를 미연에 방지했잖아요. 물에 젖은 물건들이야 말리면 되고요. 큰 피해를 막기 위해선 가급적 애매한 순간에도 센서가 켜지는 게 유리합니다. 공포 반응도 마찬가지예요. 인간의 공포증도 애매한 경우에는 일단 작동해야 손해를 줄일 수 있어요. 만약 사자가 나타났는데도 고양이인 줄 알고 덤덤히 있다간 잡아먹히고 말겠죠. 즉, 우리가 가지고 있는 다양한 공포 반응은 오랜 시간의 진화를 통해 최적으로 맞춰진 적응 반응일 수 있어요.

차클   혹시 공포를 아예 못 느끼는 사람도 있나요?

박   좋은 질문이네요. 공상과학 소설을 보면 공포를 느끼지 못하는 무적의 전사 같은 캐릭터들이 나오죠. 오스트리아의 의사인 우르바흐 비테의 연구에 따르면 상염색체 우성 희귀병인, 자신의 이름을 딴 우르바흐-비테 증후군(Urbach – Wiethe disease)에 걸린 사람들이 공포를 느끼지 못했다고 해요. 이 병에 걸린 사람은 뇌에서 불안과 공포를 담당하는 편도체가 칼슘에 침착돼 제 기능을 하지 못한다고 합니다. 일례로

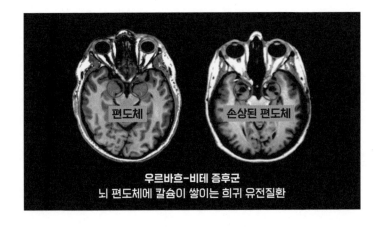

우르바흐-비테 증후군
뇌 편도체에 칼슘이 쌓이는 희귀 유전질환

SM-046이라는 코드명으로 불린 여성 실험 대상자도 공포를 느끼지 못했습니다.

차클   공포를 느끼지 못한다면 어떤 느낌일지 상상이 안 됩니다. 실제로는 어떤 문제가 있었나요?

박   여러분은 범죄로 가득한 밤거리를 쉽게 돌아다닐 수 있나요? 웬만한 담력 없이는 위험한 곳을 함부로 돌아다니기 어렵겠죠. 문제의 SM-046이라는 여성은 늦은 밤 미국의 한 지역 공원을 돌아다니다가 칼에 찔렸다고 해요. 한 번 그렇게 사고를 당한 사람이라면 다시는 그 공원을 찾을 생각을 않는 게 정상일 겁니다. 그런데 이 여성은 또 그 공원을 찾아갔다고 해요.

차클   아무리 공포를 못 느껴도 기억은 남아 있는 것 아닌가요? 어떻게 자신이 칼에 찔렸던 공원으로 다시 나갈 수 있죠?

박   기억은 강렬한 감정 반응과 같이 나타나는 경향이 있어요. 편도체가 해마와 붙어 있거든요. 공포를 느끼지 못하니 기억도 잘 떠오르지 않는 겁니다. 그저 밋밋한 반응으로 기억하는 거죠.

차클 그 여성은 공포 외의 감정은 정상적으로 느낄 수 있었나요?

박 네. 이 여성에게 여섯 가지 감정을 담은 얼굴 표정을 그려보라고 했는데, 다른 감정에 대한 표정은 잘 그렸지만, 유독 공포에 대한 표정을 그리질 못했습니다. 즉, 공포스러운 감정이 뭔지 아예 모르는 거예요. 앞서 과도한 공포증은 문제 아니냐고 하셨는데 이 여성처럼 공포라는 반응을 아예 느끼지 못하면 결국 생존을 위협받는 상태에 놓일 수밖에 없는 것이죠.

우울증은 어떻게 극복하는가

"우울증으로 힘들어하는 사람에게 우울해하지 말라, 털어놓고
말을 해보라고 하는 것은 공포 반응을 보이는 사람에게 두려워
하지 말고 꾹 참으라는 것과 다르지 않습니다. 우울증은 결코
꾀병이 아니라는 것을 명심하세요."

• • •

차클　요즘 우울증을 앓는 사람이 많은데 혹시 우울증도 진화된 것인가요?

박　우울증으로 인해 목숨을 잃는 사람도 많지만, 사실 인간의 진화를 위
해 반드시 필요했던 것이 바로 우울이라는 감정입니다. 3명 중 1명이
크게 앓는 증상이에요. 정신 장애 중 가장 많은 게 불안 장애, 두 번째
로 흔한 게 바로 우울 장애입니다.

차클　그렇게 흔한 질환인데도 여전히 사회적 편견이 많은 것 같아요.

박　우울 장애는 증상 자체보다도 사회적 편견이 더욱 본인을 힘들게 하
죠. 특히 동아시아 사회, 한국이나 일본에서 심한 편입니다. 그나마 요
즘은 많은 사람이 우울증을 털어놓지만 예전엔 정말 힘들었어요. 정신
과 의사이자 사회심리학자인 에리히 프롬(Erich Fromm)은 우울이 감각

"우울이란 무엇인가?
그것은 감각에 대한 무능력이며
우리의 육체가 살아있음에도 불구하고
죽어있는 느낌을 가지는 것이다."

에 대한 무능력이며, 육체가 살아 있음에도 불구하고 죽어 있는 느낌을 가지는 것이라고 했습니다. 우울한 사람은 슬픔을 느낄 수만 있어도 크게 구원을 받을 수 있을 것이라고도 했어요.

차클 우울증을 겪는 것만으로도 그렇게 힘든데 사회적으로 불이익을 받을 수 있다는 걱정까지 해야 하니 얼마나 버거울까요.

박 맞습니다. 그래서 일본 정신과 학회에서 코코로노카제(心の風邪), 즉 마음의 감기라는 캠페인을 펼쳤어요. "정신 장애, 특히 우울증은 아주 흔합니다. 감기처럼 가벼운 문제이니 그냥 힘들 때 병원에 가도 괜찮은 것입니다. 편견을 없애세요"라는 내용으로요.

차클 캠페인이 효과가 있었나요?

박 우울증이 누구나 걸릴 수 있는 병이라는 인식을 심어줘 사회적 편견을 깬 것은 성공적이었습니다. 우울증 약을 먹어본 적이 있다고 편하게 이야기하는 사람이 많아졌죠. 문제는 우울증을 너무 가볍게 생각하는 분위기가 만들어졌다는 겁니다. 좋은 의도에서 시작한 캠페인이었지만, 감기 정도의 병이라면 굳이 병원에 가지 않아도 괜찮지 않나 하는 인식을 낳았죠. 사실 우울증은 감기보다 훨씬 심각한 병입니다. 우울증을 앓는 사람을 자살로 이끌 수도 있을 만큼 힘든 게 사실이에요.

차클 너무 가볍게도, 너무 심각하게도 여겨선 안 되는 병이네요. 우울증에 대해 좀 더 알려주시죠.

박 전형적인 증상은 불면이에요. 잠을 못 자는 경우가 굉장히 많습니다. 하지만 반대로 잠을 더 많이 자게 되는 우울증도 많아졌습니다. 그리고 식욕이 떨어져서 식사를 잘 못하는가 하면 반대로 식욕이 올라가는 우울증도 있습니다. 이처럼 다양한 형태로 나타납니다. 우울 장애에서 말하는 우울은 슬픔과 그 이외의 감정을 모두 포함하는 개념입니다.

차클 앞서 공포와 불안이 인간에게 이로운 진화의 산물이라고 하셨는데, 과연 우울은 무슨 도움이 되는 건지 의구심이 드네요.

박 불안과 공포는 인간에게 두려움의 대상으로부터 도망칠 수 있는 이득이라도 주지만, 우울은 어떤 이득이 있는 것인지 잘 모르겠죠? 그냥 힘들게만 하는 건 아닐까 싶기도 하고요. 그래서 과연 우울이 인간에게 어떤 이득을 주는지에 대해 많은 연구가 진행됐습니다. 만약 우울로 인한 이득이 없다면 우울 장애를 앓는 사람이 이렇게 많다는 사실이 납득이 되지 않으니까요.

차클 우울증은 각박한 시대가 만들어낸 현대인들의 병이 아닐까요?

박 꼭 그런 것만은 아닐 겁니다. 과거에도 우울한 사람들은 많이 있었어요. 그래서 우울한 감정이 어떤 신호로서의 역할을 한다고 주장하는 학자들이 제법 있습니다. 자신의 우울한 상태를 알려 어떤 이득을 취하려는 신호라는 거죠.

차클 우울증이 신호 역할을 한다? 예를 들어주실 수 있을까요?

박 바로 산후 우울증입니다. 아이가 태어나는 것은 기쁜 일인데, 춤을 추고 기뻐해야 마땅할 텐데 실제로 수많은 산모가 우울증을 경험한다고 합니다.

차클 맞아요. 산후 우울증을 겪는 산모 얘기를 점점 더 자주 듣게 됩니다. 그런데 산후 우울증이 얼마나 심각한 병인가요?

박 산모 중 80퍼센트 이상은 가벼운 우울감, 즉 베이비 블루스(Baby Blues)를 경험한다고 해요. 하지만 심각한 상태의 우울 장애에 걸리는 경우도 적지 않아요. 일부는 판단력을 잃고 사고 장애로까지 이어져 아이를 죽이는 경우도 있다고 합니다. 워싱턴주립대학의 인류학자이자 진화의학자인 에드워드 하겐(Edward Hagen)은 이렇게 극단적 사례들을 연구한 결과, 아이를 잘 키우기 어려운 환경에서 산후의 우울감이 더 심해진다는 사실을 발견했습니다.

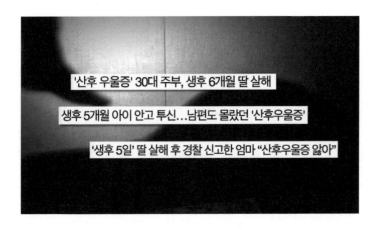

차클 아이를 잘 키우기 어려운 환경이라니 어떤 상황을 말하는 건가요?

박 인간은 대부분 엄마 혼자서 육아를 하지는 않죠. 남편도 육아에 동참하고, 할머니도 도움을 주고, 다른 가족들도 어떤 형태로든 참여합니다. 하지만 그런 도움이 전혀 없는 상황이라면 어떻게 될까요? 주변에 도움을 청할 사람이 아무도 없다면요. 혹은 전혀 도움을 주려고 하지 않는다면요.

차클 만약 육아를 엄마 혼자서 한다면 아이와 엄마 모두 너무 힘들 것 같아요.

박 맞아요. 그런 상황이 되면 엄마는 선택을 해야 합니다. 아이를 키울 건지 포기할 건지 결정해야 돼요. 그리고 주변에 신호를 보냅니다. 이 아이를 키울지 말지 고민 중이라는 걸 알리는 거죠. 그 신호가 바로 산후 우울증이에요. 아이를 키우기 위한 자원을 줄 것인지 말 것인지를 두고 주변 환경과 타협을 하는 과정입니다.

차클 그럼 반대로 육아에 도움을 줄 수 있는 환경이 갖춰지면 산후 우울증이 덜하단 말인가요?

박 맞아요. 아이를 키우는 데 도움을 많이 받을 수 있다면 아이가 생존할 수 있고 엄마도 생존할 수 있죠. 그런 도움이 전혀 없는 상태라면 차라리 아이를 포기하는 게 유리할 수 있어요.

차클 어떤 점에서 아이를 포기하는 게 유리하다는 건가요?

박 굉장히 비정해 보이는 것 같지만 엄마 입장에서 생각해보세요. 이미 두 자녀가 있는 상황에서 출산을 했는데 어떤 도움도 청할 수 없다고 가정해보죠. 그럴 경우 첫째나 둘째 아이의 생존이 어려워질 수도 있어요. 따라서 새로 출산한 아이를 포기하는 선택을 할 수도 있을 거라는 게 바로 하겐의 '자원 요구 전략으로서의 우울증 가설'입니다.

차클 그렇지만 산모가 의식적으로 결심해서 우울증에 걸리게 되는 건 아니
잖아요?

박 물론입니다. 무의식적인 수준에서 일어나는 현상입니다. 양육을 위한
자원을 많이 확보하기 위해 의도적으로 우울증인 척하는 건 아니에요.

차클 선생님 말씀을 듣고 보니 우리 사회가 산후 우울증에 대해 더 경각심
을 가져야 할 것 같아요.

박 맞습니다. 만약 산후 우울증을 경험하는 산모가 늘어난다면 그 사회
가 아기를 키우기 어려운 상황이라는 신호가 온 것입니다. 의료시설도
부족하고 경제적인 수준도 낮았던 과거에 비해 요즘이 아기를 키우기
쉬운 환경일 것 같은데 왜 그런 신호가 오는 걸까요? 분명 어딘가에서
문제가 발생하고 있는 거라고 생각할 수 있겠죠.

차클 예전에는 대가족 중심의 사회여서 아이를 돌봐줄 수 있는 양육자가
많았잖아요. 하지만 지금은 핵가족 형태라 양육의 책임이 여성에게 오
롯이 떠넘겨지는 경우가 많은 것 같아요. 독박 육아라는 말까지 등장
했을 정도로요.

박 그렇습니다. 그래서 공동 양육 가설이라는 것이 등장했습니다. 엄마 이
외에 육아 참여자가 있을 때 아이의 생존율이 높아진다는 가설입니다.

차클 그런데 왜 힘들다거나 도와달라고 말로 표현하지 않고 산후 우울증으
로 신호를 보내게 되는 걸까요?

박 두 가지 이유가 있어요. 우선 말보다 감정을 표현하는 신체적 반응이
훨씬 더 호소력이 있기 때문입니다. 그보다 더 중요한 이유는 인간이
지금처럼 언어를 사용하게 된 지가 그리 오래되지 않았다는 것입니다.
언어 사용 시기에 대해선 몇 가지 가설이 있는데요. 포유류가 등장한

게 최소 6000만 년 전, 길면 1억 년을 넘어가는 데 비해 언어를 사용하기 시작한 건 보통은 20만 년 전, 심지어 가깝게는 4만 년 전 정도로 추정하고 있습니다. 물론 100만~200만 년 전에 언어가 등장했다는 가설도 있지만 확실하진 않습니다. 아무튼 아이를 키우는 엄마 입장에선 언어가 없던 시절에도 자신의 간절한 의사를 전달할 필요가 있었을 거라고 추측할 수 있죠.

차클 말보다 감정이라는 본능을 표현하는 게 더 우선했단 얘기네요.

박 그렇습니다. 우울증으로 힘들어하는 사람에게 우울해하지 말라, 털어놓고 말을 해보라고 하는 것은 공포 반응을 보이는 사람에게 두려워하지 말고 꾹 참으라는 것과 다르지 않습니다. 절대로 우울증은 꾀병이 아니라는 것을 명심하세요.

차클 그럼 산후 우울증을 겪는 산모들에게 무엇을 해줘야 할까요?

박 먼저 다가가 필요한 것이 없는지 물어보기도 하고 도움을 주면 좋습니다. 그러면 산후에 느끼는 절망감, 불안감, 우울감 등이 많이 줄어들 수 있을 겁니다. 세계적인 배우 브룩 실즈가 몇 해 전 미국 의회에서 자신이 첫딸을 낳은 후부터 산후 우울증을 겪고 있다는 것을 고백하는 연설을 했습니다. 산후 우울증의 위험성을 널리 알리기 위해서였죠. 실즈는 무엇보다 자신이 산후 우울증을 겪고 있다는 사실을 몰랐던 것이 큰 비극이었다고 말했어요. 이후 미국에서는 산후 우울증 선별 검사를 법으로 규정하게 됐습니다. 그리고 모든 산모에게 우울증 선별 검사를 받도록 권고하고 있어요. 우리에게도 이런 관심이 필요할 때입니다.

차클 산후 우울증 외에 다른 우울증도 주변에 자신이 처한 상황을 드러내기 위한 신호라고 볼 수 있을까요?

박   모든 우울증을 다 그렇게 보기는 어렵습니다. 개인마다 우울을 느끼는 경우가 다르기 때문이에요.

차클   그렇다면 우울을 느끼는 다른 경우는 또 무엇이 있나요?

박   다른 유형의 우울증을 한번 살펴볼까요? 여러분이 군대나 직장 같은 새로운 조직에 들어갔다고 생각해보세요. 처음에는 누구라도 눈치를 보게 됩니다. 눈도 마주치지 못하고 고개도 절로 숙이게 되고, 큰소리도 못 내죠. 그곳의 규칙을 몰라 이것저것 물어보느라 계속 주눅 들어 있는 듯 행동하게 됩니다.

차클   확실히 낯선 환경에서는 평소 성격과 상관없이 더 조심스러워지고, 주변 눈치를 보는 것 같아요.

박   그렇죠. 누구나 주도적으로 행동하고 싶어 하지만 새로운 환경에 놓였을 때는 우울한 반응으로 환경에 대한 탐색 기간을 확보하는 것이 유리할 수 있습니다. 이것이 바로 비자발적 패배 전략입니다. 이처럼 오로지 생존을 위해 마음의 형질들을 바꾸는 식으로 진화가 이뤄지기도 합니다.

차클   의도적으로 패배자의 감정을 가지려 한다는 가설이 흥미롭네요.

박   정신과 의사이자 진화의학을 연구하는 존 프라이스(John Price), 앤서니 스티븐스(Anthony Stevens) 같은 학자들이 비자발적 패배 전략으로서의 우울 전략을 주장했어요. 인간 사회는 아주 복잡한 수준의 중층 사회입니다. 높은 사람도 있고 낮은 사람도 있고 가까운 사람도 있고 먼 사람도 있습니다. 어떠한 환경에서 내가 어떤 감정을 가지고 어떤 행동을 하는지가 생존과 번식, 성공에 큰 영향을 미치죠.

차클 비자발적 패배 전략이 개인의 생존에 반드시 유리할까요?

박 아직 젊고 주변 상황을 잘 모르는 개체라면 패배 전략이라는 우울한 반응을 통해 자신의 손해를 최소화하고 상황을 탐색하는 기간을 가질 필요가 있었을 겁니다. 이러한 비자발적 패배 전략으로서의 우울 장애는 분명 진화의 산물입니다. 그렇다고 마냥 좋은 건 아닙니다. 만약 주변에 이런 식으로 우울해하는 분들이 있다면 따뜻한 말 한마디가 그들에게 큰 힘이 될 수 있을 겁니다.

마음의 질병은 선택의 문제인가

"우울하면 무조건 우울 장애로 치부하니까 병이 됐다는 주장이
있는데 그런 주장에는 설득력이 부족해요. 20년 전만 해도 우
리나라에서 자살하는 사람이 약 3000명 정도였거든요. 그런데
지금은 1만 명을 훌쩍 넘기고 있습니다. 분명히 변화가 나타나
고 있는 거예요."

• • •

차클 지금 우리 사회는 빠른 속도로 발전하고 있잖아요. 그에 비해 진화는
엄청나게 긴 시간에 걸쳐 점진적으로 일어났죠. 사회 발전 속도와 진
화의 속도 차이로 인해 발생하는 문제점은 없나요?

박 좋은 질문입니다. 지금의 삶과 과거의 삶은 무척 다르죠. 인류가 등장
하고 농경을 시작한 것은 길게 잡아도 1만 년 전에 불과해요. 침팬지
와 인간이 공동 조상으로부터 갈라져 각자의 진화를 하게 된 게 500
만~600만 년 전이고요. 그 긴 세월 동안 인간이 살아왔던 환경과 지금
우리가 살고 있는 환경은 너무나 달라요. 그런데 오랜 시간 동안 진화
해온 인간의 유전자는 쉽게 바뀌지 못하지만, 지금 우리가 살고 있는
환경은 정말 빠르게 바뀌고 있습니다. 그래서 자연스럽게 파열음이 생

242

길 수밖에 없습니다. 그게 여러 가지 고통과 어려움을 불러일으킨다고 보고 있습니다.

차클 현대인이 겪고 있는 질병들도 그 때문 아닐까요?

박 맞아요. 진화를 거치며 일어난 몸의 변화가 환경의 변화를 따라가지 못하면 여러 문제가 발생합니다. 특히 인간이 직립보행을 하기 시작하면서 많은 병을 앓게 됐습니다. 허리의 디스크도 그래서 생긴 병 중 하나죠. 신석기 이후 심해진 충치, 현대 사회에서 두드러지는 근시도 마찬가지예요. 또 장시간 컴퓨터를 쓰는 사람들에게서 나타나는 안구건조증, 거북목증후군을 통칭하는 VDT증후군도 대표적인 사례입니다.

차클 ADHD(Attention Deficit Hyperactivity Disorder, 주의력 결핍 과잉 행동 장애) 같은 마음의 질병도 마찬가지일까요?

박 맞습니다. 인간이 겪는 마음의 질병, 우울 장애나 불안 장애도 진화의 속도와 환경 변화의 속도 차이에 따른 것이라고 설명하기도 합니다.

차클 그런데 ADHD가 알려지기 전까진 아이들이 부산스러운 행동을 해도 질병이라고 보지 않았잖아요.

박 ADHD, 즉 주의력 결핍 과잉 행동 장애라는 용어가 등장한 지 불과 반세기도 안 됐습니다. 과거에는 질병으로 분류하지도 않았어요. 심각한 ADHD 환아는 치료가 필요합니다. 아주 심하면 약물까지도 처방해야 합니다. 예전에는 질병으로 분류하지 않았으니까 치료하지 않아도 된다고 해선 안 됩니다.

차클 과잉 진료를 하는 측면은 없을까요?

박 미국 사회나 한국 사회나 ADHD 유병률이 점점 높아지고 있어요. 물론 아주 약간 산만한 아이들에게 ADHD 진단을 내리고 약을 처방한다면 과잉이겠죠. 그런데 정상과 ADHD 사이의 경계는 우리 사회가 결정한다고 할 수 있습니다. 우리가 부산한 아이들을 얼마나 받아들일 수 있느냐에 따라 ADHD의 기준이 달라질 거라고 생각합니다.

차클 말씀을 듣고 보니 현대 사회가 아이들에게 너무 많은 규칙을 강요하고 모든 것을 제약하고 있는 게 아닌가 하는 생각이 듭니다.

박 사실 여덟 살이나 아홉 살 먹은 아이가 아침부터 저녁까지 계속 앉아서 수업과 선생님의 말씀에 집중하고 다른 아이들과 장난도 치지 않고 얌전히 있기란 거의 불가능한 일이죠.

차클 산만한 아이를 ADHD라는 병명으로 정의하면서 더 문제가 된 것은 아닐까요? 우울증도 마찬가지고요.

박 실제로 그런 가설이 있어요. 진화적 불일치에 더해서, 사회에서 질병 여부를 규정한다는 사회구성주의적 관점이 더해진 주장이죠. 예전에는 우울한 정도는 병으로 생각하지 않았는데, 지금은 우울하면 무조건 우울 장애로 치부하니까 병이 됐다는 주장입니다. 하지만 그런 주장에는 설득력이 부족해요. 20년 전만 해도 우리나라에서 자살하는 사람이 약 3000명 정도였거든요. 그런데 지금은 1만 명을 훌쩍 넘기고 있습니다. 분명히 변화가 나타나고 있는 거예요.

차클 선생님은 ADHD를 반드시 고쳐야 하는 병이라고 생각하시나요?

박 시대가 바뀌면 적응하는 수밖에 없다고 생각합니다. 현대 사회를 살아가려면 많이 배워야 합니다. 학교에서 공부를 잘하려면 집중력도 키워야 하고, 학습력도 키워야 합니다. 그런 흐름을 바꿀 수는 없어요. 그런 변화의 흐름을 바꿔 자연으로 돌아가자고 하는 건 무리가 있습니다. 다만 아이가 정말 적응하기 어려운 환경을 만들어놓고 적응을 강요하기보다 잘 적응할 수 있는 환경을 만들어주는 노력은 필요하다고 생각합니다.

차클 그럼에도 아이가 적응을 못해서 힘들어하면 어떻게 해야 하나요?

박 너무 힘들어하는 아이들은 의사의 도움을 받아야겠죠. 하지만 무조건 ADHD를 치료하기 위해 병원에만 의지하자는 것이 아닙니다. 일단 환경을 바꾸는 게 우선이라고 생각합니다. 병원으로 보내는 게 답인지, 아니면 아이들이 과거의 환경에 맞춰서 좀 더 행복하게 유년기를 보내고 나중에 학습을 할 수 있는 환경을 만들어주는 게 옳은지는 고민해볼 문제입니다.

차클 불일치 가설을 뒷받침하는 사례가 또 있을까요?

박 인류가 위기를 감지해 재생산을 조절한다는 가설입니다. 사실 출산과 양육은 에너지가 너무 많이 드는 과업이에요. 시간과 비용을 많이 들여야 하는 과업이기 때문에 인류는 출산의 시기와 아이 숫자, 양육 방법을 유연하게 조절할 수 있도록 진화적으로 적응해왔습니다.

차클 그런데 출산은 스스로 조절할 수 있는 문제잖아요. 진화는 우리의 선택과 상관없이 진행되는 것이고요.

박 물론 인위적으로 출산율을 조절하기도 합니다. 가족 계획이 대표적이죠. 하지만 우리가 인지하지 않아도 생존의 위기를 무의식적으로 감지할 때, 즉 생태적 환경이 척박해지면 인간은 아기를 일찍 낳는 전략으로 전환하게 됩니다.

차클 무의식적으로 위험을 감지하고 출산을 앞당긴다고요? 그럼 요즘 여성들의 가임 시기가 빨라지는 것도 그런 이유 때문인가요?

박 그렇습니다. 초경이 점점 당겨지고 있죠. 과거의 소녀들보다 현대의 소녀들이 초경을 더 빨리 경험합니다. 예전에는 중학교나 고등학교에 진학을 한 뒤에 초경을 시작했다면, 최근에는 초등학생 시절부터 초경을 시작하는 경우가 늘었습니다.

차클 맞아요. 그 문제를 걱정하는 부모들 얘기를 들은 적 있습니다.

박 여자아이는 만 8세, 남자아이는 만 9세 이전에 유방과 고환이 발달하는 등 2차 성징이 시작되면 성조숙증이라고 해요. 그런데 2007년부터 2017년까지 성조숙증을 겪는 아이들의 수가 12배 증가했다고 해요. 이러한 성조숙증을 병으로 볼 수도 있지만, 그러기엔 매우 보편적으로 일어나는 현상이 돼버렸습니다. 전 세계적으로 1840년부터 초경이 빨라지는 패턴을 보였어요.

차클 혹시 환경호르몬의 영향은 아닐까요?

박 아니에요. 환경호르몬 영향이 있을 순 있겠지만 그것만이 유일한 원인은 아닙니다. 사실 초경을 일찍 하게 되면 키도 작아지고, 지적 능력이나 다양한 정서적 문제들도 따라옵니다. 학습을 충분히 하지 못할 수 있고 정확한 원인은 아직 모르지만 최종적인 인지 능력이 조금 떨어진다는 연구 결과도 있습니다. 이렇게 초경이 빨라지면 여성 자신에게 좋지 않은 결과가 많은데도 불구하고 그 시기가 당겨지는 건 아이를 낳을 수 있도록 준비하는 게 시급해서라는 의미입니다.

차클 왜 이렇게 여성의 신체가 일찍 준비를 하는 건가요? 인류가 어떤 위기를 느끼고 있다는 신호인가요?

박 우리가 살고 있는 현재의 환경은 과거에 비하면 훨씬 풍족하고 여유롭습니다. 전혀 위기를 느낄 만한 조건이 아니죠. 하지만 어린 소녀들이 위기 상황으로 오인할 만한 신호가 등장했을 가능성을 생각하게 됩니다.

차클 어떤 신호일까요?

박 수렵채집 사회에서 사는 열 살짜리 소녀라고 가정해보죠. 이 소녀가 최대한 번식을 늦춰도 되고, 아이를 잘 키울 수 있는 환경이라는 것을 확인하는 가장 중요한 인자가 뭘까요?

차클 자원이 풍족한지 아닌지 아닐까요?

박 먹을 것이 많고 적은지 여부도 중요하긴 합니다. 실제로 빈곤한 계층에서 초경이 빨라지는 현상이 있어요. 첫 출산 연령도 빨라진다고 합니다.

차클 자립을 해야 하는 시기가 빨라지는 것도 관련이 있을까요? 부모의 도움을 못 받게 되니까요.

박 300만 년 전의 소녀가 부모 없이 살아가야 한다고 생각해보세요. 혼자서 어떻게 살아갈 수 있을까요. 그럴 때는 최대한 빨리 자손을 번식하는 전략이 생존을 위해 유리할 것입니다. 이렇게 불안정한 환경에서는 출산을 앞당기는 방식으로 적응했을 겁니다.

차클 그럼 현대 사회에서 초경이 빨라지는 것은 어떻게 설명해야 하나요?

박 현대 사회는 풍족합니다. 그렇다면 유년기를 가능한 오래 보내면서 공부도 하고 성장도 하고 아이는 나중에 낳는 것이 유리한 전략일 겁니다. 그런데 실제로는 다른 측면이 있습니다. 부모가 맞벌이를 하느라 집을 비우고 직장에 있는 가정이 많아요. 부모 대신 아이들을 관리해줄 조부모가 따로 사는 경우도 많습니다. 아이들이 온종일 만나는 사람은 학교와 학원의 선생님, 그리고 친구들인데 이들이 가족의 역할을 대신해줄 순 없죠. 심지어 친구들은 경쟁 관계인 경우도 많고요. 이런 분위기라면 원시 시대의 위험 신호에 익숙해진 인류가 오인할 가능성이 있다는 겁니다.

차를 그럼 누구든 조력자를 찾아서 아이가 집에 혼자 있는 시간을 줄여줘야 한다는 말씀인가요?

박 네. 그러면 도움이 될 겁니다. 인간은 예로부터 공동 양육을 통해 부족한 애정과 관심을 채워왔습니다. 그런데 최근 맞벌이 부모뿐만 아니라 싱글 맘, 싱글 대디들이 아이를 키우는 경우도 많아졌죠. 그런 양육자들은 자신이 아이들에게 최선의 양육을 제공하지 못하고 있는 것은 아닌지 고민이라고 해요. 혼자서 단독으로 양육하는 것은 정말 어려운 일입니다. 주변에서 도움을 많이 준다면 부족한 부분들을 충분히 극복할 수 있다고 생각합니다.

무엇이 정상이고, 무엇이 장애인가

"정상은 상상의 개념이에요. 정상적인 인간은 어디에도 없어요.
과연 완벽하게 정상적인 사람이 70억 인구 중 누구일까요. 그
런 사람은 없습니다. 우리는 모두 다르니까요. 그리고 모두 다
른 상태인 게 정상입니다."

• • •

차클 어떤 감정들은 심해지면 병이 되기도 하잖아요. 이런 병에 걸리게 된
것도 인간의 생존과 관련이 있는 건가요?

박 정신 장애는 제가 중점적으로 연구하고 있는 분야이기도 합니다. 정신
장애는 개인도 힘들고 주변 가족들도 힘들게 하는데요. 과연 정신 장애
에 진화적 이점이 있는지에 대해 연구를 많이 했지만, 아직 답이 모호
한 상태입니다. 하지만 분명한 건 정신 장애를 초래한 여러 가지 감정
과 생각, 행동들은 모두 진화의 산물이라는 겁니다. 정신 장애를 가진
분들이 보이는 이해하기 힘든 이상한 행동, 이상한 감정, 이상한 생각
도 알고 보면 나와 똑같은 인간이 진화 과정에서 얻게 된 산물이라고
생각하면 조금 너그러운 눈으로 바라볼 수 있지 않을까 생각합니다.

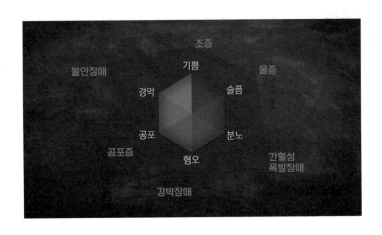

차클　정신 장애를 초래하는 감정들이 어떤 건지 좀 더 설명해주세요.

박　정신 장애를 겪을 때 나타나는 여러 증상들은 사실 여러분도 모두 다 경험할 수 있습니다. 우울, 불안, 두려움, 공포, 강박, 그리고 심지어 환청이나 망상까지도요. 앞서 인간에게는 여섯 가지 감정이 있다고 했었죠. 기분이 많이 좋으면 조증이라고 해요. 우울이 심하면 우울증, 분노를 자주 하면 간헐성 폭발 장애라고 하죠. 또 혐오가 심하면 강박 장애, 공포가 심하면 공포증, 경악을 심하게 해도 불안 장애라고 진단할 수 있어요. 즉, 인간이 진화하면서 얻게 된 여러 가지 정신적 활동들이 너무 심하게, 너무 오래 유지되거나 개인의 삶에 너무 큰 영향을 미치면 정신 장애라고 진단합니다.

차클　그런 상태가 어느 정도 영향을 미칠 때 정신 장애로 판단하나요?

박　예를 들어서 기분이 지나치게 좋은 조증은 4~7일, 우울 장애는 14일 이상 지속되면 임상적으로 관심을 가져야 한다고 봅니다. 불안 장애는 아주 종류가 많아서 경우마다 다르게 판단합니다. 세세한 진단 기준을 알 필요는 없지만, 기억해야 할 것은 아주 심각한 증상이 오래 유지될 때 정신 장애로 구분한다는 거예요. 그러니 자신이 조금 우울하고 불안하다고 해서 정신 장애라고 의심하는 것은 조금 섣부른 걱정일 수 있습니다. 정신 장애에 대한 편견이 부른 문제라고 할 수 있죠.

차클 아까 일반인들도 환청을 겪을 수 있다고 하셨는데 환청이 정신 장애의 신호라고 여기는 것도 잘못된 편견인가요?

박 네. 대개 환청이 들리면 진짜 심각한 정신 장애라고 생각하기 쉽습니다. 하지만 연구에 따르면 일반인들도 평생 살면서 한 번 이상 환청을 경험하는 것으로 알려져 있어요. 보통 환청인지 아닌지 구분하기 힘든 상황을 겪곤 하죠. 보통 잠을 자거나 잠에서 깰 때 환청을 듣는 듯한 착각을 할 때가 있어요. 너무 힘들거나 스트레스를 받을 때 경험하기도 하고요.

차클 조현병 환자도 환청을 듣는다던데 그것과는 다른가요?

박 네. 조현병 환자가 경험하는 환청은 흔히 편집증적인 증세로 나타나요. 누군가 자기가 하는 얘기에 대답하거나 비난하는 식의 말들을 많이 듣는다고 합니다. 일반인이 경험하는 환청에 비해 강도가 심하고 힘들죠.

차클 정신 장애가 고혈압이나 당뇨처럼 40대에 가장 많이 발병한다는 말이 있던데 사실인가요?

박 정신 장애의 종류에 따라 다른데요. 다만 사춘기 이전에는 거의 발병을 하지 않죠. 조현병이나 우울 장애 등은 20대에 많이 발병하는 경향이 있습니다. 가장 열심히 활동하고 생식을 해야 하는 시기에 장애가 생기는 현상은 아직 진화적인 미스터리예요. 하지만 반대로 생각해보면 너무 열심히 살다 보니 정신 장애가 생기는 것인지도 모릅니다.

차클 20대에 해야 할 일이 너무 많아서 과도한 스트레스를 받기 때문일까요?

박 네. 맞습니다. 젊은 세대의 정신 장애에 대해 사회가 관심을 기울여야 할 이유죠. 그런데 이러한 정신 장애를 바라보는 세 가지 시각이 있어요. 전적으로 뇌의 문제로 바라보는 시각, 사회의 문제로 바라보는 시각 그리고 유년기의 문제로 바라보는 시각이에요. 조금씩 어느 정도 영향을 미치겠지만 사실 장애는 한 가지 요인으로 설명할 수가 없어요. 그러니 한쪽으로만 바라보지 않는 자세가 필요합니다.

차클 그렇군요. 정신 장애와 관련해 많이 들은 얘기 중 하나가 천재와 광인은 종이 한 장 차이라는 건데요. 이것도 편견일까요?

박 그런 주장이 있긴 한데 논란이 많아요. 어떤 사람들은 광기가 천재의 필수 요소라 여기고 억지로 광기가 있는 척 일부러 괴팍하게 행동하거나 말을 이상하게 하기도 하잖아요. 물론 그런다고 천재가 되는 것은 아니죠. 일부 연구에 따르면 정신 장애를 앓았던 사람들이 특별한

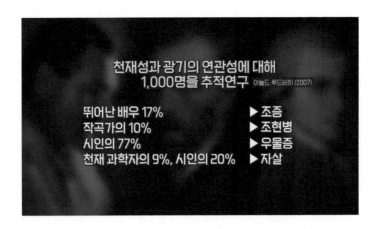

천재성과 광기의 연관성에 대해
1,000명을 추적연구 아놀드 루드비히 (2007)

뛰어난 배우 17%	▶ 조증
작곡가의 10%	▶ 조현병
시인의 77%	▶ 우울증
천재 과학자의 9%, 시인의 20%	▶ 자살

재능을 보였다는 사례가 있긴 합니다. 우울증으로 자살한 헤밍웨이, 경계성 인격 장애가 있었던 반 고흐, 조울증을 앓았던 모차르트가 대표적이죠.

차클 말씀을 듣고 보니 광기가 예술적 천재성과 관련이 깊은 것 아닐까요? 감정의 선을 넘어서면서 예술적 표현 능력이 커지는 거죠.

박 좋은 지적입니다. '절벽 끝 가설'이라는 게 있긴 해요. 그 경계를 딱 넘는 순간 정신 장애가 발병한다는 주장도 있습니다. 다만 분명한 건 정신 장애가 광기와 동의어는 아닙니다. 반대로 혹시 정신 장애를 경험하게 됐을 때 자신이 천재이기 때문에 겪는 것이라고 착각하면 곤란합니다. 치료를 받아야 해요.

차클 몸의 병처럼 마음의 병도 빨리 알아내 적극적인 치료를 받는 게 중요한 것 같습니다. 정신 장애 중 요즘 뉴스에서 가장 많이 회자되는 조현병도 마찬가지 아닐까요?

박 네. 사실 조현병(調絃病)은 100년 전만 해도 이름도 없던 병입니다. 1899년에 조발성 치매라는 병으로 처음 밝혀진 이후 한동안 정신분열병이라 불리기도 했죠. 정신분열병이라는 이름은 스키조프레니아(schizophrenia)라는 단어를 옮긴 것이에요. 마음이 나뉜다는 의미를 담고 있죠.

차클 정신분열병이 조현병과 같은 병이라고요?

박 네. 예전엔 정신분열병이라고 불렸는데 그 말의 뉘앙스 때문에 이중인격 장애라는 둥, 뇌가 나뉘어 있다는 둥 다양한 편견이 생겨났습니다. 그래서 뇌신경 구조를 고르게 조율하는 데 이상이 생긴 상태라는 의미를 담은 조현병으로 이름을 바꾼 것입니다. 한국에서는 2011년

조현병 調絃病
뇌 신경구조를 고르게 조율하는 데
이상이 생긴 상태

에 이름이 개칭되었죠.

차클   그렇군요. 조현병에 걸리면 어떤 증상을 보이는지 궁금합니다.

박   조현병은 환청, 망상, 무기력, 부적절한 행동 같은 증상들을 주로 나타
        내는 정신 장애의 일종입니다. 편집증적인 망상들, 과대망상이나 특정
        망상이 나타나기도 하고 환청이 들리기도 합니다. 약물 치료가 필요한
        병이에요. 자신의 의지나 대화를 통해서 치료하기는 어렵습니다. 조현
        병 증상이 심한 환자를 만나서 대화하면 어색하고 말이 잘 안 통하고
        뭔가 보통 사람과 다르다는 느낌을 받을 수 있어요. 하지만 위험한 병
        은 아닙니다.

차클   그런데 뉴스에서는 조현병에 걸리면 강력 범죄를 저지를 가능성이 큰
        것처럼 보도하는 경향이 있는 것 같아요. 그것도 편견이겠죠?

박   네. 맞습니다. 사실 전체 인구 중 조현병 환자의 평생 유병률이 1퍼센
        트입니다. 집집마다 4인 가구가 모여 사는 25층 아파트라면 한 라인에
        1명꼴로 조현병 환자가 있을 수 있다는 말이에요. 그렇듯 조현병 환자

는 늘 우리 주변에 있습니다. 누구나 걸릴 수 있다는 말이죠. 하지만 원인을 잘 몰라요. 다행인 건 치료가 가능한 병이라는 것입니다. 일부 환자는 증상이 전혀 없는 수준으로 좋아지고, 대부분은 일상생활을 하는 데 크게 무리 없이 잘 지낼 수 있다고 해요.

차클 조현병에 걸리면 어떤 치료를 받게 되나요?

박 1950년대에 우연히 개발된 약물인 클로로프로마진(Chloropromazine)이 있습니다. 그 약물을 쓰고 나서 상당수의 환자가 극적으로 좋아졌어요. 처음에는 조현병을 치료하기 위해서 개발한 약이 아니었지만, 효과가 있었던 것이죠. 하지만 약의 부작용이 너무 심해서 사람들이 약을 잘 먹으려 하지 않았어요. 약을 복용한 사람들 사이에서 몸이 뻣뻣해져서 침을 흘리는 등의 부작용이 있다는 것이 알려지면서 약을 거부하기 시작한 거예요. 이후 의사들은 연구를 통해 부작용이 거의 없는 약을 개발했습니다. 그러면 이제 약을 잘 먹고 얼른 치료를 받게 되었을까요? 아닙니다. 그럼에도 여전히 매일 약을 먹어야 하는 게 너무 힘드니까 환자들이 약을 잘 안 먹는 거예요. 그래서 한 번 먹으면 약효가 오래가는 약이 개발됐죠. 심지어 한번 주사를 맞으면 몇 주에서 몇 달 동안 약효가 지속되는 약도 있습니다. 그런데도 약을 잘 안 먹는 문제가 여전하기는 합니다만.

차클 병을 치료해야 할 텐데 왜 그렇게 약을 안 먹는 거죠?

박 사회적 편견이 크게 영향을 미친 것입니다. 조현병 약을 먹을 때마다 사람들이 자신을 싫어하고 미워하고 잠재적 범죄자로 취급한다는 사실을 자각하게 되는 것이죠. 참으로 안타까운 악순환입니다. 사회적 편견 때문에 약을 먹지 않고, 약을 먹지 않으니 증상이 재발해 일부에서는 범죄로까지 이어지는 거예요. 그러다 보니 조현병 환자들이 모두 잠재적 범죄자인 것처럼 취급받게 됐죠. 결국 아무 탈 없이 잘 지내고 있던 조현병 환자들도 위축될 수밖에 없는 상황입니다. 이런 악순환의 고리를 어디부터 끊어야 할까요? 강제로 약을 먹여야 할까요? 아닙니다. 사회적 편견을 줄여서 조현병 환자도 편견 없이 약을 먹을 수 있고 치료받을 수 있는 환경을 만들어주는 게 우선이에요.

차클 우울증을 쉽게 털어놓을 수 있게 사회 분위기를 바꾼 것처럼 말이죠?

박 맞습니다. 30년 전만 해도 우울증에 대한 사회적 분위기나 환자들의 생각이 이와 똑같은 상황이었어요. 모두가 자신이 우울증이라는 것을 인정하고 싶어 하지 않았죠. 점차 우울증에 대해 솔직히 말하는 분위기가 만들어진 것처럼 우리가 노력하면 조만간 조현병도 그렇게 될 거라고 생각합니다. 조현병도 솔직하게 공개할 수 있는 상황이 되면 사람들이 약을 먹는 것에 대해 창피해하지 않고 스스로도 자존감이 많이 상하지 않으니 치료도 적극적으로 받을 거라고 생각해요.

차클 빨리 그렇게 됐으면 좋겠네요. 정신 장애와 관련해 궁금한 게 또 있습니다. 앞서 슬픔이나 우울감이 생존에 도움이 될 수 있는 감정이라고 하셨잖아요. 그런데 그런 감정이 심해져서 자살을 선택하는 건 어떻게 설명해야 할까요.

박 자살은 신경인류학적으로나 진화정신의학적으로나 가장 아리송한 미스터리입니다. 자살을 하는 동물은 그리 많지 않아요. 해안가로 밀려와 집단 자살을 택하는 고래나 어미와 자식을 잃었을 때 자살을 택하는 원숭이나 침팬지처럼 동물도 자살을 한다는 몇몇 보고가 있긴 하죠. 하지만 인간의 자살과는 완전히 질적으로 달라요. 현재 전 세계적으로 매년 80만 명이 스스로 목숨을 끊습니다. 우리나라만 해도 한 해에 1만 2000명에서 심할 때는 1만 5000명까지 자살로 목숨을 끊어요.

차클 정말 안타깝습니다. 자살을 촉발하는 원인은 어떤 게 있나요?

박 자살은 우울과 관련성이 많아요. 우울 장애가 자살로 이어지는 경우가 아주 많거든요. 따라서 우울 장애를 유발하는 요인들을 보면 왜 사람들이 자살하는지를 짐작할 수 있죠.

차클 우울 장애의 원인을 알면 자살의 원인도 알 수 있다는 말씀인가요?

박 그렇죠. 절망적인 상황에 놓이게 되면 우리는 우울증에 빠집니다. 당장 눈앞의 상황에서 벗어나고 싶은데 그럴 수가 없으면 우울해지는데요. 조금 관점을 다르게 보면, '공유지의 비극'이라는 개념으로 우울과 자살에 대해 설명해볼 수 있지 않을까 생각합니다.

차클 '공유지의 비극' 이론으로 자살이 설명된다고요?

박 과거 영국에는 사람들이 공유하는 목초지가 있었다고 합니다. 마을 사람들이 공유하고 있는 땅에 양을 풀어놓고 자유롭게 풀을 먹였다고 해요. 그런데 공유지에서 자라는 풀이 공짜이다 보니 많은 사람이 너도나도 양을 데려와 풀을 먹였겠죠. 그 바람에 점점 공유지의 풀이 사라지자 양도 더 이상 먹을 것이 없어지면서 하나둘 죽기 시작합니다. 그때 가장 취약한 양부터 죽기 시작하는데 지금 우리 사회에서도 비슷한 상황이 나타난다는 겁니다.

차클 사회적 관심이나 자원을 제대로 누리지 못하는 사람들이 먼저 희생을 당한다는 말씀이군요.

박 네. 과거에 우리는 서로에 대한 배려, 공동체 의식, 사회에 대한 책임감, 상호 간의 이해, 믿음 같은 것들을 공유하고 있었죠. 이런 공유 자원들은 돈을 주고 사는 것이 아닙니다. 그냥 나누는 거예요. 그런데 어쩌면 지금 우리는 그런 공유 자원들을 다 써버렸는지도 몰라요. 자원을 쓰겠다는 사람만 있을 뿐, 나눠주겠다는 사람이 없는 상황인지도 모르겠습니다. 물론 엄밀하게 과학적으로 설명할 수 있는 수준은 아닙니다. 하지만 제 생각에는 현대 사회에서 자살률이 늘어나는 게 아마도 이 같은 공유 자원의 고갈과 관련이 있는 것 같습니다.

차클   우선 정신 장애를 갖고 있는 사람들에 대한 편견부터 깨야겠다는 생각이 드네요.

박   네. 그리스 신화를 보면 프로크루스테스의 침대라는 게 있죠. 프로크루스테스는 자기 집으로 사람을 초대해 침대에 눕히고는 다리가 침대 밖으로 나오면 자르고, 침대보다 짧으면 몸을 늘려서 죽였다고 해요. 어쩌면 우리가 프로크루스테스의 침대를 사용해 사람들을 재단하고 있는지도 모릅니다. 자신이 상상하는 기준을 만들어놓고 만나는 사람마다 내 기준에 맞는지 따져가며 평가하는 건 아닌지 생각해보면 좋겠습니다. 과연 정상이라는 것이 무엇인지 고민할 필요가 있습니다.

차클   교수님이 생각하는 정상은 무엇인가요?

박   정상은 상상의 개념이에요. 정상적인 인간은 어디에도 없어요. 과연 완벽하게 정상적인 사람이 70억 인구 중 누구일까요. 그런 사람은 없습니다. 우리는 모두 다르니까요. 그리고 모두 다른 상태인 게 정상입니다. 정신 장애를 가진 사람들이 나타내는 여러 증상들은 사실 우리가 모두 갖고 있는 인간성의 본질이에요. 그들은 그런 모습을 우리에게 보여주는 거울 같은 존재인지도 모릅니다. 누구나 부족한 부분이 분명히 있을 거예요. 남들에게 보여주고 싶지 않은 부분도 있죠. 그런 감정과 욕망들을 그냥 있는 그대로 바라보길 바랍니다. 자신 안에 있는 부적절하고 부족한 부분을 받아들이면 아마 정신 장애를 가진 사람들이 보이는 모습도 관대하게 볼 수 있을 겁니다. 그럴 때 정신 장애인들을 향한 편견도 사라질 수 있을 것이라고 생각합니다.

차이나는
클라스

진실과 거짓을
가르는 칼,
심리 분석

•

김태경

물증이 없는 수많은 범죄 사건의 피의자와 피해자를 만나 심리 분석과 진술 분석
으로 사건의 진실을 파헤치는 임상 심리 전문가. 우석대학교 상담심리학과 교수,
대검찰청 과학수사 자문위원, 대법원 전문 심리위원.

어떻게 거짓말을 구분하는가

"심리 분석은 심리학적 도구, 심리 평가 도구를 사용해 진술자의 심리학적 상태, 정서·성격이나 정신 상태 등을 평가하는 것입니다. 진술 분석은 진술자의 말이 진실인지 거짓인지를 판단하는 것이 목적입니다."

· · ·

차클　진실과 거짓을 가려내는 일을 한다고 하셨는데 상대방이 하는 말이 거짓말인지 아닌지를 판단하는 노하우가 있을까요?

김　거짓말을 하기 위해서는 많은 정신적 에너지를 쓰게 됩니다. 그러다 보니 거짓말을 하려다 보면 말을 더듬게 되고 평소보다 느리게 말을 하게 돼요. 또 자신의 눈빛을 통해 마음이 들킬까 봐 눈을 마주치지 못하는 특징이 있습니다. 마피아 게임처럼 자신의 신분을 속여야 하는 상황이라면 자기 자신이 마피아라고 먼저 밝히는 법이 없죠.

차클　먼저 마피아라고 밝히는 게 상대를 혼란스럽게 만들어 속이는 전략이 될 수 있지 않을까요?

김　하지만 일부러 자신을 드러내는 것은 위험도가 높은 방법입니다. 어떤 쪽으로든 본인에게 이득이 될 것이 없습니다. 자신의 전략을 보완하기 위해 거듭 얘기를 하다 보면 논리성이 점점 떨어질 경우가 더 많죠.

차클 영화나 소설에서 보면 거짓말하는 사람들에게 신체적 특징이 있다는 말이 많이 나오는데요. 실제로 그런가요?

김 사실 우리도 일상생활 속에서 거짓말을 많이 해요. 그런 것을 잘 발견하지 못하는 이유는 바로 페이킹(faking) 때문인데요. 손짓을 화려하게 한다거나 자신의 진정성을 인정받기 위해서 오히려 눈을 맞춰가며 믿음을 얻으려고 하는 경우도 있죠. 그렇게 거짓말하는 사람의 표정이나 제스처를 보면 자칫 논리적으로 보일 수 있는데요. 언어적인 부분만 따로 분석을 해보면 비논리성이 드러나는 지점이 많아요.

차클 앞서 거짓말하는 사람은 눈을 피하는 경향이 있다고 하셨는데 반대로 눈을 똑바로 바라보고 이야기하는 경우도 있다는 거네요.

김 그렇죠. 여기서 우리가 간과해선 안 되는 것이 있습니다. 거짓말을 하려고 마음을 먹고 단단히 준비한 경우에는 거짓이 발각될 것에 대비해 많은 방어 전략을 사용한다는 것입니다. 그래서 저와 같은 심리 분석가들은 상대방이 허위 진술을 미리 준비한 것인지, 즉석에서 거짓말을 꾸며내는 것인지를 판별하는 것부터 시작하죠.

차클 실제로 강력 범죄 용의자들의 말을 듣고 있으면 거짓말이라는 게 느껴지나요?

김 거짓말인지 아닌지를 판단한다는 게 결코 쉬운 일이 아닙니다. 사건 관련 정보나 그 사람의 과거력까지 모두 종합해서 분석을 해야 하거든요. 그래서 단정적으로 답하긴 어렵지만 용의자가 진술 중에 허위로 무엇을 숨기려고 하는지 의도를 밝혀내는 것, 혹은 그 진술이 실제 경험에 근거한 것인지 아닌지를 판단해내는 건 가능할 듯합니다.

차클 범죄 사건을 해결하는 데 있어서 교수님이 임상 심리 전문가로서 구체적으로 어떤 일을 하시는지 궁금합니다.

김 강력 범죄 사건 중에는 물증 없는 사건이 굉장히 많습니다. 또한 취약한 진술자, 예를 들어 아동이나 정신 장애가 있는 사람이 피해자나 가해자가 될 경우에는 일반적인 판단 기준으로는 진위를 파악하기가 굉장히 어려워요. 그런 경우에 제가 그들의 진술에 대한 심리 분석을 담당하죠.

차클 충격적인 범죄를 저질렀다거나 기억에 남는 범죄자가 있나요?

김 여러 사건이 있는데 그중 한 사례를 소개할게요. 살인 사건의 용의자로 망상 장애를 갖고 있었습니다. 망상 장애를 가진 사람들을 대할 땐 그의 망상을 강화할 수 있는 말이나 행동을 하지 않도록 주의해야 해요. 그래서 당시에도 굉장히 조심스럽게 면담을 진행하고 있었는데, 어느 순간 제가 자기 편이 아니라는 것을 눈치챘는지 용의자의 눈빛이 갑자기 돌변하더군요.

차클 신변의 위협을 느낄 정도였나요?

김 충분히 안전한 환경에서 면담이 이루어지기 때문에 큰 위험은 없어요. 수감자라면 교정직 공무원이 양쪽에서 지켜보고 있고요. 또 위험 인물이라고 판단되면 수갑을 찬 상태에서 면담을 하기 때문에 괜찮습니다.

차클 그래도 면대면으로 상담을 진행하니까 나중에 보복이 두렵거나 하진 않으신가요?

김 간혹 협박성 전화나 편지가 오는 일도 있어요. 하지만, 전문가로서 할 일을 하는 것이기 때문에 감수해야 한다고 생각합니다.

차클 그렇군요. 그런데 우리나라에서 범죄자나 용의자들의 진술에 대해 전문적인 분석을 시작한 건 언제부터인가요?

김 심리 분석이나 진술 분석이 우리나라에 도입돼 활용되기 시작한 게 대략 10년 정도 됩니다. 아직까지 여러 한계가 있긴 하지만 강력 범죄 중 물증이 없는 사건, 혹은 가해자나 피해자로 아동·장애인 등 취약한 상황에 놓인 사람이 지목된 사건에서 실마리를 푸는 중요한 열쇠로 활용되고 있습니다.

차클 취약한 상황이라고 하시니 떠오른 질문인데요. 최근에 일어난 강력 사건에 대한 뉴스에서 심신 미약이라는 표현을 자주 보게 됩니다. 범죄자가 심신 미약을 주장하는 경우가 얼마나 되나요?

김 2008년 12월 안산에서 벌어진 조두순 사건, 2018년 강서구 PC방 살인 사건, 2019년 정신과 의사 살인 사건 등이 가해자가 심신 미약을 주장한 대표적 사건들입니다. 강력 범죄 사건을 저지르고 나서 감형을 위해 정신 장애를 갖고 있다며 심신 미약을 주장하는 사례들이 많이 보고되고 있습니다.

차클 범죄자들이 조현병 등 정신 질환이 있다고 주장하면 그게 핑계인지 진짜인지 가려내는 것도 교수님이 하시는 일인 거죠?

김 맞습니다. 범인이 정신 질환을 주장하는 경우를 포함해 범인의 심리 상태와 진술의 진위를 판단하는 일을 합니다. 주로 수사기관이나 법원에서 분석을 의뢰하죠.

차클 분석은 구체적으로 어떻게 하는 건가요?

김 심리 분석과 진술 분석으로 구분할 수 있는데요. 심리 분석은 심리학적 도구, 심리 평가 도구를 사용해 진술자의 심리학적 상태, 정서·성격이나 정신 상태 등을 평가합니다. 진술 분석은 진술자의 말이 진실인지 거짓인지를 판단하는 것이 목적입니다. 녹취록이나 자술서, 유언장, SNS, 문자메시지 등을 분석하는 작업을 하게 됩니다.

차클 교수님이 심리 분석이나 진술 분석을 하신 대표적인 사례를 말씀해주실 수 있을까요?

김 2017년에 벌어진 인천 초등학생 살인 사건의 심리 분석에 참여했습니다. 16세 소녀가 초등학생인 이웃집 아이를 공원에서 유인해 살해한 다음 사체를 손괴하고 유기했었죠. 당시 친구와 함께 사전에 범행을 모의하기도 했는데요. 주범인 소녀가 구속 직후에 심신 미약을 주장했습니다.

차클 기억납니다. 피해자도 가해자도 미성년인 사건이라 사회적 충격이 컸지요. 범인을 직접 만나셨을 때 어떤 인상을 받았나요?

김 처음에는 앳된 얼굴에 많이 놀랐습니다. 당시 범인이 정신 장애로 인한 심신 미약을 주장하고 있었기 때문에 정신 장애 여부를 판단하는 게 제 일이었는데요. 하지만 굉장히 또렷한 의식을 가진 상태였고 저의 모든 언행을 주도면밀하게 관찰하는 모습이 굉장히 인상적이었습니다.

차클 자신의 심신 미약을 입증하기 위한 노력도 했을 것 같은데요.

김 네. 환청이 들린다고 강하게 주장을 했어요. 그래서 환청에 대해 추가 질문을 했는데, 모호한 대답밖에 하지 못했어요. 사실 환청은 들리는 것 같은 느낌 정도가 아니라, 아주 또렷하게 들리는 현상이거든요. 지금 옆에서 누군가 얘기하는 것과 동일하게 뇌가 반응해서 정보 처리를 하게 됩니다. 하지만 당시 범인은 진짜 환청이 들리는 게 아니라서 명확한 답을 하지 못했죠. 거짓으로 꾸며냈을 가능성이 크다는 의심이 들었습니다.

차클 범인인 소녀가 조현병을 주장했다는 기사도 본 것 같은데 맞나요?

김 먼저 조현병에 대해 설명을 좀 드릴게요. 일상생활을 유지하려면 사고나 지각, 정서 행동 등이 잘 조절돼야만 합니다. 그런데 이런 것들이 잘 조율되지 않는 상태를 겪는 사람들이 있죠. 과거에는 이런 질환을 정신분열병이라고 부르다가 최근에는 사회적 낙인을 우려해 조현병으로 공식 명칭을 바꿨습니다. 인천 초등학생 살인 사건의 범인도 심신 미약과 조현병 치료 전력을 범행의 근거로 내세웠죠.

차클 실제로 조현병을 앓은 게 맞나요?

김 조금 의문이 들었어요. 병원에서 조현병 진단을 받기 위해 증상을 거짓으로 보고한 게 아닐까 하는 생각도 들었죠. 전반적인 평가 결과 조현병으로 보기는 어려웠습니다.

차클 심리 분석 결과 조현병이 아니라고 밝혀진 거군요.

김 그렇죠. 조현병의 경우 정신의 기능들이 잘 조율되지 못하는 상태에서 환청, 환각, 망상 등이 나타나요. 그런데 범인의 심리 분석을 해본 결과, 현실 검증 능력도 온전하고, 사고 및 지각상의 왜곡도 전혀 없었습니다. 게다가 자신이 처한 상황을 면밀하게 관찰하면서 무엇이 자신에게 유리한지를 판단하고 교묘하게 페이킹을 하는 것도 관찰됐습니다. 조현병을 가진 사람들은 그런 행동을 하기가 어려워요. 최종적으론 조현병은 아닐 가능성이 매우 높은 것으로 판단이 되었습니다.

차클 조현병 외에 다른 정신 질환을 주장하진 않았나요?

김 처음엔 조현병을 주장하다가 자신이 저지른 범죄가 잘 기억나지 않는다면서 다중 인격 장애라고 우기기도 했어요. 그런데 다중 인격 장애는 단편적인 평가만으로 판단하기가 어렵습니다. 짧게 설명을 드리면 인간의 의식과 무의식 혹은 여러 가지 감정들이 분리되는 현상을 해리(解離)라고 합니다. 반면 다중 인격 장애는 한 사람 안에 둘 이상의 각기 구별되는 인격 상태가 존재하는 것을 말합니다. 즉, 한 사람의 몸 안에 여러 성격이 존재하는 거죠. 거기다 각각의 인격은 대체로 서로의 존재를 몰라요. 간혹 주된 성격이 되는 하나의 인격이 나머지 성격의 존재를 알 뿐, 모든 성격이 서로를 알지는 못합니다.

차클 범인이 정말로 다중 인격 장애를 앓고 있었나요?

김 검거 이후 수사 과정에서 보였던 여러 행동들을 감안했을 때 다중 인격 장애로 보기 어려운 점들이 발견됐습니다. 각각의 인격들이 서로를 알고 있다고 말하기도 했어요. 자신 안에 있는 다른 인격이 나올 거라는 식으로 미리 예측해서 말하기도 했습니다. 다중 인격 장애로 판단

하기 어려운 상태였죠.

차클   기가 막히네요. 정신 장애가 인정되면 무죄 판결을 받을 수도 있으니 계속 그렇게 우긴 거겠죠?

김   실제로 중증 자폐 장애인이 두 살 된 아이를 3층에서 던져서 살해한 사건이 있었는데 무죄가 확정됐어요. 당시 법원이 중증 자폐 장애인은 합리적인 의사 결정이나 판단 능력이 없다고 본 겁니다.

차클   하지만 인천 사건의 범인은 형량을 줄이려고 거짓 주장을 한 게 누가 봐도 뻔히 보이는 상황 아니었나요?

김   그렇죠. 게다가 처음에 조현병과 다중 인격 장애를 주장했다가 받아들여지기 힘들다는 판단이 들자 그 이후부터는 아스퍼거 장애를 새로 주장하기 시작했습니다.

차클   아스퍼거 장애는 또 어떤 질환인가요?

김   보통 자폐 장애는 많이 알고 계시죠? 요즘은 자폐가 광범위하고 복잡한 스펙트럼을 갖고 있다는 의미에서 자폐 스펙트럼 장애라고 부릅니다. 아스퍼거 장애(Asperger disorder)는 그중 하나인데요. 자폐 장애 증상을 모두 가지고 있으면서 지능만큼은 지적 장애 수준보다 높거나 때로는 우수나 최우수 수준까지 이를 수 있습니다. 그래서 과거에는 고기능 자폐라고도 불렀습니다. 다만 다른 자폐 스펙트럼 장애와 동일하게 사회적인 의사소통이라든지 공감 능력 장애를 보이고요. 상동증적인 행동도 특징적으로 나타납니다.

차클 상동증적인 행동은 무엇을 의미하나요?

김 같은 행동을 반복하는 것을 말해요. 예를 들어 한번 알 수 없는 소리를 내기 시작하면 몇십 분 동안 계속한다든지, 반짝거리는 물체에 불빛을 비춰가면서 관찰하는 행동을 반복하기도 해요. 또 자동차 장난감을 갖고 놀 때 그냥 굴리는 게 아니라 차체를 뒤집어서 바퀴만 반복적으로 굴리며 노는 것도 상동증적 행동에 속합니다.

차클 그 정도면 일상생활에서 쉽게 구분이 되겠는데요?

김 아스퍼거 장애로 인해 심신이 미약해져서 살인 사건을 저지를 정도라면 어렸을 때부터 최소한 남들이 보기에 확실하게 자폐 장애처럼 보였을 가능성이 크죠.

차클 충분히 겉으로 드러나는 장애라는 말씀이시군요?

김 그렇죠. 멀쩡하게 지내다가 어느 날 갑자기 걸리는 병이 아니에요. 조현병이나 양극성 장애나 다른 정신 질환은 나중에 자라면서 발병을 하죠. 하지만 아스퍼거 장애를 포함한 자폐 스펙트럼 장애는 태어날 때부터 갖고 태어나는 장애예요. 따라서 어느 날 갑자기 아스퍼거 장애를 주장한다면 그것은 거짓일 가능성이 매우 높은 거죠.

차클 범인의 경우는 갑자기 주장한 것 아닌가요?

김   그렇죠. 게다가 이 사건의 핵심 쟁점은 아스퍼거 장애의 유무가 아니었어요. 그보다 심신 미약이었느냐 아니냐를 따져야 하는 것이죠. 하지만 언론에서도 아스퍼거 장애인지 아닌지에만 초점을 뒀습니다.

차클   어쩌면 용의자가 새로운 병명을 계속 언급한 것이 자신의 범행에 대한 판단을 흐리게 하는 전략일 수도 있겠군요.

김   심신 미약을 주장하는 범죄자들이 대부분 그런 목적을 갖고 있습니다. 그런데 이 사건의 경우에는 범인의 정신 감정 결과 아스퍼거 장애의 가능성이 의심된다는 소견이 나왔습니다. 범행 당시에는 아스퍼거 장애의 영향에 의한 심신 미약이 아니었지만, 범행 이후에 시신을 손괴하고 유기하는 과정에서는 아스퍼거 장애가 영향을 줬다는 내용으로 의견이 도출됐죠.

차클   아스퍼거 장애가 있다가 없어졌다가 하는 장애라는 말인가요?

김   아스퍼거 장애는 탈부착이 가능한 장애가 아니거든요. 기질적으로 타고나는 장애예요. 그런 이유로 검찰에서는 심신 상실 상태나 미약 상태에서 범행한 게 아니라고 판단했습니다. 다른 사건 파일들을 살펴봐도 정신 장애로 인해 범행을 하는 경우에 이번 사건처럼 치밀하게 범행을 저지르기 어려워요. 이 사건의 범인은 발생 가능한 요소들을 충분히 고려해 그때그때 자신의 계획을 변경하는 패턴을 보였습니다. 자폐 장애의 경우 본인이 계획했던 대로 일이 진행되지 않으면 굉장히 불안해하고 초조해할 수 있는데 범인은 강박적인 성향이라고 보기도 어려웠죠.

차클   그럼 유죄 판결을 받았나요?

김   네. 이러한 분석 결과들을 토대로 구속 기소를 했습니다. 최종적으로

주범에게는 징역 20년과 전자 발찌 착용 30년이 선고됐고, 공범에게
는 징역 13년이 선고됐습니다.

차클 여전히 형량이 충분치 않다는 생각은 드네요. 그런데 법정에서 정신
감정이나 심리 분석의 증거 능력을 잘 인정하는 편인가요?

김 법의학적 증거든 목격자 진술이든 아니면 다른 증거든 법정에서 판단
의 근거로 사용할지 여부는 재판장이 결정하게 되어 있습니다. 저 같
은 자문가들이 사건과 관련된 증거를 제출하면 재판부에서 그 증거를
채택할지 말지를 판단하죠. 진술 분석이나 심리 분석을 하다 보면 간
혹 범죄자의 진술이 허위일 가능성이 높다는 의견을 제시해도 재판부
에서 증거로 채택하지 않아 무죄가 되는 경우도 있어요.

범죄자의 심신 미약, 어디까지 진실인가

"하나의 검사만으로 확증을 할 수는 없습니다. 가해자 또는 피해자와 자신을 동일시하는지, 공감 능력을 보여주는지, 피해자의 취약한 부분이나 아픔에 대해 공감할 수 있는지, 분노와 충동 조절이 가능한지 등 그 사람과 관련된 모든 정보를 종합해서 최종 결론을 내리게 됩니다."

• • •

차클　심신 미약을 어떻게 진단하고 처리하는지 좀 더 자세히 알려주시죠.

김　심리 분석이나 진술 분석이나 모두 필수적으로 분석 대상자의 과거력 조사와 병력 조사를 실시합니다. 또 해당 사건이 어떻게 진행됐는지를 분석한 뒤에 심리 검사를 실시하죠. 이와 함께 행동 관찰을 통해 기만 행위에 해당하는 것들이 없는지도 분석합니다.

차클　그렇군요. 심리 검사는 어떻게 진행하는 건지도 궁금합니다.

김　객관적 검사와 투사적 검사를 하게 됩니다. 객관적 검사는 면대면으로 이루어지는 지능 검사나 자기 보고식 검사가 해당됩니다. 자기 보고식은 스스로 답하는 것이라서 상대적으로 꾸며대기가 쉽죠. 그런 단점을 보완하기 위해서 투사적 검사를 함께 실시하게 돼 있습니다. 그럼 투

　　　　사적인 검사에 대해 예를 들어 좀 더 살펴보죠. 이 그림에서 가장 먼저
　　　　보이는 건 무엇인가요?

차클　　할아버지처럼 보이기도 하고, 아이를 안은 여인과 개가 누워 있는 걸
　　　　로도 보여요.

김　　　맞습니다. 관점에 따라 여러 가지 모양으로 보일 수 있죠? 이 검사의
　　　　핵심은 같은 그림이라도 사람에 따라 자기의 내적인 상태를 투사해
　　　　다르게 지각한다는 거예요. 누군가는 할아버지의 옆모습을 먼저 보고,
　　　　누군가는 모자 쓴 노인과 아기를 안고 있는 여성을 먼저 보는 거죠. 그
　　　　림 속 왼쪽 아래 부위도 누군가는 누워 있는 개로, 누군가는 할아버지
　　　　의 손으로 보는 겁니다.

차클　　신기하네요. 투사적 검사에 대해 좀 더 알려주세요.

김　　　투사적 검사 중에 로르샤흐(Rorschach) 검사라는 것이 있습니다. 실제로
　　　　검사 때 사용하는 카드는 악용의 가능성이 있기 때문에 공개할 수 없

고요. 무엇인지 알 수 없는 패턴의 그림들을 보여주고 무엇처럼 보이는지를 묻는 검사예요.

차클 로르샤흐 검사도 은연중에 드러나는 검사 대상자의 심리를 파악할 수 있겠군요?

김 앞서 말씀드린 것처럼 모호한 자극이 주어졌을 때 사람에 따라 대상을 보고 달리 반응하는 것이죠. 자극을 지각하고 해석할 때 우리도 모르게 내적 갈등이나 욕구 같은 것들을 투사해서 해석하는 것입니다. 그래서 이런 검사를 투사 검사라고 하는 겁니다.

차클 내적 갈등이 심하고 욕구가 분명할수록 그림을 보는 방식이 달라지겠군요?

김 예를 들어 검사 대상자가 어떤 그림에서 악마를 봤다고 가정해보죠. 그런 경우 그 사람의 내면이 그림에 투사된 것이에요. 실제의 자극에 부합하는 수준의 반응을 보이는 게 아니라 그 이상의 해석을 하는 것이죠.

차클 하지만 투사적 검사만으로 판단하는 건 무리가 있지 않을까요?

김 맞습니다. 하나의 검사만으로 확증을 할 수는 없습니다. 따라서 범죄 사건에 대한 다양한 반응을 살펴야 해요. 가해자 또는 피해자와 자신을 동일시하는지, 공감 능력을 보여주는지, 피해자의 취약한 부분이나 아픔에 대해 공감할 수 있는지, 분노와 충동 조절이 가능한지 등 그 사람과 관련된 모든 정보를 종합해서 최종 결론을 내리게 됩니다.

차클 심신 미약이나 정신 질환을 주장하는 범죄자들은 저런 검사를 받을 때도 속임수를 쓰려 하지 않나요?

김 그렇죠. 검사 대상자들은 내부 검열을 해요. 자신이 이러한 반응을 했을 때 상대방이 자신을 어떻게 볼 것인지를 걱정하면서 목소리의 톤을

낮추거나 과장하기도 해요. 하지만 다양한 카드를 활용해 검사를 하면서 대상자의 반응 특성을 살피다 보면 패턴을 파악할 수 있습니다.

차클 전문가들 눈에는 그런 눈속임이 잘 보인다는 말씀이신가요?

김 예를 들어 범죄 사건에서 심신 미약을 주장하는 사람들 외에도 징병 검사를 받는다거나 교통사고에 따른 보험료 청구를 위해 정신 감정을 받을 경우에도 많은 사람이 조사에서 속임수를 쓰기도 합니다. 평가자는 그런 경향이 있다는 것을 감안하고 분석을 해야 하는 것이죠.

차클 인천 초등학생 살인 사건의 범인은 검사에서 어떤 결과가 나왔나요?

김 굉장히 주목할 만한 결과를 발견했습니다. 범행이 드러나 구속이 되고 자유를 박탈당한 상황이었거든요. 그런데 자신에 대한 애정, 즉 자기애를 굉장히 많이 드러냈어요. 당시가 한창 벚꽃이 필 무렵이었는데요. 자신의 집 앞에 피는 벚꽃이 너무 예쁜데 그것을 못 봐서 너무 속상하다는 식의 말들을 꺼냈죠. 이런 이야기를 할 때는 자신의 정서를 굉장히 자연스럽게 꺼내는 반면 피해자나 피해자의 가족에 대해서 이야기할 때는 매우 메마르고 건조한 정서를 드러냈어요.

차클 자기애를 드러내는 것이 결정적 차이였다는 것인가요? 또 다른 특징이 있었나요?

김 자기애를 드러낸 것과 함께 자신이 구속된 것에 대해 안타까워하고 억울해하고 행복을 빼앗겼다며 비통해했습니다. 그러면서도 자신에 의해 약한 어린이가 다치고 죽임을 당했다는 데 대해서는 공감 반응이 전혀 없었습니다. 투사적 검사 자료를 보면서는 끔찍하다는 반응을 했는데요. 그러면서 자신의 범죄 행위에 대해서도 '막상 하고 보니 끔찍하다'는 말을 덧붙였어요. 우리는 그의 이 마지막 말에 주목해야 합니다.

차클 '막상 하고 보니'라는 대목 말이죠?

김 그 말은 사전에 자신의 범죄 행위에 대한 시뮬레이션을 많이 해봤다는 뜻입니다. 이전에 자신이 시뮬레이션을 해본 것에 비해 실제 범죄 행위가 더 많이 끔찍했다는 것이죠.

차클 범죄 피해자인 아이의 고통에 대한 공감은 전혀 없이 상대를 완전히 대상화, 타자화한 것 아닌가요?

김 맞습니다. 그리고 만약에 조현병이나 다중 인격 장애에 의해 범행을 저질렀다가 그 뒤에 자신의 의식이 돌아왔다면 적어도 자신이 저지른 사건을 마주했을 때 죄책감이나 공포감을 느끼는 것이 정상일 겁니다. 그런데 피의자는 그런 감정을 나타내지 않았어요. 이런 점들로 미뤄 범인은 사이코패스적 기질을 가졌을 가능성이 높다고 결론을 내렸습니다.

차클 범죄물에 많이 등장하는 그 사이코패스 말씀이죠? 사이코패스는 타고나는 건가요?

김 일반적으로 사이코패스도 타고나는 문제라고 알려져 있습니다. 그런데 본래는 사이코패스적 성향이 없지만 아동기에 반복적으로 학대를 당하거나 큰 트라우마를 반복해서 겪는 경우에 뇌 안의 변연계나 전두엽 같은 부분이 제대로 발달하지 않게 됩니다. 그런 이유로 사이코패스적인 성향을 후천적으로 갖게 되는 사람들도 있어요. 아무튼 적어도 현재까지 많은 문헌에서 밝힌 바에 따르면 사이코패스는 치료되긴 어려워서 사회로부터의 영구 격리가 가장 최선이라 보고되고 있습니다. 사이코패스의 제일 큰 특징은 공감 능력의 결여예요. 우리 뇌에는 측은지심과 관련된 회로가 있어요. 그 영역이 활성화가 잘 안 되는 사람들인 거죠. 보통 누군가의 아픈 모습을 보면 딱한 마음이 들기 마련이지만, 사이코패스적 성향을 가진 사람들은 그 회로가 고장 나 있는 상태이기 때문에 동정심이 생기지 않는 거예요.

차클 사이코패스 성향이 타고나는 것이면 치료로 나아지지도 않나요?

김 약물 치료나 정신과적 치료로 해결되면 정말 좋겠죠. 과거에는 일부 연구자들이 고용량 오메가3나 약물을 섭취하면 사이코패스 성향이 감소된다는 연구 결과를 발표하기도 했습니다. 그런데 그 이후에 효과가 지속되는지에 대한 보고는 현재까지 없습니다. 다만, 사이코패스적 성향을 가진 사람들에게 공감하는 척하는 행동을 훈련시킬 수 있다는 보고는 나와 있습니다. 하지만 정말로 공감하는 능력을 개발시키기는 결코 쉽지 않다는 게 정설입니다.

차클 범죄자가 아스퍼거 장애나 사이코패스적 성향을 근거로 심신 미약을 판정받으면 어떤 처벌을 받게 되나요?

김 우선 보호감호소에 수용하게 됩니다. 항간에는 보호감호소가 교도소보다 훨씬 시설이 좋고, 마치 일반 병원과 같다고 알려져 있죠. 그래서 범죄를 저지른 사람들이 일부러 보호감호소에 가기 위해 심신 미약을 주장한다고요. 하지만 보호감호소도 교도소처럼 철저하게 보안을 유지하고 있고, 외부와의 접촉을 막기 위해 쇠창살로 차단을 하고 있고, 출입도 제한을 받습니다.

차클 보호감호소가 교도소와 다른 점은요?

김 정신과 의사, 임상심리학자, 정신건강 간호사들이 정신과적 장애를 가진 범죄자들의 치료를 담당하고 있습니다. 특히 정신과적 장애를 가진 사람들은 평소에는 다른 범죄자들보다 더 온순하거든요. 그래서 분위기가 다른 교도소나 감호소에 비해 조금 더 보호적이고 덜 삭막한 것은 사실입니다.

차클 그러니까 아무래도 범죄자들 입장에서는 교도소보다 보호감호소가 훨씬 더 낫다고 생각을 하겠는데요. 실제로 심신 미약을 주장하는 경우가 늘었죠?

김 2012년에 심신 미약과 같은 증상을 주장한 사건이 1,804건이었는데, 2017년 5년 만에 거의 2배 가까이 증가했어요. 이렇게 정신과적 장애를 주장하는 건수가 늘어난 만큼 점점 엄격하게 분석을 하고 있습니다.

차클 심신 미약을 주장했다가 전문가에 의해 사실이 아닌 걸로 드러난 사건이 있나요?

김 최근에 피의자가 심신 미약을 이유로 들어 국민적 분노를 산 사건이 있습니다. 강서구 PC방 살인 사건인데요. 피의자가 PC방에서 직원에게 불만을 제기했다가 그 과정에서 기분이 상했는지 이후 집에서 흉기를 가지고 와 그 직원을 수십 차례 찔러서 살해했던 사건입니다. 피의자의 보호자들이 과거에 피의자가 우울 장애로 치료받은 적이 있다는 주장을 했죠. 그 바람에 심신 미약을 이유로 감형받으려는 시도가 아니냐는 공분을 샀습니다.

차클 기억납니다. 당시에 피의자의 심신 미약 감형에 반대한다는 국민 청원까지 등장했었죠. 100만 명이 넘는 사람들이 동의했고요.

김 최단 시간에 최다 동의를 얻은 글이었죠. 그 피의자는 심신 미약에 대해 정신 감정을 받았지만 인정되지 않았어요. 이후에 공주 치료감호소

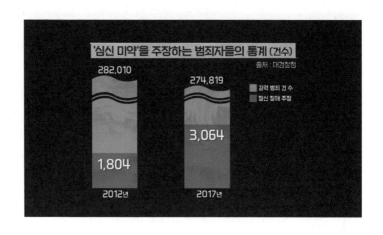

'심신 미약'을 주장하는 범죄자들의 통계 (건수)

출처 : 대검찰청

282,010

274,819

■ 강력 범죄 건 수
■ 정신 장애 주장

3,064

1,804

2012년   2017년

로 옮겨져서 한 달 정도 다시 정신 감정을 받았는데 그곳에서도 심신 미약 상태가 아니었다고 결론이 났습니다.

차클 그런데 심신 미약 여부는 범행 당시의 심리 상태로 판단하는 것인가요? 어떤 기준으로 결정하는지 궁금합니다.

김 형법 10조를 보면 심신 장애인에 대해 규정하고 있습니다. 제일 중요한 것은 사물 변별 능력이에요. 변별 능력이 없거나 의사 결정 능력이 없는 사람인지를 보는 거죠. 책임이 없는 곳에는 형벌이 없단 원칙을 적용하기 위해서요. 즉, 심신 장애를 판정받으면 책임이 없어지는 것이에요.

차클 여기서 얘기하는 심신 장애에는 어떤 병들이 해당되나요?

김 조현병이나 조울증으로 알려진 양극성 우울 장애, 조현병과 조울증이 섞인 상태인 분열 정동 장애 등이 있습니다. 우울 장애와 치매도 포함되고요. 더불어 마약이나 알코올을 섭취한 상태에서의 기능 장애도 정신 장애로 분류됩니다. 이와 같은 경우에는 형을 감경하게 돼 있습니

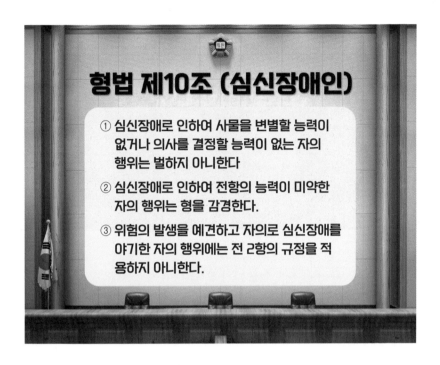

다. 단, 위험한 결과를 충분히 예견할 수 있음에도 불구하고 스스로 심신 장애 상태를 야기하는 음주와 마약을 한 경우에는 형법 10조 1, 2항의 규정을 적용받을 수 없습니다.

차클 정신 장애와 정신 기능 장애는 어떻게 구분되나요?

김   정신 장애는 정신적인 혼란 상태가 적어도 2년 이상 유지되고 향후에도 계속 유지가 될 경우입니다. 정신 기능 장애는 마약이나 술로 인해 일시적으로 기능이 마비된 상태라고 보면 돼요.

차클 반대로 피해자가 정신 장애를 가진 경우 범죄 입증엔 어떤 영향을 미치나요?

김   피해자의 경우에는 항거 불능과 항거 곤란이라는 원칙을 적용합니다.

지적 장애인은 성인이라고 해도 지적 능력이 아동 수준인 경우가 많아요. 그래서 자신에게 지금 무슨 일이 일어나고 있는지를 이해하는지, 그 결과가 무엇인지를 예견하면서 의사 결정을 할 수 있는지 여부가 굉장히 중요합니다. 그런 능력이 아예 없는 경우를 항거 불능이라고 해요. 이런 상태에서는 피해자가 거부를 하거나 저항을 하는 시도가 없어도 가해자의 죄가 성립이 돼요. 반면, 항거 곤란은 정신이 조금 미약해서 거부나 저항을 덜할 수밖에 없는 상태를 의미하죠. 항거 곤란이 입증돼도 범죄가 성립이 됩니다.

차클 그렇군요. 그런데 가해자가 음주로 심신 미약을 인정받는 건 정말 이해가 안 가요. 누가 억지로 마시게 한 것도 아니고 자기가 좋아서 술을 먹고 범죄를 저지르면 형량을 더 길게 받는 게 맞는 것 아닌가요?

김 물론 자신이 평소에 술을 먹었을 때 폭력적으로 변하는 것을 알고 있으면 절제를 해야 마땅하겠죠. 하지만 거기까지는 법이 미치지 않는 것 같아요. 우연한 기회에 의도치 않게 술을 먹었는데 또 의도치 않게 범행을 저지른 경우가 있을 수 있어요. 그럴 때 심신이 미약한 상태에 놓이게 된다고 보는 거죠.

차클 음주로 감형을 받은 대표적인 사건이 어떤 게 있을까요?

김 조두순 사건이 가장 유명합니다. 여아를 강간했지만 음주 상태로 인한 심신 미약이 인정된 경우예요. 그래서 징역 15년을 받았다가 12년으로 감형이 됐습니다. 이 조두순 사건이 이슈가 되면서 음주 감형, 특히 아동 성폭력에서의 음주 감형에 대해 굉장히 논란이 많았습니다. 그 결과 2009년 대법원에서는 아동 성범죄에 대해 음주로 인한 심신 미약을 인정하지 않았어요. 이제는 아동 성폭력 사건에서 음주 감형 기준이 적용되지 않고 있습니다. 하지만 나머지 강력 범죄에서는 여전히 가능한 상태예요.

차클 정말 기가 막힌 일이었죠. 그런데 왜 다른 강력 범죄는 여전히 음주 감형을 적용해주는 거죠?

김 조두순 사건이 큰 사회적 쟁점이 되면서 일단 아동 성폭력 부분만 예외로 인정을 해준 거예요. 모든 종류의 범죄에 대해 감형 기준이 바뀌어야 하는데, 아직 거기까진 논의가 확대되지 않은 게 현실입니다.

차클 그럼 범죄를 저지르고 난 뒤에 의도적으로 술을 마시고 심신 미약을 주장할 수도 있는 것 아닌가요?

김 맞습니다. 지적하신 것처럼 간혹 강력 범죄 사건에서 범죄자들이 의도적으로 술을 먹는 경우가 있어요. 용기를 내기 위해서 술을 먹고 범행을 하기도 하고 혹은 음주 감형을 노리고 나중에 음주를 하기도 합니다.

차클 미리 심신 미약 상태를 계획했던 게 발각된 사례도 있나요?

김 2018년 10월 강서구 등촌동 주차장 살인 사건을 혹시 알고 계신가요? 범인이 오랜 시간 동안 이혼한 전 부인과 가족들을 압박한 사건이에요. 당시 피해자인 전 부인과 가족들에게 자신이 정신 장애를 주장하면 범죄를 저질러도 바로 풀려날 수 있다고 말했습니다. 피해자들이 보복이 두려워서 신고를 못하게 만들려고 했던 거죠. 피의자는 실제로 정신과를 다니면서 우울 장애로 진단을 받고 처방약을 먹기도 했어요.

차클 너무 치밀하게 계획을 세웠네요.

김 이런 사건에서는 피의자가 의도적으로 계획했다는 것을 심리 분석으로 입증해야만 합니다. 하지만 쉽지 않은 일이죠. 게다가 현재 사법 체계에서는 대부분 피해자가 범죄의 계획성을 입증해야 해요. 성폭력 사건도 피해자가 피해자임을 밝혀야 하기 때문에 다양한 2차 피해자들이 발생하는 거잖아요.

차클 그런데 이미 피의자가 공공연하게 피해자인 가족들에게 계획 범죄인 것을 알렸다고 했잖아요?

김 네. 다행히도 이 사건의 경우에는 피의자의 계획성이 먼저 밝혀졌습니다. 또 범죄 이후에 범인이 도주하지 않고 근처에서 약을 먹고 실신된 상태에서 발견이 됐어요. 그리고 음주나 정신 장애의 증거를 미리 남겨놓고 범행을 계획한 정황들이 보고됐습니다.

차클 전체적으론 재판에서 심신 미약을 인정받은 범죄 건수가 어느 정도나 되나요?

김 지난 2년 동안 범죄자가 1심 재판에서 심신 미약을 주장해 인정을 받은 비율이 약 19퍼센트 정도입니다. 전체 중에 20퍼센트가량이면 적지 않은 수치입니다. 하지만 1심의 결과에 대한 수치이기 때문에 항소심에서 조금 더 감소하지 않았을까 싶습니다.

차클 생각보다 많이 인정받네요. 물론 그중에는 실제로 심신 미약인 경우도 있겠죠.

김 맞습니다. 그래서 정신 장애를 가지고 있는 분들이 범죄를 저지르는 경우에는 재발 방지, 재범 방지라는 차원에서도 처벌과 더불어서 치료가 반드시 필요합니다.

범죄자는 어떻게 말과 글로 속이는가

"상대를 속이기에는 글이 훨씬 수월해요. 수정할 시간적 여유도 있으니 더 안전하고 편한 방법입니다. 그래서 진술 분석을 할 때 진술자가 글을 쓰며 어디에서 지웠는지, 어디에서 고쳤는지, 어디에서 필체가 달라졌는지, 어디에서 패턴이 달라졌는지까지 세세하게 분석합니다."

• • •

차클 앞서 심리 분석을 살펴봤는데요. 범죄 관련 조사에 활용되는 또 다른 축인 진술 분석이란 무엇인가요?

김 진술 분석이란 누군가의 말이 정확한지, 즉 사실인지 아니면 꾸며낸 것인지를 판단하는 기술입니다. 1954년 독일의 심리학자 우도 운도이치(Udo Undeutsch)가 세운 가설에 근거해서 다양한 진술 분석 기법이 개발되어 전 세계적으로 꾸준히 활용되고 있습니다. 대표적인 진술 분석 기법 중에는 과학적 내용 분석을 의미하는 SCAN(Scientific Content Analysis)과 진술 타당성 평가(Statement Validity Assessment, SVA) 등이 있죠.

차클 진술의 진위를 판단하기 위한 기법이란 얘기네요?

김 네. 누군가의 말이 진실인지 아닌지를 판단하기 위해 여러 기법이 사용됩니다. 뇌파를 분석하기도 하고 거짓말 탐지기도 사용하죠. 진술 분석에서는 주로 언어를 분석한다고 생각하면 됩니다. 언어의 내용과 구조를 분석하는 거죠. 양자 간의 주장이 첨예하게 대립하는 경우나 근거가 되는 물증이 없는 경우, 아동·장애인이 피해자나 가해자로 연루되는 사건에서 진술 분석이 매우 중요하게 쓰입니다.

차클 거짓말 탐지기는 어떤 원리로 작동되는 건지 궁금합니다.

김 거짓말 탐지기는 심장 박동, 체온, 뇌파, 땀 분비량 등과 같은 생리적 반응을 분석하는 것이죠. 그런데 최근에 거짓말 탐지기가 불안 수준이 높은 선량한 시민을 범죄자로 만들기 좋은 기법이라는 비판을 받기도 합니다. 진실을 말하는데도 생리적 반응이 과도하게 나오는 사람이 있을 수 있다는 거죠. 그래서 아직 법적 증거로는 활용되지 못하고 있습니다.

차클 그렇군요. 주로 언어적인 분석을 한다고 하셨는데 그 대상은요?

김 말 그대로 언어적인 분석 자료들, 유서나 녹취록이나 일기 같은 자료를 활용해 분석 대상자의 언어적 정보를 분석합니다.

차클 좀 더 구체적인 방법을 알려주시죠.

김 먼저 거짓을 탐지하는 과학적 내용 분석, 즉 SCAN에 대해 알아보죠. SCAN은 이스라엘의 전직 거짓말 탐지 전문가였던 사퍼(Sapir)에 의해서 개발됐습니다. 피해자뿐만 아니라 범죄자, 목격자 등 모든 사람을 분석의 대상으로 삼아요.

차클 SCAN이 거짓말을 분석하는 원리는 어떤 건가요?

김 SCAN이라는 기법은 세 가지 가설을 기반으로 합니다. 첫 번째는 진술의 내용과 구조 모두 모순 없이 진실해야 합니다. 두 번째는 자신이 경험한 모든 것에 대해서 거짓말을 하지 않아야 한다는 겁니다. 대개

누군가 거짓말을 할 때 90퍼센트는 실제 경험이고 나머지 10퍼센트를 자신에게 유리하게 왜곡·과장하거나 아니면 아예 정보를 누락하는 전략을 사용하죠. 이 10퍼센트의 정보를 찾아내는 것이 중요합니다. 마지막으로 세 번째는 모든 사람에겐 나름의 언어 규칙이 있다는 것입니다. 따라서 SCAN을 할 때는 분석 대상자의 평소 언어 습관을 미리 파악해야 합니다. 그래야만 그 언어 습관에서 벗어날 때 '아, 이 사람이 뭔가를 숨기고 있구나'라고 판단할 수 있는 것이죠.

차클 소셜 미디어에 글을 많이 올리는 요즘은 누군가의 언어 습관을 파악하기가 조금 쉬워지지 않았나요?

김 그럴 수 있습니다. 소셜 미디어 외에도 자술서나 일기가 언어 습관을 파악하는 데는 더 도움이 되죠. 그런데 간혹 말하는 습관과 글을 쓰는 습관이 조금씩 다른 경우도 있습니다. 예컨대 지적 장애인이 형사 사법 절차를 밟게 될 경우 그 사람이 쓴 글만 봐서는 지적 장애를 가졌는지 드러나지 않을 때도 있어요. 이들의 범죄 의도나 정신적 기능의 수준을 언어적으로는 파악하기가 어려운 거예요.

차클 말로 상대를 속이는 것과 글로 상대를 속이는 것 중 어떤 것이 더 범죄에 이용이 되나요?

김 상대를 속이기에는 글이 훨씬 수월해요. 글은 자신이 쓰고 나서 한 번 더 점검을 하게 되잖아요. 이처럼 수정할 시간적 여유도 있으니 더 안전하고 편한 방법입니다. 그래서 진술 분석을 할 때 진술자가 글을 쓰며 어디에서 지웠는지, 어디에서 고쳤는지, 어디에서 필체가 달라졌는지, 어디에서 패턴이 달라졌는지까지 세세하게 분석합니다. 그럼 진술 분석이 어떤 것인지 한번 체험해볼까요? 아래 진술서에서 무엇이 이상한지 찾아보시죠. 남편과 파티에 다녀온 아내가 다음 날 변사체로 발견이 된 사건이고, 진술서는 용의자로 몰린 남편이 쓴 겁니다.

차클 '아내와 나'를 계속 강조하는 게 좀 이상해요.

김 아주 훌륭합니다. 지금 말한 모든 것이 진술 분석을 할 때 모두 고려해야 될 부분입니다. 보통 사람의 경우 이야기할 때 '아내와 나'라고 한

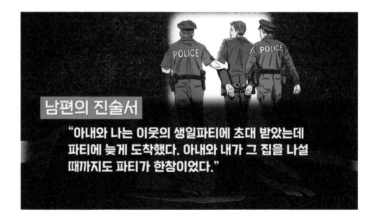

남편의 진술서
"아내와 나는 이웃의 생일파티에 초대 받았는데 파티에 늦게 도착했다. 아내와 내가 그 집을 나설 때까지도 파티가 한창이었다."

번 이야기를 하면 그 뒤에는 보통 '우리'라고 말하죠. 그런데 이 남편은 계속 '아내와 나는', '아내와 내가'라고 반복해요. 우리라고 표현하지 않았다는 것은 감정적으로 분리했다는 것을 의미합니다. 아내와 나라고 표현함으로써 무의식적으로 혼인 관계를 떼어놓은 것을 인정한 거예요. 이렇게 보통 사람의 언어 규칙과 분석 대상자의 언어 규칙에 대한 사전 지식이 매우 중요합니다.

차클 혹시 습관적으로 그렇게 말하는 사람이라면 오해할 수도 있겠네요.

김 그렇죠. 그래서 평소에 그 사람이 말하는 습관을 파악하는 것이 중요합니다. 만약 진술 분석을 통해 피의 사실에 대한 심증이 생기면 조용히 용의자 선상에 올려놓고 조사를 진행합니다. 그리고 다음 번 조사 때 그 사람이 무엇을 감추고자 하는지를 면밀하게 재수사하는 것이죠.

차클 국내에서 SCAN 기술이 적용된 사례가 있나요?

김 네. 2017년 10월에 있었던 용인 일가족 살인 사건을 혹시 기억하시나요? 집과 차 안에서 일가족이 살해된 채 발견된 사건이에요. 범인은 집안의 맏아들이었습니다. 범행 후 뉴질랜드로 출국했지만 현지에서 체포돼 구속이 됐어요. 그의 아내 정씨 역시 살인을 도운 정황이 포착됐죠. 그런데 정씨가 구속 직후 무죄를 호소하며 편지를 보내왔습니다.

차클 이 범죄의 쟁점은 무엇이었나요?

김 범인의 아내가 공동정범이냐 아니냐는 것이었습니다. 그런데 아내의 진술서를 살펴보면 이상한 부분이 많았습니다. 앞에서는 사람을 죽인 이야기는 전혀 없이 다른 건으로 남편과 싸웠다는 것만 길게 서술했어요. 그러다가 갑자기 맥락 없이 '저는 화를 내고 욕한 게 전부였습니다. 사람이 사람을 죽인다는 게 쉬운 일이 아니잖아요' 같은 말을 한 거예요.

차클 SCAN에선 이야기의 서술 방식을 중점적으로 살피나요?

김 네. 범인의 아내에게서 발견한 첫 번째 단서는 진술의 흐름에서 벗어난 정보입니다. 사건과 무관한 정보를 삽입해서 전체적인 논지를 흐리고 있죠. 주로 사기꾼들이 자꾸 말을 돌리거나 즉답을 회피하는 양상을 보여요. 이런 면이 대화할 때보다 글을 쓰게 했을 때 탐지가 더 잘되죠.

차클 정씨가 쓴 진술서에 또 다른 단서들이 있었나요?

김 두 번째 단서도 특이합니다. 범인의 아내는 자신이 사기 결혼을 당했고 지금까지의 삶이 굉장히 공포스럽고 두려웠다고 토로하고 있습니다. 그 과정에서 자신의 삶에 대해서 길게 설명했어요. 특히 사건 발생 이전 열흘간의 이야기를 자세히 썼는데요. 그런데 매일매일의 기록을 쓰다가 정작 범행 당일에 대한 기록은 누락을 했어요. 말로 진술하는 것도 아니고 충분히 검토할 기회가 있는 글에서 하루 치 내용을 통째로 누락시킨 거죠.

차클 충분히 의도적으로 누락했다고 의심할 수 있겠군요?

김 의도적이라기보다는 무의식적으로 그날의 행적을 뺀 것입니다. 범인의 아내는 그날 있었던 일에 대해 쓸 수가 없었던 거예요. 너무나 압박감이 심했기 때문이죠. 그렇게 생략된 정보를 통해 거짓을 숨기고 있다고 알아챌 수 있습니다. 만약 이 진술서에 대한 분석을 토대로 재수사를 한다면 해당 날짜에 무슨 일이 있었는지를 집중적으로 조사하게 되겠죠.

차클 진술서의 다른 부분에서도 범행을 알아챌 실마리가 있었나요?

김 굉장히 주목할 만한 대목이 있었습니다. '(남편이) 부모님을 죽인다고 이야기함', '귀찮고 짜증이 났습니다'라고 한 부분이에요. 이 진술을 보면서 첫 번째로 드는 생각은 부모를 죽인다는 이야기가 과연 귀찮고 짜증날 일인가라는 것이었죠. 왜 짜증이 났을까. 남편이 매일같이 부모를 죽이겠다고 한 것일 수도 있고, 한 발 더 나아가면 왜 남편이 말만 할 뿐 실행에 옮기지 않느냐고 불만을 품을 수도 있었죠. 하지만 이는 저의 가설입니다. 이처럼 부적절한 정서 표현도 거짓의 징후가 될 수 있어요.

차클   그런데 글의 어미를 '이야기함'처럼 쓰다가 나중에는 '났습니다'라고 다르게 맺었다고 하셨잖아요. 이것도 특별한 의미가 있을까요?

김   네. 이 사람의 진술서를 들여다보면 본인에게 유리한 내용은 '습니다'처럼 높임말을 쓰고 있어요. 그리고 본인과 상관없는 것, 거리를 두고 싶은 것은 '함'이나 '했다'처럼 단정적으로 쓰고 있죠. 게다가 자신에게 혹시라도 화살이 돌아오거나 해가 될 것 같은 것은 '(들음)'으로 강조하면서 쓰고 있어요. 이렇게 하나의 진술서 안에서 언어 습관이 계속 바뀌는 것이 관찰됐습니다. 예를 들어 '우리 ○○는'으로 계속 표현하던 사람이 '그는'으로 인칭 대명사를 바꾼다면 그 사람의 심경이 달라졌다는 뜻인 거예요.

차클   글쓰기에 대한 교육을 잘 받지 못해서 나타나는 실수로 볼 수도 있지 않을까요?

김   고등교육을 못 받아서 그랬을 수도 있는데, 그렇다고 해서 '습니다'와 '음'을 저렇게 빈번하게 바꾸지는 않아요. 이렇게 자술서를 검토할 때는 탈자가 있거나 정확하지 않은 표기가 발견될 경우 일관되게 나타나는지 아니면 어떤 지점에서 유독 많이 나타나는지를 확인합니다. 만약 소셜 미디어처럼 컴퓨터나 스마트폰으로 작성하는 경우에는 자신의 글을 지우는 행위가 드러나지 않겠지만, 자술서처럼 조사를 위해 직접 손으로 글을 쓸 경우에는 지우는 것이 드러나죠. 만약 반복적으로 한 지점에서만 내용을 계속 지우고 다시 쓴다면 어떤 것을 감추고자 하는 의도가 있다고 볼 수 있어요.

차클 실제로 범인의 아내의 진술서에서도 특징적인 것이 또 있었나요?

김 사건 당일 오전의 일을 적은 것을 보면 자신이 세탁을 했던 일들을 너무나 자세하게 쓰고 있어요. '며칠 동안 세탁을 못해서 애들 입을 내복이 없어서 세탁을 해야만 했음'이라고 말이죠. 범행이 일어났던 당일 오전의 일들을 쓰는 진술서에서 빨래를 왜 했는지를 자세히 설명할 필요가 있을까요? 그런데 굉장히 길게 썼어요. 심지어는 다음에 '도주하려고 세탁한 거 아님'이라고까지 썼어요. 그러면서 정작 중요한 범행에 대한 이야기에서는 '처음엔 장난인 줄 알았습니다'라고 썼습니다.

차클 결국 자신이 공범이 아니라는 것을 말하고 싶었던 것이군요?

김 그렇죠. 그런 데다 정작 남편이 살해를 하고 돌아와서 어떤 일이 있었는지에 대한 상세한 설명은 빠져 있었습니다. 누군가가 공범인지 아닌지를 판단하기 위해서는 사건 직전과 직후의 정황이 굉장히 중요한데 말이죠.

차클 그렇다면 '며칠 동안 세탁을 못해서 애들 입을 내복이 없어서 세탁을 해야만 했음'은 범죄 의도를 감추려 한 것이고, '장난인 줄 알았습니다'는 자기에게 유리한 진술을 한 것이군요?

김 네. 진술서가 거짓이 아니라면 산발적이고 두서없는 느낌이 들어도 최소한 전체 진술에서 통일성과 일관성이 있어야 해요. 그런데 이 사건

피의자의 경우 통일성, 일관성이 없었던 것이죠. 이러한 SCAN 기법은 진위 판단보다 무엇을 감추려 하고 있는지, 다음 수사에서 무엇에 중점을 둬야 하는지 등 수사에 필요한 도움을 얻기 위해서 많이 활용되는 추세입니다.

차클 SCAN 외에도 진술 분석 도구가 또 있나요?

김 앞서 설명했듯이 SCAN이 거짓을 판단하는 도구라면, SVA는 진술자의 말이 실제 경험에 근거한 정확한 내용인지를 판단하는 기법입니다. 1954년에 독일 심리학자 우도 운도이치가 개발한 기법이에요. 당시 14세 아동이 성폭력 사건에 연루된 적이 있었어요. 그 사건을 수사하는 과정에서 법원이 운도이치에게 진술 분석을 의뢰했습니다. 이후 다양한 연구 개발 과정을 거쳐서 현재 사용하고 있는 SVA가 개발된 것입니다.

차클 독일에서 이런 기법들이 개발된 이유가 있나요?

김 여러 가지 계기가 있습니다. 일단 독일에서는 수사 과정에서 굉장히

엄격한 검증 절차를 밟고 진술 분석의 결과에 대한 증거 능력도 인정합니다. 독일 외에 유럽의 몇몇 국가에서도 증거 능력을 인정하죠. 반면 영국이나 미국은 제가 아는 한 증거 능력을 인정하지 않습니다. 다만 수사 과정에서 필요한 정보를 얻는 부수적인 도구로 활용되고 있는 것으로 알고 있습니다.

차클 SVA로 분석을 할 때 판단 기준은 무엇인가요?

김 운도이치는 실제 경험에 근거한 진술은 공상이나 거짓에 근거한 것과 내용이 다르다는 기본 가설을 세웠습니다. 사람들에게 거짓말을 시키고 나서 실제 진실을 말하는 사람들과 어떤 차이가 발생하는지를 살펴봤습니다. 진술의 논리적인 구조와 일관성의 차이, 세부 정보나 맥락 등을 분석하는 것이죠.

차클 그렇게 하면 거짓말을 하는 사람은 금방 들통이 나게 되나요?

김 자술서를 쓸 때 거짓으로 꾸며내면 아무래도 나중에 기억이 나지 않을까 봐 불필요한 정보는 넣지 않으려고 해요. 그래서 SCAN으로 분석한 정보와 SVA로 분석한 정보가 달라져요. SCAN에서는 부가적인 정보가 많은 것이 오히려 거짓의 징후였다면, SVA에서는 부가적인 정보가 많은 게 오히려 진실의 지표가 됩니다. 물론 경우에 따라 부가 정보가 많아도 진실한 진술이 아니라는 판단을 할 수도 있겠죠. 어쨌든 진짜로 경험한 것을 얘기하는 사람의 진술에는 훨씬 풍부한 내용이 담겨 있을 수밖에 없다고 보는 겁니다.

차클 만약 진술자가 정신과적 문제로 인해 환청이나 환각을 경험한 걸 진술했다면요?

김 좋은 질문이네요. 그런 경우에는 SVA를 통과할 수 없습니다. 자신이 누군가에게 들은 것에 대해서도 충분히 자세하게 말할 수 있겠죠. 영화에서 보거나 누군가에게 반복해서 들은 얘기에 감정이입하다 보면 진짜 기억처럼 여길 수 있어요. 그런 경우에는 분석가가 진술 당시에 진술자가 어떤 환경에 처했었는지, 외부에서 압력은 없었는지도 분석을 해야 합니다.

차클 여전히 좀 어려워서 실제 사례를 들어 설명해주시면 좋을 것 같은데요.

김 우리가 흔히 범하는 실수를 하나 알려드릴게요. 갑자기 질문자가 양손을 뒤로 감추고 자신이 어느 쪽 손에 시계를 차고 있는지를 물어본다고 가정해보죠. 그러면 대부분 응답자는 오른손이나 왼손 중 어느 쪽이었는지 떠올리려고 애를 씁니다. 특히 질문자가 압박을 하며 대답을 강요하는 경우에 대부분의 사람은 제대로 보지도 않았으면서 오른손이나 왼손 중에 어느 한쪽을 선택하려고 기억을 조작하기도 하죠.

차클 자신도 모르게 거짓말쟁이가 되는 것이군요.

김 그런데 이건 거짓말이 아니에요. 거짓말은 상대를 기만하기 위해서 의도적으로 꾸며낸 건데 위의 경우는 그렇지 않잖아요. 진술 분석에서는 거짓말이냐 진실이냐보다는 잘못된 진술이 왜 나오게 됐는지 집중적으로 살펴본다는 것을 알려드리기 위한 예시입니다. 특히 아이들의 경우 누군가 압박을 주며 질문하면 말을 쉽게 바꾸는 경향이 있어요. 심지어 자신의 기억을 바꾸기도 하죠. 오랫동안 계속 질문을 받으면 거짓 기억을 만들기도 해요. 즉, 객관적으로는 발생한 적이 한 번도 없는 사건인데 아이의 머릿속에서는 실재하는 사건이 되는 거예요.

차클 충분히 그럴 수 있을 것 같네요.

김 맞아요. 그래서 이러한 경우에는 거짓말을 한 거라고 말할 수는 없습니다. 진술 분석 대상자가 아동이거나 지적 장애 혹은 정신 장애를 가지고 있거나 어떠한 이유로든 일시적으로 취약한 상태에 놓여 있다면, 분석 결과에 대해 신빙성을 인정받기가 매우 어렵습니다. 그래서 전문가들이 특별한 노력을 기울여야 하죠.

네 번째
질문

우리는 어떻게 진실을 찾아내야 하는가

"누군가에 대한 단편적인 정보나 지식만을 가지고 그 사람이 진
실을 말하는 사람 혹은 거짓을 말하는 사람이라고 섣불리 단정
하지 않았으면 좋겠어요. 우리가 누군가를 가해자 혹은 피해자
로 분류하고 낙인찍는 행위를 너무 쉽게 하고 있는 것은 아닌
지 되돌아보는 계기가 됐으면 좋겠습니다."

• • •

차클 그렇게 심신이 취약한 사람이나 아동에 대한 진술을 증명하기 위한
과정들이 법률로 보장되고 있나요?

김 2010년부터 우리나라에서도 성폭력 범죄 처벌 등에 관한 특례법에
규정이 되어 있습니다. 의사를 결정할 능력이 미약하거나 사물을 변별
할 수 있는 능력이 미약한 경우에 전문가 의견 조회를 의무화하고 있
어요.

차클 정말 필요한 제도인 것 같아요. 그런데 혹시 진술 분석 결과가 잘못 나
왔던 적은 없나요?

김 모두가 철석같이 믿었던 SVA 결과가 거짓으로 밝혀졌던 사례를 한번
살펴보도록 하겠습니다. 2014년에 세상을 놀라게 한 세 모자의 기자

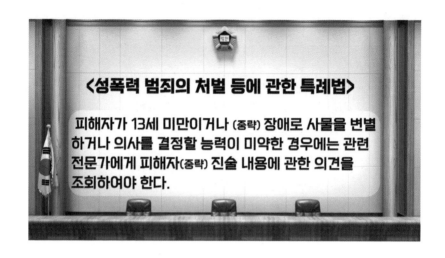

회견이 있었습니다. 세 모자 중 어머니인 이모 씨가 전 남편과 친척 등에 의해 10년 넘게 성매매를 강요당하고 성폭행을 당했다고 고백을 한 사건이에요. 하지만 경찰 조사 결과 거짓으로 밝혀졌죠. 당시 무속인 김모 씨가 배후에서 세 모자를 조종해 금전적 이익을 취하려 했다는 것이 밝혀졌습니다.

차클 기억납니다. 당시에 시민단체 등에서 세 모자 돕기 캠페인을 벌였었죠. 아이들까지 나와서 기자회견을 했었는데 나중에 거짓이라는 게 드러나 충격을 던졌죠.

김 맞습니다. 우리 자신도 모르게 아이들은 거짓말을 하지 않을 거라고 생각하는 경향이 있어요. 그런데 아이를 키워본 부모들은 아이들이 얼마나 거짓말을 잘하는지 알잖아요. 다만 다행인 점은 아이들의 거짓말은 눈에 잘 보인다는 사실입니다. 당시에도 제가 진술 분석을 실시했었어요.

차클 어떻게 거짓인 게 드러났나요?

김 이 사례에서는 진술이 눈덩이처럼 불어나 있었어요. 보통은 추가 진술이 이전의 진술을 이해하는 데 도움이 되어야 하는데, 그렇지 않았죠. 오히려 나중에 추가된 진술에 의해 이전 진술이 파괴되거나 부정되거나 아니면 이해할 수 없는 상태가 된 것이죠.

차클 진술의 일관성이 없었다는 말씀이죠?

김 그렇죠. 일관성과 통일성이 없었어요. 게다가 얼핏 들어도 진술이 너무 비현실적이었습니다. 엄마가 여러 명의 남성들에게 성폭행을 당했다는 진술에서는 아이들이 그 장면을 창문 너머로 봤다고 말했어요. 그런데 알고 보니 아파트 13층에 있는 집이어서 창문으로 무언가를 볼 수 없는 구조였습니다. 이렇게 비현실적인 진술이 많았습니다. 그리고 결정적으로 진술 조사 중 휴식 시간에 '이 정도면 구속이 되겠지?' 하는 식의 대화가 엄마와 아이들 사이에 오간 것을 발견하게 됐죠.

차클 저런. 의도가 분명히 드러났군요?

김 네. 그렇습니다. 그러다 보니 앞의 진술들이 허위일 가능성이 매우 높은 상황이었습니다. 사실 이 사건에서 가장 안타까운 부분은 아이들이 누군가에 의해 압박을 받아 거짓 진술을 하고 있었다는 점이에요. 저와 같은 심리학자는 그런 아이들을 보며 아동 학대를 의심하게 됩니다. 명백히 아동 학대로 인정할 수 있는 사건이었어요.

차클 누가 압박을 넣었다는 것인가요?

김 세 모자의 배후에 한 무속인이 있었습니다. 이렇게 종교가 개입되면 문제의 차원이 달라져요. 성인의 경우에도 자신이 신뢰하는 무속인의 압박을 받으면 비이성적인 판단을 하게 됩니다. 하물며 이 사건의 경우는 명백히 미성년자들이 압력에 의해 진술한 것이기에 신빙성이 없다고 판단할 수밖에 없죠. 게다가 아동 학대도 의심이 되는 상황이어서 아동에 대한 적극적 보호 조치가 필요하다는 의견을 제시했습니다. 결국 엄마는 구속됐습니다.

차클 재판에서 피해자 진술 분석으로 판결이 뒤집힌 사례가 있을까요?

김 네. 있습니다. 1심에서 유죄였던 사건이 항소심에서 무죄로 바뀌는 경우도 있고, 거꾸로 1심에서 무죄였는데 나중에 유죄로 뒤집히는 사례도 있습니다. 2017년 논산 성폭행 부부 자살 사건도 그런 경우인데요. 아내를 성폭행한 친구를 남편이 신고한 사건이에요. 하지만 1심 재판부는 친구의 폭행 혐의는 인정했지만 성폭행 혐의는 무죄를 선고했어요. 그러자 피해자 부부는 유서를 남기고 자살을 했습니다.

차클 왜 1심에서 무죄 판결이 났나요?

김 당시 피해자의 진술은 굉장히 일관됐고, 굉장히 구체적이었습니다. 무엇보다 피해자가 무고하게 사건을 이슈화시켜서 얻은 2차적인 이득이 전혀 없는 상태였고요. 반면 가해자의 진술은 굉장히 많이 바뀌었어요. 처음에는 범행을 시인했다가 나중에 번복하는 과정을 거쳤죠. 그럼에도 불구하고 1심과 2심에서 가해자의 진술 신빙성을 분석하지 않았어요. 피해자의 진술 신빙성은 부정하고 정작 피의자의 진술에 대해서는 분석을 하지 않은 경우예요.

차클 아니, 왜 그런 일이 벌어진 거죠?

김 재판부에서 범행을 저질렀는지 아닌지를 판단하는 데 초점을 둬야 하는데 피해자가 말하는 내용이 진짜인지 아닌지를 판단하는 것에 방점을 두었기 때문입니다. 물론 모든 재판부가 그런 것은 아닙니다. 그래서 1, 2심에서는 무죄가 선고됐다가 대법원에서 유죄 취지의 파기를 했고 파기환송심이 열려서 최종적으로 유죄가 확정된 사건이에요. 이때 판결을 뒤집은 핵심 쟁점은 1, 2심에서 하지 않았던 가해자의 진술에 대해 신빙성 판단을 한 겁니다.

차클 너무 안타까운 사건이네요. 이런 이야기를 들으니 범죄 사건에 대한 심리 분석을 하는 전문가들의 어깨가 굉장히 무거울 것 같습니다.

김 네. 그만큼 어려운 작업이고 심리적 압박감도 굉장히 커요. 진술 분석을 위해서는 반드시 법적 지식이 있어야 하고요. 성폭력 사건이나 살인 사건의 특징도 알아야 해요. 물론 가해자나 피해자 심리도 알아야 하죠. 외국에선 7년에서 10년 이상 훈련을 받는데 우리나라의 경우는 이러한 심리 분석 프로그램이 도입된 지도 얼마 안 됐어요. 민간에서 주로 양성하고, 경찰이나 관계 기관이 1주 이내에 교육을 시켜서 범죄 사건의 진술 분석을 의뢰하는 상황입니다.

차클 교육도 교육이지만 실제 사건에서 범죄자들을 직접 많이 겪어봐야 하는 직업 같아요. 실제로 교수님처럼 활동하고 계신 분석 전문가들이 얼마나 되나요?

김 경찰, 검찰, 법원마다 인력풀이 있어요. 경찰에는 2019년 2월 말 기준 진술 분석관이 100여 명이 있다고 해요. 검찰에도 있고, 대검찰청에도 디지털 포렌식 센터에 진술분석실이 있어요.

차클 공공 기관에서 책임감을 갖고 더 전문가를 키워내야 할 것 같네요. 교수님도 계속해서 심리 분석과 진술 분석을 해나갈 계획이시죠?

김 네. 저는 이 일을 하면서 소명 의식을 가지게 된 것 같아요. 피해자나 가해자를 만나서 진실을 발견해내고 그로 인해 사건의 실마리가 풀리는 경험을 하면 제 노력에 대한 보상이라는 생각도 들고요. 제가 오늘 사람들의 심리를 분석하는 과정에 대한 이야기를 해드렸지만, 사람의 마음을 꿰뚫어 보는 특별한 비법 같은 것은 없습니다. 그러니 누군가에 대한 단편적인 정보나 지식만을 가지고 그 사람이 진실을 말하는 사람 혹은 거짓을 말하는 사람이라고 섣불리 단정하지 않았으면 좋겠어요. 우리가 누군가를 가해자 혹은 피해자로 분류하고 낙인찍는 행위를 너무 쉽게 하고 있는 것은 아닌지 되돌아보는 계기가 됐으면 좋겠습니다.

초고령 사회의 숙명, 치매

한창수

치매와 우울증에 대한 올바른 정보를 통해 막연한 공포심과 걱정을 없애자고 말하는 정신건강 전문의. 사하라 평화유지군으로 자원해 파병 유엔군을 상담하고 정신 건강 실태를 보고한 경력을 갖고 있다. 중앙자살예방센터장과 노인정신의학회 학술이사 및 교육이사를 역임했고, 고려대학교 정신건강의학과 교수로서 진료와 연구를 맡고 있다.

치매는 얼마나 흔한 질환인가

"초고령 사회에서는 위암이나 당뇨병만큼 중요시해야 할 질환이
바로 치매예요. 앞으로 치매 관리를 위해 쓰이는 사회적 비용이
무려 43조 원을 넘길 거라는 말도 있습니다."

● ● ●

차클   이번 주제인 치매가 남의 일 같지 않았습니다. 날이 갈수록 기억력이
가물가물해지는 것 같고 예방법이며 치료법이며 궁금한 게 참 많아요.

한   다들 치매를 너무 무섭게만 생각하지 않았으면 좋겠습니다. 친구나 가
족은 물론이고 누구든 걸릴 수 있는 병이 치매예요. 노인 인구가 많아
지면서 더 많아질 것입니다. 좀 더 편하게 받아들이는 것이 도움이 될
겁니다.

차클   누구든 걸릴 수 있다고 하셨는데, 우리가 알 만한 유명 인사 중에도 치
매에 걸린 분들이 많다면서요?

한   그렇습니다. 우리가 잘 알고 있는 역사 속 유명인들, 예를 들어 영국 여
왕 엘리자베스 1세, 윈스턴 처칠 전 영국 총리, 로널드 레이건 전 미국

대통령, 조선 시대의 영조까지 모두 노년에 치매로 고생했다고 알려져 있습니다. 특히 대영제국의 기초를 닦은 엘리자베스 1세는 어린 시절부터 고대 문서를 술술 읽을 만큼 총명했고 꾸준한 승마나 사냥을 통해 신체적 건강도 흠잡을 것이 없었다고 해요. 그래서 장수를 누렸지만 식민지에서 건너온 단 음식들을 너무 많이 먹어서 말년에는 이가 다 빠지고 밤에 잠을 자다 도플갱어를 볼 정도로 심한 치매 증상을 겪었다고 합니다.

차를 도플갱어를 보는 것도 치매의 증상 중 하나라고요?

한 네. 사람을 잘 알아보지 못하고, 거울 속 자신의 모습도 인지하지 못해 말을 거는 것이 치매의 전형적인 증상입니다.

차를 엘리자베스 1세가 단 음식을 많이 먹어서 이가 다 빠진 것도 치매와 관련이 있나요?

한 실제로 연세가 많은 노인들 중 임플란트 등의 치과 치료를 받다가 치매가 시작되는 분들이 상당히 많습니다. 치매가 체력과도 굉장히 밀접한 관계가 있기 때문이에요. 치과 치료를 받는 동안에는 음식물을 잘 섭취하지 못해 체력이 떨어지게 되잖아요.

차를 엘리자베스 1세가 장수했다고 하셨는데 몇 살까지 살았나요?

한 70세까지 살았어요. 요즘 기준으로 칠순은 많은 나이가 아니죠. 하지만 엘리자베스 1세가 살던 16~17세기에 70대는 굉장히 많은 나이였죠. 저희 부모 세대만 해도 쉰 살이면 벌써 할아버지, 할머니처럼 느껴졌어요. 반면 요즘 50대들은 쌩쌩한 청년이나 다를 바 없죠.

차를 세계사에 뚜렷한 족적을 남긴 윈스턴 처칠이 치매를 앓았다는 것도 놀랍습니다.

한	많은 사람들이 잘 모르는 사실이죠? 처칠은 제1차 세계대전과 제2차 세계대전 당시에 영국의 해군 장관이었고요. 제2차 세계대전 도중에 총리 자리에까지 올랐는데 그때 나이가 70대였습니다. 그런데 처칠은 아침에 일어나자마자 코냑을 즐겨 마시는 습관이 있었다고 해요. 또 아침부터 시가를 입에 물고 살았다고 하죠. 술과 담배를 즐기는 아주 불건강한 생활을 즐기는 스타일이었어요.
차클	몸에 나쁜 습관을 달고 살았군요.
한	그래선지 뇌 기능이 약간 떨어졌다고 합니다. 이와 관련된 일화를 하나 얘기해드릴게요. 제2차 세계대전 막바지에 종전 후 세계 질서를 논의하기 위해 미국의 루스벨트 대통령, 소련의 스탈린, 영국의 처칠 수상이 모여 회담을 했는데요. 당시 처칠의 건강 관련 정보를 알고 있던 소련 측이 일부러 처칠 총리와 루스벨트 대통령을 멀리 흑해 연안의 얄타(Yalta)로 불러들였다고 해요.
차클	왜 굳이 회담 장소를 그렇게 먼 곳으로 정한 건가요?
한	처칠의 정신을 혼미하게 만들어 회담을 유리하게 이끌려는 소련의 속셈이었다는 거죠. 아시다시피 이 얄타회담에서 한반도의 운명이 결정된 것으로도 유명합니다.
차클	그렇다면 혹시 우리나라에 분단 상황이 초래된 게 처칠의 치매와도 관련이 있다는 건가요?
한	꼭 그 이유 때문이라고 단정할 순 없겠지만 실제로 스탠퍼드 의과대학 신경외과 및 뇌졸중센터, 독일 뮌헨대학 정신 및 심리치료학과에서 관련 논문을 발표하기도 했습니다. 처칠뿐만 아니라 당시 루스벨트 대통령도 약간 치매기가 있었기 때문에 두 정상 모두 체력적으로 한계

에 부딪혔을 거라는 분석도 있어요. 소련 측이 이런 점을 활용해 이익을 꾀했을 거라는 점을 지적한 보도나 연구 문서들이 많이 남아 있습니다.

차클 참 씁쓸하네요. 고령에 총리가 되고 대통령이 되다 보니 그런 일까지 벌어졌군요. 미국의 레이건 역시 고령에 대통령이 됐잖아요.

한 그렇죠. 레이건 대통령의 경우 할리우드 배우 출신으로 전미영화배우협회장도 맡았었고, 캘리포니아 주지사를 거쳐 대통령까지 됐는데요. 1911년 생이니 대통령에 당선됐을 때 나이가 70세예요. 그런데 재선에 성공해 8년의 임기까지 마쳤죠.

차클 그 역시 대통령직을 맡고 있을 때 치매 증상을 겪었나요?

한 그와 관련된 소문들이 무성합니다. 심지어 백악관 집무실에 들어가서 영부인을 보더니 비서에게 저기 보이는 꽃병을 치워달라고 부탁했다는 소문도 있어요. 부인이 꽃병으로 보인 거죠. 외교적 실수도 많이 저질렀다고 하고요. 그때마다 치매 관련 가능성이 제기됐었죠. 하지만 레이건이 치매에 걸렸다는 사실을 스스로 밝힌 건 퇴임 후 5년이 지나서입니다. 부인과 함께 알츠하이머(치매의 일종)를 연구하는 재단을 만들어 공익 활동도 펼쳤죠.

차클 그런데 레이건 대통령은 치매를 앓고도 거의 20년 넘게 더 살았다고 하더라고요. 그럴 수도 있는 건가요?

한 잘 먹고 지내고 별로 아픈 곳이 없는데 딱 한 군데, 즉 뇌의 기능이 떨어지는 병이 치매이기 때문에 그럴 수 있습니다. 레이건 대통령은 신체적으로 아주 건강했던 분이에요. 다른 신체의 기능이 떨어지기 전에 뇌가 먼저 기능이 떨어져서 치매 증상을 앓은 것이에요.

차클 조선 시대의 영조도 80세를 넘기며 장수를 한 것으로 유명하잖아요. 그러고 보면 레이건과 마찬가지로 치매를 앓으면서도 재위하고 또 장수한 거네요.

한 네. 영조는 아시다시피 사도세자의 아버지이자, 정조의 할아버지죠. 30대에 왕위에 올라 정치적으로 많은 업적을 이룬 조선 시대의 대표적인 왕입니다. 그런데 조선 시대 왕들의 평균 수명이 47세인 것과 비교하면 굉장히 장수한 셈입니다.

차클 그러네요. 영조는 어떤 치매 증상을 보인 걸로 알려져 있나요?

한 단정할 수 없지만, 역사책을 보면 영조가 40~50대 정도 됐을 때부터 엉뚱한 행동을 하고 걸음걸이도 약간 불안정한 데다 귀도 잘 안 들렸다고 해요. 사람 얼굴도 잘 못 알아보고요. 이렇게 사람 얼굴을 잘 못 알아보는 것은 신경 인지 기능이 떨어졌을 때 나타나는 안면 인식 장애로 대표적인 치매 증상 중 하나입니다. 그리고 영조의 경우 젊어서

부터 감정 컨트롤을 잘 못했다고 합니다.

차클 아들인 사도세자를 뒤주에 가둔 것도 그런 영향 때문이라고 할 수 있겠군요.

한 판단력과 관련된 부분의 장애 가능성을 생각할 수 있죠. 그래서 영조는 알츠하이머 치매보다는 판단력과 감정 컨트롤의 증상이 먼저 나타나는 루이 소체 치매가 아니었을까 의심이 되기도 됩니다.

차클 그런데 우리가 얘기한 치매에 걸린 유명 인사 네 사람이 모두 동시대 사람들보다는 오래 살았네요. 그 얘긴 오래 살다 보면 치매에 걸릴 가능성도 커진다고 할 수 있는 건가요?

한 정확한 지적입니다. 치매가 오래 살면 나타나는 병이니까요. 예전에는 칠순이나 팔순까지 사는 사람이 많지 않았었죠. 통계적으로 치매를 유발하는 위험 요인 중 가장 중요한 게 나이입니다.

차클 그럼 평균 수명이 증가하는 만큼 치매 인구도 점점 늘어나고 있겠네요?

한 당연히 치매는 점점 늘어나고 있습니다. 중앙치매센터에서 조사한 자

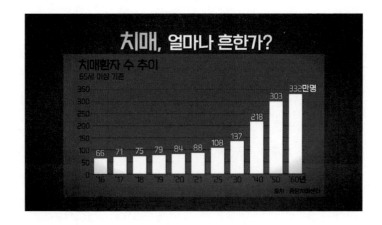

료에 따르면 2018년도에 치매 환자가 75만 명이었는데 2021년에는 88만 명에 육박하고, 2025년에 이르면 100만 명을 넘길 것으로 예측됩니다. 그런데 고연령대일수록 치매 비율도 높아져요. 65세 무렵엔 10명 중 1명이 치매라면, 80대엔 10명 중 4~5명이 치매를 앓습니다.

차클 초고령 사회에선 치매를 앓는 사람들이 더 늘어날 수밖에 없겠네요.

한 맞습니다. 초고령 사회에서는 위암이나 당뇨병만큼 중요시해야 할 질환이 바로 치매예요. 앞으로 치매 관리를 위해 쓰이는 사회적 비용이 무려 43조 원을 넘길 거라는 말도 있습니다.

차클 그럼 치매를 언제부터 대비하면 좋을까요?

한 치매는 먼 미래가 아니라 이미 와 있는 현재일 수 있어요. 실제로 70세 정도에 치매 진단을 받는 환자들의 경우 40대 때부터 뇌 속에서 생물학적인 변화가 일어나고 있다고 해요.

차클 정말 믿기 싫은 얘기네요. 나이 들어서 가장 걸리기 싫은 질병이 바로 치매인데 말이죠. 자신은 물론 주변 사람들에 대한 소중한 기억이 사라지는 게 너무 끔찍하잖아요.

한 굉장히 중요한 말씀을 하셨어요. 사람이라는 존재의 의미가 기억이라고 말하는 분들이 많아요. 행복하고 즐거운 감정이 기억에 담겨 있으면 추억이라고 부르죠. 반면 아프고 슬픈 감정이 담긴 기억은 트라우마라고 해요. 이렇게 감정과 기억이 모여서 만들어지는 것이 나 자신이라는 말입니다. 그런데 치매로 그런 기억들을 잃어버린다는 건 바로 자기 자신을 송두리째 잃게 되는 것과 다름이 없죠.

차클 기억을 잃는다는 게 그만큼 무서운 일이군요.

한 치매로 기억이 점점 사라져가는 과정을 보여주는 사례를 하나 보도록

하죠. 윌리엄 어터몰렌(William Utermohlen)이라는 미국의 화가가 34세부터 자화상을 그렸다고 해요. 젊은 시절부터 사망 직전까지 그린 자화상을 보면 기억이 어떻게 사라지는지를 간접적으로 살펴볼 수 있습니다. 여기에 실린 그림을 한번 보세요. 얼굴은 점점 무표정해지고 감정 표현도 서툴러지는 것을 확인할 수 있죠?

차클   치매 증세가 얼마나 심각한 영향을 미치는지 실감이 나네요.

한   이 화가는 1995년에 치매 진단을 받았는데 그로부터 1년 후에는 자신의 얼굴 윤곽도 제대로 그리지 못하게 됐다고 해요. 표정과 눈의 모양을 제대로 못 그리는 정도가 아니라 그림을 그리는 기능조차, 펜을 드는 기력조차 이미 상실한 상태가 된 겁니다.

과연 치매란 무엇인가

"요즘 외국에서는 치매 대신 인지증이라는 말을 씁니다. 여기서 '인지'라는 말은 사람이 가진 다양한 지식과 기능을 포함한 뇌 기능을 말하죠. 우리나라에서도 치매를 신경의 인지 기능이 떨어지는 장애, 즉 신경 인지 장애라고 부릅니다. 하지만 여전히 치매와 신경 인지 장애가 혼용되고 있어요."

• • •

차클 그런데 치매라는 말 자체는 무슨 뜻이에요?

한 교과서적 정의는 신체에서 잘 돌아가던 기능, 온전하게 갖고 있던 기능이 없어지는 것을 말합니다. 뇌 기능과 관련된 질병은 크게 두 가지로 구분되는데요. 하나는 태어날 때부터 뇌 기능이 발달하지 않은 사람들에 해당하는 정신 지체(지적 발달 장애), 다른 하나가 뇌 기능이 점점 떨어지는 치매입니다.

차클 치매라는 말이 처음 쓰인 건 언제인가요?

한 서기 600년경 지금의 세비야 지역의 대주교로 있었던 성 이시도르(Saint Isidore)가 사전류의 책을 한 권 썼는데 거기에 치매, 즉 디멘티아(Dementia)라는 단어를 기록했어요. 디(de)는 '없어진다', 멘트(ment)는

'정신'을 의미하죠. 다시 말해 정신이 없어지는 병이라는 겁니다. 영화 〈해리 포터〉 시리즈를 본 분들은 디멘터라는 캐릭터가 나오는 장면을 떠올려보세요. 사람들의 기억을 빨아먹고 사는 무시무시한 존재잖아요. 그 디멘터가 디멘티아와 어원이 같습니다.

차클 디멘티아라는 말을 번역해 치매라는 단어가 생긴 건가요? 아니면 한자 문화권에도 치매라는 단어의 독자적 기원이 있는 건가요?

한 모든 인간 사회에는 노인이 있기 때문에 노인과 관련된 여러 가지 질환을 지칭하는 말이 있었을 거예요. 당연히 아시아 문화권에서도 치매나 노망 같은 말들을 사용하고 있었죠. 그러다 서양에서 건너온 디멘티아라는 말을 번역할 때 일본과 중국에서 치매라는 말로 번역을 한 것이에요. 한자로는 '어리석을 치(癡)', '어리석을 매(呆)'를 써서요.

차클 '어리석다'는 말을 질병의 명칭에 갖다 쓴 건 잘못된 것 아닌가요?

한 맞습니다. 그래서 요즘 외국에서는 디멘티아나 치매라는 말을 안 써요. 일본에서도 치매 대신 인지증이라는 말을 씁니다. 여기서 '인지'라

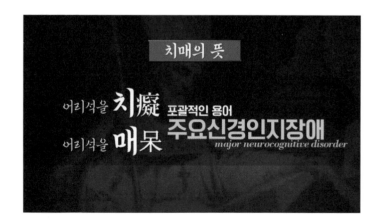

는 말은 사람이 가진 다양한 지식과 기능을 말하죠. 우리나라에서도 치매를 신경의 인지 기능이 떨어지는 장애, 즉 신경 인지 장애라고 부릅니다. 하지만 여전히 치매와 신경 인지 장애가 혼용되고 있어요.

차클 신경 인지 장애는 여전히 낯선 명칭인데 좀 더 널리 알려질 필요가 있을 것 같아요. 그런데 치매는 서기 600년경 성 이시도르의 책에 등장할 무렵에 처음 발견된 것인가요?

한 아닙니다. 고대 그리스 시대에도 치매를 '늙으면 찾아오는 병'이라고 불렀다고 해요. 당시에 피타고라스도 일부 노인들은 정신이 젖먹이 수준으로 퇴행해 마침내 어리석어진다고 했다는 기록이 있고요. 플라톤 역시 누구나 나이를 먹으면 치매가 생기는 것 같다고 기술했습니다. 그런데 고대 시대에는 수명이 길지 않아서였겠지만, 이 같은 치매를 질병으로 보지 않았고 환자 숫자도 그렇게 많지 않았던 듯합니다.

차클 큰 문제가 아닌 걸로 여겼군요. 그럼 평균 수명이 늘어나면서 치매의 위험성을 주목하게 된 걸까요?

한 네. 고대 시대에는 대부분 치매 증상이 수명을 마칠 때쯤 나타났죠. 지금은 의학의 발전으로 치매가 생기고도 20년, 30년을 더 살 수도 있으니 문제가 커진 겁니다.

차클 치매를 병으로 분류한 것도 근대에 들어와서겠군요?

한 맞아요. 근대에 이르러 프랑스의 정신과 의사이자 근대 정신의학의 시조로 불리는 필리프 피넬이 조현병, 우울증, 정신병, 치매를 각각의 질병으로 분류했습니다. 이때부터 치매가 의학의 영역 안으로 들어오기 시작했습니다.

차클 그럼 당시엔 치매를 비롯한 정신 질환 환자들을 어떻게 진료했나요?

Philippe Pinel
필리프 피넬
(1745~1826)

"치매는 뇌 질환으로 인해
분별력, 지능, 의지에 장애가 나타나는 병"

한   당시는 오늘날과 같은 의학적 치료법이 없던 시절이에요. 환자들이 자해를 하거나 남을 해치는 것을 막기 위해 손과 발을 묶어놓는 수준이었죠. 주로 환자의 정신을 되돌린다는 목적으로 물에 적신 담요를 덮어주기도 하고요. 정신을 되돌리게 하려고 전혀 다른 부위를 치료하는 수준이었습니다. 그래도 피넬은 이전까지 환자들을 묶고 있던 쇠사슬을 풀어준 사람이라고 불리기도 합니다. 또한 그가 치매를 분별력, 지능, 의지에 장애가 생기는 뇌질환이라고 정의하면서 이후 본격적으로 치매에 대한 생물학적, 심리학적인 연구가 진행됩니다.

차클   요즘 자주 듣게 되는 알츠하이머도 치매의 한 종류인 거죠?

한   맞습니다. 그런데 알츠하이머병, 파킨슨병, 다운증후군이 모두 사람의 이름에서 따온 병명인 것 아시나요? 독일 의사인 알로이스 알츠하이머(Alois Alzheimer), 영국 의사인 제임스 파킨슨(James Parkinson), 역시 영국 의사인 존 랭던 다운(John Langdon Down), 이들 모두 해당 질병을 연구한 뒤 학계에 발표를 했습니다. 후대 의사들이 그들의 업적을 기려 이름을 붙여준 겁니다.

차클 그렇군요. 알츠하이머의 업적에 대해 좀 더 자세히 알려주시죠.

한 그는 치매의 가장 중요한 원인인 노인성 신경 변성을 발견한 사람입니다. 프랑크푸르트 지역 신경 정신과 병원에서 근무했던 알츠하이머는 연구가 취미였다고 해요. 게다가 부잣집 부인과 재혼을 해서 자기 월급은 오로지 연구에 쓸 수 있었답니다. 또 돈이 없는 환자의 치료비를 대신 내주기도 했죠. 그 덕에 환자 사망 시 의무 기록과 신체 조직을 제공받아 연구할 수 있었다고 합니다.

차클 그의 환자 중에 치매를 앓고 있었던 분이 있었나 보군요?

한 맞습니다. 조금 독특한 증상을 보이는 환자를 하나 만났습니다. 51세의 아우구스테 데테르라는 여인이에요. 그녀의 증상은 남편에 대한 의심과 질투로 시작됐다고 합니다. 의부증이었죠. 또한 중증의 기억 장애와 시공간 지각 장애, 불면증, 불안, 망상과 환청 등을 앓았죠. 밤만 되면 밖으로 나가 길도 제대로 찾지 못했다고 해요.

차클 정말 다양한 증상을 보였네요. 그녀가 치매만 앓았던 건가요?

한 생존 당시엔 조발성 치매, 즉 요즘 말로 하면 조현병으로 진단을 받았습니다. 그런데 나중에 아우구스테가 사망한 후에 부검을 하면서 뇌 조직을 현미경으로 들여다본 결과 머리 안에서 세포와 세포 사이에 노인성 반점, 즉 죽은 세포들이 엉겨 붙어 신경섬유 다발들이 엉켜 있는 것을 발견하게 됩니다. 뇌 속에서 한 번 사용하고 남은 찌꺼기인 아밀로이드 단백질이 몸 밖으로 배출되지 않고, 세포와 세포 사이에 뭉쳐져 있었던 겁니다. 마치 나이 먹은 사람의 피부에 생기는 검버섯처럼 뇌의 세포와 세포 사이에도 노인성 반점이 생기는 겁니다.

차클   그 노인성 반점이 치매의 원인인 건가요?

한   그렇습니다. 그런데 치매의 종류는 정말 다양합니다. 원인에 따라 종류를 나누는데 일반적으로 70~80가지 정도의 원인을 가지고 있다고 합니다.

차클   알츠하이머도 그 많은 종류의 치매 중 하나인 거네요.

한   네. 알츠하이머는 가장 흔한 원인으로 생기는 치매죠. 치매는 발병 원인에 따라 크게 두 가지로 나누는데요. 하나는 신경이 낡아서 발생하는 노인성 치매, 즉 신경 퇴행성 질환이고요. 다른 하나는 뇌혈관 질환에 의해 뇌 조직이 손상을 입어서 발생하는 혈관성 치매가 있습니다.

차클   신경 퇴행성 질환인 치매와 혈관성 치매의 차이가 무엇인지 궁금합니다.

한   먼저 신경 퇴행성 질환에 의한 치매 중 가장 흔한 게 알츠하이머 치매입니다. 뇌 속에 검버섯 같은 것이 생기는 현상이 특징입니다. 알츠하이머 치매에 걸린 분의 뇌를 MRI로 찍으면 마치 호두를 오래 놔둬서 알맹이가 다 말라 있는 것처럼 보입니다. 우리의 뇌세포도 시간이 가

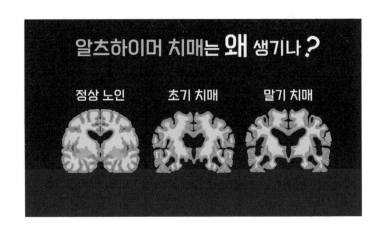

알츠하이머 치매는 **왜** 생기나 ?

정상 노인　　　초기 치매　　　말기 치매

면서 점점 마르는 거예요.

차클　치매에 걸린 사람뿐 아니라 나이가 들면 누구나 뇌세포가 말라간다는 것인가요?

한　네. 젊을 때는 뇌세포가 가득 차 있었더라도 나이를 먹으면서 점점 말라가죠. MRI를 찍었을 때 중간에 시커먼 부분이 보인다면 그곳의 뇌세포가 죽어 있단 얘기예요. 뇌척수액이라는 액체가 지나는 자리도 굉장히 넓어지죠. 특히 치매 말기인 분들은 뇌세포가 아주 조금밖에 남아 있지 않아요. 정말 바싹 마른 호두처럼 다 말라 있는 경우들도 있어요.

차클　MRI를 보면 치매에 걸린 사람과 정상인 사람을 구분할 수 있나요?

한　네. 그런데 젊은 분들의 경우는 아직 뇌 속에 물기가 덜 빠진 상태여서 MRI로는 잘 분간이 안 됩니다. 그럴 때는 양전자 방출 단층 촬영, 페트(PET) 검사를 해야 합니다.

차클　MRI와는 어떤 차이가 있나요?

한　PET는 우리의 뇌 속에 유해 단백질인 아밀로이드가 얼마나 쌓여 있는지를 보는 사진이에요. 정상인 사람의 뇌는 파랗게 나오고 알츠하이머병에 걸린 사람의 뇌는 빨갛게 나와요. 바로 빨간 부분이 아밀로이드 단백질들이 뭉쳐 있는 거예요.

차클 그럼 PET 사진에 빨간 부분이 많으면 치매를 의심할 수 있는 것인가요?

한 뇌 기능 검사에서는 치매 진단이 안 나왔지만 뇌 사진에서 아밀로이드 유해 단백질이 많이 쌓여 있는 것으로 나온다면 치매로 발전할 가능성을 의심할 수 있습니다. 그런 경우 약물 치료를 일찍 시작하는 것이 좋다고 주장하는 신경과 의사나 정신과 의사들이 굉장히 많습니다.

차클 뇌 사진에서도 확연히 드러나는 치매 말기에는 어떤 증세를 보이게 되나요?

한 우선 뇌세포가 제대로 기능을 하지 않아요. 그러면 먹고 자고 대소변을 가리는 것도 제대로 하지 못하게 되죠.

차클 그럴 때 약물 치료가 도움을 주나요?

한 치매 초기에 가급적 뇌세포가 마르는 것에 제동을 걸어주는 약을 써주면 뇌세포가 죽어가는 것을 막아줄 수 있겠죠. 그리고 아직 건강한 세포들을 활성화시켜주는 약을 써서 제 기능을 할 수 있도록 돕기도 합니다.

차클 치매에 걸린 분 중에 과격한 행동이 늘거나 환청 또는 망상이 보이는 경우도 있잖아요. 그건 다른 종류의 치매일까요?

한 알츠하이머병 다음으로 노인들이 잘 걸리는 게 루이 바디 디멘티아(Lewy body dementia), 즉 루이 소체 치매입니다. 알츠하이머의 보고가 나오고 얼마 뒤 신경과 의사인 프레드릭 루이(Fredric H. Lewy)도 치매 증상에 대한 보고를 했습니다. 기억력 감퇴와 함께 헛소리를 하거나 성격

컨트롤을 제대로 못하고 환청이나 망상을 보는 치매 환자의 뇌를 현미경으로 들여다본 거예요. 그 결과 나중에 루이 소체라고 불리게 되는 유해 물질 덩어리가 대뇌 부분에서 광범위하게 퍼져 있는 것을 발견했습니다.

차클 어떤 경우 루이 소체 치매를 의심할 수 있나요?

한 잠에 들지 못하는 렘수면 장애, 헛것을 보는 환시, 갑자기 의처증·의부증 같은 피해망상 등이 생기면 병원을 찾아 검사를 받아야 합니다.

차클 우리가 알 만한 사람 중 루이 소체 치매를 겪은 사례가 있을까요?

한 영화배우 로빈 윌리엄스가 그렇습니다. 그는 자신이 죽기 전에 파킨슨병이나 치매가 있을 것이라고 생각했다고 해요. 특히 생전에 심한 조울증과 피해망상, 환청과 환시를 겪었다고 합니다. 그런 증상을 토대로 많은 학자들이 윌리엄스가 루이 소체 치매를 앓았던 것으로 짐작합니다.

차클 또 다른 종류의 치매에 대해서도 알려주시죠.

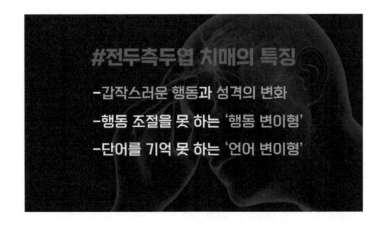

알츠하이머와 루이 소체 다음으로 흔하게 나타나는 게 전두측두엽 치매입니다. 전두엽과 측두엽은 감정과 언어와 기억을 다스리는 곳이에요. 특히 전두엽과 측두엽 사이는 사람의 뇌 중에서 물기가 제일 먼저 마르는 곳이기도 합니다. 이곳에 이상이 생기는 전두측두엽 치매는 갑작스럽게 행동과 성격이 변하거나 행동 조절을 못하는 행동 변이형과 단어를 기억 못하는 언어 변이형으로 나뉩니다. 제가 진료를 하는 환자 중에 언어적 기능의 저하를 겪고 있는 분이 있는데 바로 이 유형입니다. 어떤 물건을 보여주면 전혀 다른 이름을 말하는 경우도 있습니다.

치매 환자를 어떻게 대해야 하는가

"모든 치매가 유전적 요인을 가진 것도 아니고, 치매와 관련된 유전자가 있다고 해서 100퍼센트 치매가 되는 것은 아닙니다. 노인성 치매를 가진 분들 중에서 유전자로 인한 치매 비율은 10퍼센트가 채 안 됩니다."

● ● ●

차클 치매는 단계적으로 진행되나요? 아니면 어느 한순간에 확 나빠지나요?

한 많이 받는 질문입니다. 그럼 저는 어린 시절을 떠올려보라고 해요. 갓난아이가 점점 자라 머리를 세우고 일어나기 시작해 두 발로 걷다가 나중엔 뛰어다니게 되죠. 치매는 정확히 그 반대입니다. 잘 걸어 다니던 분이 기억력을 조금씩 잃으면서 걷지 못하게 되고, 이후 앉아서 생활하다가 나중엔 누워 있게 되고 결국 대소변도 가리지 못하는 상태가 됩니다.

차클 너무 슬픈 이야기네요.

한 정말 그렇죠. 치매 1단계 때는 기억력만 조금 떨어져요. 예를 들어 전철에서 내렸는데 집으로 가는 출구 번호를 잘 떠올리지 못하는 정도예요. 그러면 집을 찾지 못할 것 같은 두려움이 생기겠죠. 2단계 때는 뇌세포가 조금 더 손상됩니다. 그래서 감정 조절이 잘 안 되면서 주변 사람들이 자신을 괴롭히거나 따돌리는 것 같은 피해망상이 생겨요. 자식들이 자기 돈을 훔쳐가는 것 같다거나 밥을 잘 차려주지 않는다거나 하는 말들을 하게 되는 것이죠. 이런 증상이 슬슬 나타나기 시작하면 치매 중기로 들어간다고 보면 됩니다. 그러다 후기로 넘어가면 행동 조절이 안 돼요. 밤마다 밖으로 나가려고 하고, 소리 지르는 행동을 보입니다.

차클 왜 유독 밤만 되면 그런 행동이 심해지는 것인가요?

한 밤이 되면 햇빛의 자극이 없어지고 사물의 식별이 어려워지기 때문입니다. 그래서 두려움을 느끼고 행동 조절이 안 되는 거예요. 혼란을 겪다가 심하게는 섬망 증상을 보이기도 하죠. 이렇게 밤이 되면 전형적으로 나타나는 증상을 일몰증후군, 영어로는 선다운 신드롬(Sundown syndrome)이라고 부르기도 해요.

차클 햇볕이 비타민D 생성뿐만 아니라 치매 환자에게도 영향을 주는군요?

한 네. 어르신들은 수면 조절에 실패하고 햇빛에 적절히 노출되지 않으면 행동과 감정 컨트롤이 잘 안 됩니다. 그래서 환자들에게 적어도 하루 30분 정도는 밖에 나가서 햇빛도 보고 산책도 하라고 권해요. 정 힘들면 베란다에서라도 햇빛을 쬐며 스트레칭을 하라고 하죠.

차클 뇌세포도 운동을 하면 건강해질 수 있는 건가요?

한 아마 학창 시절 생물 시간에 뇌 속 신경 세포는 한 번 죽으면 다시 살아나지 않는다고 배우셨을 거예요. 그런데 사실 신경 세포는 끊임없이 새로 생기기도 하고 없어지기도 해요. 특히 기억과 관련된 해마라는 곳에서는 하루에도 수십만 개씩 신경 세포가 생기고 수십만 개씩 죽어갑니다. 물론 노화가 진행되면 새로 생기는 신경 세포보다는 죽는 세포가 더 많아지긴 하죠.

차클 그렇군요. 그런데 앞서 말씀하신 치매 증상 중 망상은 본인뿐만 아니라 주변 사람들까지 힘들게 하는 것 같아요.

한 네. 치매 환자의 약 30~50퍼센트 정도가 혼란과 망상 같은 증상들을 보인다고 해요. 의부증이나 의처증이 대표적이죠. 예를 들어 남편의 나이가 85세인데, 바람이 났다고 의심하는 환자도 있어요. 제가 왜 그렇게 생각하는지 묻자 정색을 하면서 "바람이 났다고 생각하는 게 아니라 바람이 났다니까요. 왜 의사 선생이 내 말을 안 믿어요?"라며 역정을 내더군요.

차클 망상을 사실이라고 믿게 된 거군요?

한 인간의 뇌는 뭔가가 없어지면 옛날에 경험했던 다른 것으로 대치해버리는 특성이 있어요. 그러다 보니 몇십 년 전에 일어난 일, 어렸을 때 겪었던 일들이 마치 지금 일어나는 일인 양 착각하기도 하죠.

차클 망상과 의심이 반복된다면 치매가 얼마나 진행된 수준이라고 볼 수 있나요?

한 초기부터 나타날 수도 있지만 일반적으로는 중기 이후부터 망상과 의심의 증상이 나타난다고 해요.

차클 알아두어야 할 치매의 또 다른 증상이 있을까요?

한 심한 기억력 손상으로 같은 행동과 말을 반복하는 증상을 보이기도 합니다. 사람의 얼굴을 못 알아보고 계속 인사를 한다거나 화장실에서 손을 씻고는 자신이 손 씻은 것을 잊어버리고 계속 씻는 분도 있어요.

저에게 외래 진료를 오는 한 할머니께서는 늘 저를 보시면서 웃으세요. 그런데 눈빛을 보면 저를 기억하지 못하고 처음 보는 사람으로 여기시는 것 같아요.

차클 치매 중에 소위 착한 치매라고 부르는 유형도 있죠?

한 네, 맞습니다. 어르신들이 기억력만 조금 떨어진 채로, 평소 얌전하게 계시면서 차려주는 밥도 잘 챙겨 드시고, 밤에도 얌전하게 주무시는 분들을 일컫는 말이죠. 하지만 중기 이후에 감정의 기복이 커지는 증상이 찾아오기도 합니다. 누가 봐도 착하던 사람이 감정 컨트롤이 되지 않으면서 고약해지는 경우도 있어요. 공격성까지 증가해서 옆에 있는 사람을 마구 꼬집거나 괴롭히고, 필요하지도 않은 돈을 자꾸 달라고 하는 분들도 있어요. 대소변도 잘 못 가리면서 밤만 되면 소리치며 밖으로 나가겠다고 하면 가족들이 지쳐서 탈진 상태에 이르게 되죠.

차클 가족들도 참 힘들 것 같아요. 그런데 치매 환자에게 칭찬을 많이 해주면 도움이 된다는 얘길 들은 적이 있는데 맞나요?

한 맞습니다. 환자의 상태가 괜찮을 때 칭찬해주고 긍정적인 메시지를 전해주면 고통을 조금이라도 덜어드릴 수 있습니다.

차클 이번엔 일반인들이 가장 궁금해하는 질문을 드려볼게요. 건망증과 치매는 어떤 관련이 있는 건가요? 혹시 건망증이 심해지면 치매가 되는 건가요?

한 보통 아이를 낳고 나서 건망증이 심해졌다거나 과음한 뒤 전날의 기억이 사라진 경우 "나 치매인가"라고 되묻게 되죠. 하지만 건망증이 다 치매로 발전되진 않습니다. 나이를 먹으면 뇌가 노화하니까 기억력은 당연히 떨어질 수밖에 없습니다. 특히 최근 젊은 세대들 사이에서 건

건망증	치매
옛 친구의 이름이 갑자기 기억나지 않는다	가족의 이름이 기억나지 않는다
물건을 어디에 두었는지 기억나지 않는다	제 위치에 놓아둔 물건을 찾지 못한다
약속을 깜박 잊는 경우가 있다	약속 사실 자체를 기억하지 못한다
물건을 사러 갔다가 몇 가지는 잊어버린다	물건을 사러 가다가 왜 나갔는지 몰라 그냥 돌아온다

망증이 심해졌다고 하는데, 대체로 정신없이 바쁜 삶, 멀티태스킹이 생활화된 삶이 원인인 경우가 많아요. 너무 많은 일을 동시에 처리하다 보니 모두 기억하지는 못 하게 되는 거죠.

차클   사람의 이름을 순간적으로 떠올리지 못하는 정도는 심각한 게 아니라는 말씀이죠?

한   기억력에 심각한 문제가 발생했다고 여겨야 하는 경우는 일상생활과 가족, 직업에 영향을 미칠 때예요. 저도 휴대전화나 자동차 열쇠를 둔 자리를 잊어버리곤 합니다. 하지만 그 정도의 깜빡거림은 누구나 경험하는 정도예요.

차클   그런데 방금 전 일은 기억하지 못해도 아주 오래전 일들은 또렷이 기억하는 경우도 있잖아요. 그건 왜 그런 건가요?

한   어르신 중에 그런 분들이 많죠. 30년 전 기억은 사소한 것 하나까지도 모두 기억하면서 정작 어제 뭘 먹었는지는 떠올리지 못하는 거예요. 기억은 우리 뇌 속에 기억을 다스리는 해마라는 부위에서 관장하는 일이에요. 보통 새로운 기억이 해마에 들어간 뒤 장기 기억으로 전환돼 뇌세포에 저장이 됩니다. 즉, 오래된 기억이 해마를 벗어나 뇌의 측두엽에 저장이 되는 거죠. 그런데 치매에 걸리면 새로운 기억이 해마로 들어가 등록된 뒤 장기 기억으로 전환되는 기능이 떨어지게 되는 겁니다.

차클 그렇다면 건망증은 뇌의 기능이 잠시 정지하는 거라고 보면 되나요?

한 네. 일시적으로 술을 많이 먹었거나 아니면 정신없이 산만하거나 스트레스를 많이 받았을 때 잠시 기억의 등록 자체가 잘 안 되는 거예요. 어린 시절에 당일치기로 시험공부를 하고 나면 당장 시험을 볼 때는 생각이 나더라도 나중에는 다 잊어버리잖아요. 그렇게 벼락치기로 집어넣은 기억은 장기 기억으로 넘어가지 않고 모두 날아갑니다. 신경인지학에서는 이런 기억들을 휘발성 기억이라고 부릅니다. 이런 증상들이 더 진행되면 치매 전 단계로 이동을 하게 되는데요. 이를 경도 인지 장애라고 불러요. 인지 장애는 있지만 '가벼울 경(輕)'자를 써서 가벼운 인지 장애라고 하죠.

차클 경도 인지 장애가 되면 모두 치매로 진전되나요?

한 그렇지는 않습니다. 경도 인지 장애 진단을 받은 10명을 1년 후에 다시 검사를 했을 때 그중 한두 명은 치매 초기로 넘어가 있는 경우가 많아요. 그러니까 만약 경도 인지 장애 진단을 받게 되면 자신이 치매 예비군이라는 생각을 가지고 꾸준한 관리와 추적 관찰을 해야 합니다.

차클 어떤 경우에 경도 인지 장애를 의심할 수 있을까요?

한 기억력이나 감정 조절, 판단력 같은 것들이 눈에 띄게 달라질 때가 있습니다. 주변에서도 느낄 수 있지만, 본인이 더 잘 느낄 수 있어요. 단순히 건망증 수준이 아니거나 누가 봐도 평소 같지 않은 실수를 반복하게 되면 반드시 검사를 해봐야 합니다. 검사를 해야 경도 인지 장애인지, 치매 초기인지를 구분할 수 있어요.

차클 혹시 치매는 유전이 되는 질병인가요?

한 모든 치매가 유전적 요인을 가진 것도 아니고, 치매와 관련된 유전자가 있다고 해서 100퍼센트 치매가 되는 것은 아닙니다. 노인성 치매를 가진 분들 중에서 유전자로 인한 치매 비율은 10퍼센트가 채 안 됩니다.

차클 그래도 치매를 유발하는 세포를 미리 없앨 수는 없을까요?

한 치매 관련 유전자 검사를 한다고 하면 아포지질단백-E 유전자가 있는지 살펴보는데요. 앞서 말씀드렸듯 뇌 속 신경을 엉키게 만드는 유전자예요. 하지만 피부에 검버섯이 많다고 꼭 피부가 나쁜 건 아니잖아요. 그런 것처럼 아포지질단백-E 유전자가 있다고 해서 반드시 치매가 오는 것은 아닙니다.

차클 그럼 유전자 검사를 통해 미리 치매를 막을 수는 없겠군요?

한	지금 현재로서는 그래요. 치매를 막을 수 있는 방법이 거의 없다고 할 수 있습니다.
차클	답답하네요. 현재 치매에 관한 연구는 어느 정도까지 진행된 상태인가요?
한	현재는 치매를 늦추는 치료법들을 연구하고 있다고 보면 됩니다. 이 밖에 영화에서 사람의 머리를 들여다보면서 기억을 하나씩 지우는 장면들 혹시 본 적 있나요? A라는 달팽이의 기억 단백질을 뽑아 B라는 달팽이에 주입했더니 B달팽이가 그 기억을 떠올린다는 것을 확인한 연구가 국내외 대학에서 진행된 바 있습니다. 이런 연구가 발전되면 기억을 편집하는 의료 기술이 등장하게 될 겁니다. 뇌 신경계를 모방하는 칩을 이식해서 손상된 신경 세포를 대체하는 것이죠. 이를 통해 기억을 생성하고 삭제하는 게 가능해질 수 있다고 봅니다.
차클	그 말은 젊은 시절의 기억을 따로 저장해둘 수도 있다는 말인가요?
한	그렇죠. 공상과학 영화나 드라마를 보면 사람의 기억력을 백업해놨다가 자신이 죽고 난 뒤 새로운 몸에 주입하는 설정이 등장하잖아요. 언젠가는 이런 일이 이뤄질 수 있다고 내다보고 있습니다. 실제로 테슬라의 CEO인 일론 머스크가 뇌에 칩을 심은 돼지를 공개하기도 했어요. 치매나 파킨슨병의 극복을 목표로 하고 있다고 했죠. 그다음 목표는 인간의 뇌와 컴퓨터를 연결하는 것이라고 해요. 이를 통해 기억력, 우울증, 신체 마비의 치료가 가능해질 것이라고 예측하고 있습니다.

네 번째
질문

어떻게 치매에 대비해야 하는가

"많은 사람이 자기 몸은 자기가 챙겨야 한다고 말합니다. 하지만 치매라는 질환은 혼자서 챙길 수 없습니다. 나 자신을 잃어버리고 판단력이 떨어지므로 가족과 함께 사회가 도와줘야 됩니다."

● ● ●

차클 치매에 좋은 예방법이 있을까요?

한 생활 속에서 간단하게 습관을 바꾸는 것만으로도 충분히 치매를 예방할 수 있습니다. 뇌를 젊게 유지하는 방법들을 알고 실천하기만 하면 돼요.

차클 뇌를 젊게 만든다니 흥미롭네요. 구체적 방법을 알려주세요.

한 뇌는 자극을 받으면 활동을 많이 하고 젊어집니다. 즐거운 상상을 많이 하거나 감정적으로 고양되면 뇌가 자극을 많이 받습니다. 만약 뇌가 쌩쌩한 상태로 살기를 원한다면, 즐겁고 흥미로운 영상들을 많이 보세요. 또한 눈가에 눈물이 맺히도록 슬픈 노래를 듣는 식으로 감정을 고양시키는 것도 뇌를 젊게 만들어주는 방법입니다.

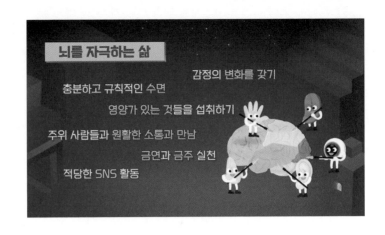

차클	식사나 생활습관은 어떻게 해야 할까요?
한	음식을 드실 때는 차가운 상태로 먹지 말고 따뜻하게 먹는 것을 추천합니다. 그리고 잠은 반드시 규칙적으로 자야 하겠죠. 술과 담배를 하지 않는 것도 물론 도움이 되고요.
차클	현재 자신의 뇌가 얼마나 젊은지 알아볼 수 있는 간단한 테스트 같은 게 있을까요?
한	무작위로 뽑은 15개 정도의 단어를 듣고 몇 개나 기억하는지 알아보는 테스트가 있어요. 예를 들면 '신문, 소통, 사진, 세계, 당면, 커피, 공책, 옷걸이, 화장품, 평가, 거울, 화장실, 음료수, 선풍기, 종이컵' 식으로 단어를 쭉 들은 뒤 그중 기억나는 걸 적어보는 거예요.
차클	그래서요?
한	만약 15개 중 10개를 기억해 썼다면 뇌 나이는 40대라고 볼 수 있습니다. 8~9개 정도면 50~60대, 7개만 썼다면 70대에 해당합니다.
차클	신빙성이 있는 테스트인가요?

한	그럼요. '보스턴 이름 대기 검사'라고 부르는 아주 공신력 있는 검사입니다. 뇌가 새로운 기억을 받아들여서 그중 얼마나 등록하고 끄집어낼 수 있는지를 살펴보는 거예요.
차클	그렇군요. 치매 예방법에 대해 좀 더 알려주시죠.
한	치매를 예방하기 위한 허리둘레의 마지노선이 있어요. 복부 비만이 혈관과 지방대사에 영향을 주면서 뇌세포의 건강에도 직접적으로 영향을 주기 때문인데요. 남자는 35인치, 여자는 33인치 이하로 유지하는 게 치매 예방에 바람직합니다. 2009년부터 2015년까지 국가건강검진에 참여한 65세 이상 성인 87만 2000여 명을 대상으로 분석한 결과예요.
차클	허리둘레가 기준을 넘어가면 치매를 앞당길 수 있다는 말인가요?
한	네. 복부 비만을 형성한 지방이 혈관을 거쳐 뇌에 나쁜 영향을 준다고 알려져 있습니다. 기준 이하의 허리둘레를 유지하기 위해서는 달리기와 걷기 같은 유산소 운동을 30분 이상 하는 것이 좋아요.

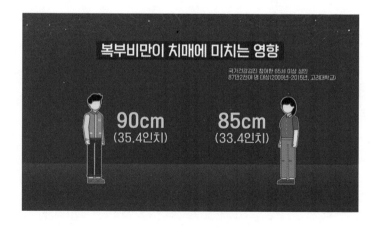

차클	운동이 뇌에 미치는 효과를 눈으로도 확인할 수 있나요?
한	운동을 하면 뇌세포가 활성화돼 시냅스가 늘어납니다. 실제로 뇌를 스캔하면 뇌세포와 뇌세포 사이의 연결점인 시냅스가 활성화되는 것을 확인할 수 있습니다. 걷기 운동을 20분 정도 하고 나면 좌뇌의 일부가 활성화된다고 해요. 그래서 어르신들에게 일주일에 3번 이상, 한 번에 30분 이상 등줄기에서 땀이 날 만큼 걸으시라고 권합니다.
차클	음주 습관은 어떻게 관리하는 것이 좋나요?
한	치매를 예방하는 적정 음주량은 보통 하루에 한 잔이라고 말합니다. 보통 교과서에는 1일 표준 음주라고 돼 있어요. 찻숟갈 하나 분량의 100퍼센트 알코올을 물에 희석한 한 잔을 의미해요. 알기 쉽게 도수로 계산을 해보면 대략 와인 한 잔, 소주 한 잔, 맥주 한 잔 정도예요.
차클	그 얘긴 원래 술을 안 마시던 사람이 일부러 한 잔을 마셔야 한다는 건 아니죠?
한	좋은 질문입니다. 술을 안 마실 수 있다면 마시지 않는 게 가장 좋습니다. 하지만 꼭 마시겠다면, 너무 과음하지 말고 한두 잔씩 조금만 마시는 습관을 들여야 해마를 비롯해 뇌에 무리가 가지 않아요.
차클	치매와 우울증은 어떤 관계가 있나요?
한	지금까지 밝혀진 바에 따르면 우울증이 만성화되면 스트레스 호르몬인 코르티솔 호르몬이 나온다고 해요. 그런 상태가 오래 유지되면 신경계에 만성 염증이 지속돼요. 앞서 운동을 통해 활성화된 뇌의 부위들이 다 말라버리게 됩니다. 즉, 우울증이 오래 지속된 환자들의 경우 치매가 거의 두 배 가까이 더 많이 발생합니다.
차클	그럼 우울증을 치료하면 치매가 좋아지나요?

한	많은 어르신들이 우울증 때문에 치매가 생겼다고 말을 합니다. 하지만 연구 결과에 따르면 우울증과 경도 인지 장애가 있는 노인들을 대상으로 우울증 치료를 하면 치료 후에 우울 증상과 함께 기억력을 포함한 인지 기능도 현저하게 좋아져요. 즉, 우울증과 스트레스 관리를 제대로 하면 경도 인지 장애나 치매 초기에 접어든 경우도 상태가 개선될 수 있습니다.
차클	종합해보면 운동 열심히 하고 술 안 마시고 우울증 관리를 잘해주면 치매 예방이 가능하다는 말씀이신 거죠?
한	네. 맞습니다. 치매와 관련된 유전자가 있는 사람이라도 지금 말한 대로 관리하고 운동하고 우울증과 스트레스 관리를 하면 상당한 수준으로 치매를 예방할 수 있어요. 또한 신기하게도 어르신들에게 괜찮은 보청기를 해드리는 것만으로 치매 예방 효과가 있다고 해요. 아까 말한 것처럼 뇌에 자극이 제대로 들어가기 때문이죠. 그리고 외국어나 컴퓨터나 노래를 배우는 것도 치매 예방에 도움이 된다고 알려져 있습니다. 학력이 높을수록 치매가 천천히 오는 경향이 있는 것도 그와 관련이 있겠죠.
차클	계속 뇌를 쓰는 환경을 만들어주는 것이 중요하군요?
한	맞습니다. 약을 먹는 것도 중요하고 체중 조절을 하고 사회 활동을 꾸준히 유지하는 것도 모두 중요합니다. 이렇게 뇌를 자극하는 일들을 스스로 해줘야 치매 예방에 도움이 돼요. 최근에 개발되고 있는 여러 치료법 중에는 디지털 치료라는 것도 있습니다. 인터넷 게임을 기반으로 뇌를 훈련하는 방법들인데 현재 임상시험 중이에요. 우리의 뇌는 이렇듯 다양한 방식으로 키워줘야 합니다.

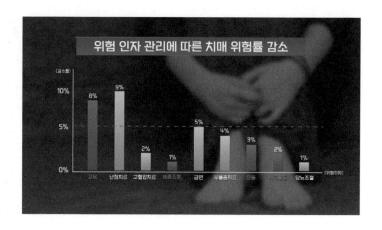

위험 인자 관리에 따른 치매 위험률 감소

차클   평소 습관이 정말 중요한 것 같아요.

한   네. 뇌를 훈련시키는 것을 어렵게 생각하지 않으면 좋겠습니다. 평소
        운동을 많이 하는 사람이라면 평소에 읽고 쓰고 세상이 돌아가는 뉴
        스에 관심을 더 가지시고요. 반대로 머리만 많이 쓰는 사람이라면 몸
        을 움직이는 일에 조금만 더 신경을 쓰면 됩니다. 자신이 하지 않던 것
        을 의도적으로 해서 뇌를 자극하는 게 뇌 훈련의 핵심입니다.

차클   그럼 반대로 뇌를 쉬게 해주는 것도 치매 예방에 도움이 되나요?

한   물론입니다. 명상이 대표적이죠. 하버드대학에서 연구한 결과에 따르
        면 명상을 오래 한 사람은 뇌세포도 두꺼워지고 주의력과 기억력도
        좋아졌다고 해요. 하지만 가만히 앉아서 숨만 쉬고 있는 것을 잘 못하
        는 사람들도 있죠. 그런 사람한테 무조건 명상하라고 하면 그 자체로
        스트레스가 될 수 있어요.

차클   사람마다 사정이 다르니 자기한테 맞는 방법을 찾는 게 중요할 것 같
        아요. 물론 잠을 많이 자는 것도 치매에 도움이 되겠죠?

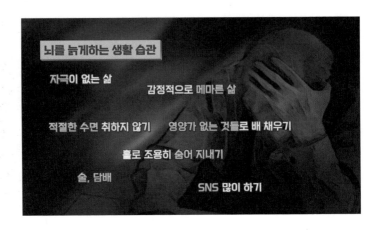

한   일반적으로 잠을 못 자는 것보다는 잘 자는 게 좋다고 합니다. 다만 잠을 8시간 이상 자면 치매가 더 많이 생긴다, 6시간 미만으로 자면 치매가 더 많이 생긴다는 등 여러 이론을 펴는 논문들이 나오고 있습니다.

차클   개개인이 스스로 열심히 노력하는 것 외에 치매를 예방하고 관리하는 사회적 시스템 마련도 중요할 듯합니다.

한   네. 많은 사람이 자기 몸은 자기가 챙겨야 한다고 말합니다. 하지만 치매라는 질환은 혼자서 챙길 수 없습니다. 나 자신을 잃어버리고 판단력이 떨어지므로 가족과 함께 사회가 도와줘야 됩니다. 그래서 국가 차원에서도 이미 많은 일들을 하고 있죠. 2017년부터 치매 국가책임제라는 제도가 시행되고 있고, 지역 사회를 중심으로 보건소나 치매안심센터를 운영하고 있어요. 60세 이상 어르신들에게 무료 치매 선별 검사 등 통합 서비스를 제공하고 있습니다.

차클   치매 국가책임제의 내용을 좀 더 상세히 알려주시죠.

한   치매 선별 검사를 통해 위험하다고 진단을 받은 분들은 정밀 검사를 받게 됩니다. 또 치매 환자에 대한 장기 요양 서비스도 제공하고요. 중증 치매 환자 의료비의 최대 10퍼센트를 국가에서 부담하고 있습니다. 물론 아직 갈 길이 멀지만 점점 보완될 것이라고 기대하고 있습니다.

차클 독거 노인들도 많은 만큼 앞으로 치매에 대한 사회적 지원이 더 많이 늘어나야 할 것 같습니다.

한 맞습니다. 초고령 사회에 발맞춘 대책을 진지하게 고민해야 할 시점입니다. 마지막으로 치매에 대해 한 말씀 더 드릴게요. 치매는 자신과 상관 없는 일로 치부하는 경우가 많은데 사실 누구에게나 올 수 있는 아주 가까운 미래입니다. 따라서 치매를 무작정 두려워할 게 아니라 더 많은 관심을 가져야 합니다. 치매 예방에 최선을 다하되 혹시 치매에 걸리더라도 잘 관리받으며 편안하게 살 수 있는 사회적, 문화적 환경을 만들도록 함께 노력하면 좋겠습니다.

차이나는 클라스를 만들어가는 사람들——

제작
—

기획
신예리

책임 연출
송원섭

연출
이상현, 송광호, 김태민, 황지현, 조치호, 윤해양, 장주성, 류한길,
강소연, 우대인, 윤채현, 지정원

작가
서자영, 민경은, 박혜성, 최호연, 손선이, 이승민, 양소연, 김예린, 김산영

출연

연사(~2021년 5월)

유시민, 김형철, 김종대, 장하성, 이국운, 박준영, 전상진, 김상근,

문정인, 정재승, 폴 김, 한명기, 황석영, 조영태, 고미숙, 이정모, 유홍준, 박미랑, 이진우,

이나영, 오찬호, 조한혜정, 이명현, 김병기, 조정구, 정재서, 김준혁, 신의철, 김호,

최열, 김덕수, 호사카 유지, 현기영, 김헌, 정석, 박윤덕, 박현모, 김승주, 이유미,

조영남, 기경량, 임용한, 김광현, 정병호, 이익주, 구수정, 김상배, 박환, 송인한, 조은아,

김원중, 김민형, 김호, 최인철, 강인욱, 최재붕, 정병모, 김웅, 신병주,

전호근, 이상희, 양정무, 주영하, 신동흔, 송기원, 이현숙, 김두식, 강대진, 서희태. 한철호,

김태경, 박종훈, 김석, 박형남, 장이권, 계명찬, 박재근, 조법종, 유명순, 이상욱,

최병일, 전영우, 김문정, 프랭크 와일드혼, 장대익, 정재정, 김이재, 신경식,

김경훈, 강봉균, 박현도, 박은정, 정희선, 유현준, 김누리, 박한선, 민은기,

제레드 다이아몬드, 윤성철, 조천호, 강진형, 김예원, 송병건, 데니스 홍, 원일, 우석훈,

김우주, 박승찬, 장정아, 임석재, 이종혁, 허민, 김선교, 조한욱, 권오영, 표창원,

권김현영, 이재현, 김결희, 기모란, 천종식, 이성현, 하상응, 신주백, 정재찬, 유혜영,

조대호, 이근욱, 황우창, 한창수, 이준영, 남성현, 장구, 김성훈, 홍석철, 김학철, 김효근,

박상진, 이재담, 이준호, 마이클 샌델, 김선옥, 하준경, 권선필, 서은국, 오항녕, 오순희, 장승진

차이나는 클라스: 마음의 과학 편

초판 1쇄 2021년 6월 18일
3쇄 2022년 7월 28일

지은이 JTBC 〈차이나는 클라스〉 제작팀

대표이사 겸 발행인 박장희
제작 총괄 이정아
편집장 조한별
책임 편집 최민경

진행 김승규
표지 디자인 [★]규
삽화 디자인 스튜디오마치

발행처 중앙일보에스(주)
주소 (04513) 서울시 중구 서소문로 100(서소문동)
등록 2008년 1월 25일 제2014-000178호
문의 jbooks@joongang.co.kr
홈페이지 jbooks.joins.com
네이버 포스트 post.naver.com/joongangbooks
인스타그램 @j__books

ⓒJTBC, 2021

ISBN 978-89-278-1231-9 03110

중앙북스는 중앙일보에스(주)의 단행본 출판 브랜드입니다.